Processo Coletivo Passivo

Processo Coletivo Passivo

UMA PROPOSTA DE SISTEMATIZAÇÃO E OPERACIONALIZAÇÃO

2018

Rogério Rudiniki Neto

PROCESSO COLETIVO PASSIVO
UMA PROPOSTA DE SISTEMATIZAÇÃO E OPERACIONALIZAÇÃO
© Almedina, 2018
AUTOR: Rogério Rudiniki Neto
DIAGRAMAÇÃO: Almedina
DESIGN DE CAPA: FBA
ISBN: 9788584932726

Dados Internacionais de Catalogação na Publicação (CIP)
(Câmara Brasileira do Livro, SP, Brasil)

Rudiniki Neto, Rogério
Processo coletivo passivo : uma proposta de
sistematização e operacionalização / Rogério
Rudiniki Neto. -- São Paulo : Almedina, 2018.

Bibliografia.
ISBN 978-85-8493-272-6

1. Ação coletiva passiva 2. Ações coletivas
(Processo civil) 3. Processo
civil 4. Processo civil - Brasil 5. Tutela coletiva I. Título.

18-13300
CDU-347.922.6

Índices para catálogo sistemático:

1. Ações coletivas passivas : Direito processual civil 347.922.6

Este livro segue as regras do novo Acordo Ortográfico da Língua Portuguesa (1990).

Todos os direitos reservados. Nenhuma parte deste livro, protegido por copyright, pode ser reproduzida, armazenada ou transmitida de alguma forma ou por algum meio, seja eletrônico ou mecânico, inclusive fotocópia, gravação ou qualquer sistema de armazenagem de informações, sem a permissão expressa e por escrito da editora.

Março, 2018

EDITORA: Almedina Brasil
Rua José Maria Lisboa, 860, Conj.131 e 132, Jardim Paulista | 01423-001 São Paulo | Brasil
editora@almedina.com.br
www.almedina.com.br

AGRADECIMENTOS

À família,

Aos meus pais, Vany e Rogério, por proporcionarem todo o apoio moral e material necessários nessa jornada de formação continuada.

Aos mestres,

Ao professor Sérgio Staut, meu primeiro orientador, responsável por me iniciar na pesquisa acadêmica, abrindo muitos caminhos. Ao professor Rodrigo Xavier Leonardo, nome de turma, que ao longo de quatro anos nos ensinou e motivou a levar a sério o estudo do Direito. Ao professor Clayton Maranhão, com quem mantenho constantes discussões jurídicas e cuja notável biblioteca foi fundamental para a realização da presente pesquisa. Ao professor Roberto Del Claro, que, além de ensinar Direito Processual Civil, realiza em suas aulas importantes discussões sobre a condução da vida profissional dos seus alunos. Ao professor Sério Cruz Arenhart, por ter aceitado orientar esta dissertação, proporcionando todo o apoio necessário.

Aos amigos,

Ao grande amigo Luís Felipe Cabral Pacheco, exemplo de dedicação e persistência. A Jonathan Cassou dos Santos que, nos momentos derradeiros do curso, mostrou-me que devemos levar a sério todas as matérias, mesmo aquelas que, em princípio, não gostamos. Ao incansável Fred Gomes, hoje coautor de investigações jurídicas e revisor do texto desta obra, que me motivou a estudar Processo Civil. A Aulus Graça, companheiro nesses sete anos de

Santos Andrade, que me ensinou a nunca desanimar, mesmo nos momentos mais difíceis. À Luisa Meister, que me orientou a empregar toda a minha energia neste trabalho e com quem também mantenho constantes discussões jurídicas. A João Paulo Piratelli, outrora colega de Ministério Público Federal e hoje grande amigo, pela "parceria". A Angelo Thomazini, pelos sólidos conselhos e incentivos cedidos nos últimos dois anos. Às amigas de mestrado, e hoje grandes processualistas, Gresiéli Taíse Ficanha e Viviane Lemes da Rosa, por terem compartilhado comigo todos os desafios e alegrias desse percurso acadêmico.

APRESENTAÇÃO

Recebi do amigo Rogério Rudiniki Neto a honrosa incumbência de apresentar à comunidade jurídica esta obra, fruto de intensas pesquisas do autor junto ao Programa de Pós-Graduação em Direito da UFPR, e que resultou em brilhante dissertação de mestrado por ele defendida e aprovada com nota máxima perante banca examinadora da qual fiz parte e que foi presidida por seu eminente orientador, Professor Doutor Sérgio Cruz Arenhart (UFPR), tendo sido também composta pelo Professor Doutor Hermes Zaneti Júnior (UFES).

Rogério foi meu aluno de graduação na Faculdade de Direito da UFPR, sendo depois monitor na disciplina tópica de Ações Coletivas, onde teve destacada participação nos seminários realizados sobre o tema. Compôs a assessoria processual de meu Gabinete do Tribunal de Justiça do Paraná antes de ingressar nos quadros do Ministério Público.

Demonstrando talento, disciplina e determinação, outro não poderia ter sido o caminho a ser por ele trilhado que não o ingresso no concorrido Programa de Mestrado em Direito da nossa Universidade, sendo admitido na linha de pesquisa do Professor Sérgio Arenhart, sobre Processos Coletivos.

O tema escolhido e muito bem versado pelo autor na obra que ora se apresenta é o do *Processo Coletivo Passivo*, cuja bibliografia em língua portuguesa ainda é escassa, a exigir do pesquisador um redobrado esforço para colmatar essa lacuna da nossa literatura jurídica nacional, objetivo exitosamente alcançado.

Como o leitor poderá perceber, Rogério consegui aliar a teoria com a prática, sem perder o rigor acadêmico no trato do tema, deveras original, cuja leitura do texto é ademais agradável e fluída.

Trata-se, pois, de obra indispensável nas estantes dos profissionais do direito, cuja consulta já é obrigatória a todos aqueles que se defrontem com os tormentosos problemas jurídico-processuais atinentes às ações coletivas passivas.

Estão de parabéns o autor e a editora que acolheu esta obra, imprescindível ao desenvolvimento do direito processual brasileiro.

Clayton Maranhão
Mestre e Doutor em Direito pela UFPR
Professor Adjunto de Direito Processual Civil na UFPR
Desembargador do TJPR

PREFÁCIO

É com grande prazer que apresento à comunidade jurídica a obra de Rogério Rudiniki Neto, intitulada "Processo Coletivo Passivo: uma proposta de sistematização e operacionalização".

A obra é fruto da dissertação de mestrado por ele apresentada junto ao Programa de Pós-Graduação em Direito da Universidade Federal do Paraná. É, também, de certo modo, o amadurecimento de pesquisa que foi realizada desde a graduação do autor, em que começaram suas preocupações com a coletivização passiva de interesses no direito brasileiro.

A preocupação é realmente justificável. Embora corrente a prática da coletivização passiva no direito brasileiro, vê-se que o tema é muito pouco desenvolvido no plano teórico e doutrinário. São poucas as obras que tratam do assunto, é pequena a preocupação dedicada pela doutrina ao tema e são raros os debates a propósito dos percalços a essa figura. Ainda assim, a praxe demonstra que crescem os exemplos dessas medidas, muitas vezes sem a devida cautela às mínimas garantias processuais e aos mínimos requisitos para que essa espécie de demanda possa ser viabilizada.

A par disso, o direito brasileiro carece de legislação adequada e suficiente que permita orientar a prática nesse espinhoso campo das ações coletivas passivas. Daí decorrem infindáveis dúvidas sobre esse relevante instituto, o que instabiliza seu emprego e dificulta a confiança em seus resultados.

Assim, por exemplo, debate-se incessantemente sobre a possibilidade ou não de se impor aos membros substituídos do grupo as medidas de indução eventualmente cominadas em relação ao substituto. Discute-se também amplamente sobre os legitimados para a representação passiva do grupo e sobre os requisitos necessários para essa legitimação. Temas como esses, de inequívoca importância, mereceriam tratamento legislado, mesmo porque a positivação desses temas contribuiria para a definição de várias polêmicas infindáveis no campo das ações coletivas passivas. Tentou-se, com efeito, inserir regras sobre a matéria em várias propostas de legislação – a exemplo do projeto que alterava a Lei da Ação Civil Pública ou a que criava um Código de Processo Coletivo no ordenamento brasileiro. Não houve, porém, sucesso, sobretudo à vista das controvérsias vivas que o assunto suscita.

De todo modo, a dificuldade de aprovação desses projetos legislativos é demonstração da relevância do tema e da necessidade de uma abordagem séria dessas questões.

Se essa necessidade é premente, vejo na presente obra uma contribuição importantíssima. O livro reúne duas características fundamentais para o trato de temas processuais. Em primeiro lugar, há claro rigor científico, denotado pelo domínio seguro das teorias do processo, dos conceitos processuais e por uma ampla pesquisa dos estudos mais importantes sobre as ações coletivas passivas. Nesse ponto, o trabalho destina-se confortavelmente a todo estudioso da ciência processual que pretenda conhecer melhor o tema. Não obstante isso, a obra também revela clara preocupação com o operador do Direito. Seu viés prático, voltado ao trato das questões concretas, na busca de soluções aos problemas cotidianos, perpassa todo o livro. Nesse sentido, o trabalho também se dirige ao espaço forense, servindo de relevante fonte de consulta para a operacionalização das ações coletivas passivas.

Na reunião desses dois aspectos é que residem a tônica e o diferencial do livro. É um livro que não se perde em teorizações inúteis. Vale-se da mais moderna teoria processual para buscar efetividade nas ações coletivas passivas. Emprega os conceitos processuais em sua vertente mais adequada para orientar com segurança os operadores do Direito a bem lidar com esse instituto. Enfim, constitui clara obra de referência no tema.

Por isso, orgulha-me muito poder apresentar essa obra e indicá-la a todos aqueles que desejam compreender o assunto. Orgulha-me também poder ter acompanhado a trajetória de Rogério Rudiniki Neto, tanto em sua graduação, como no mestrado, que culminou com a defesa brilhante desta pesquisa.

Tenho certeza de que os leitores se aperceberão facilmente das qualidades da pesquisa e da importância do livro aqui descrito, bem como do tema examinado. E ao mesmo tempo, notarão a dedicação e o afinco com que seu autor trata do assunto, sempre com desenvoltura ímpar e com profundidade invejável.

Sem dúvida, é obra que merece ser lida e consultada com frequência. E, talvez, sua análise adequada sirva de mola propulsora para que o tema venha a ser disciplinado em lei, com o que ganharia sobremaneira o Direito nacional e a prestação jurisdicional brasileira.

Sérgio Cruz Arenhart
Mestre e doutor em Direito pela UFPR
Pós-doutor em Direito pela Università degli Studi di Firenze
Professor da UFPR
Procurador Regional da República

SUMÁRIO

INTRODUÇÃO 17

CAPÍTULO 1

1. O Direito Processual Civil na Sociedade de Massas 23
  1.1 Proporcionalidade pan-processual 24
    1.1.1 A questão da ineficiência da prestação jurisdicional 24
    1.1.2 Uma nova forma de se enxergar o problema 26
  1.2 O processo jurisdicional coletivo 31
    1.2.1 Noções introdutórias: o individualismo no processo civil
      tradicional 31
    1.2.2 Novos direitos, novas soluções processuais 36
    1.2.3 O conceito de processo jurisdicional coletivo 38
  1.3 O microssistema brasileiro de processos coletivos 40
    1.3.1 O quadro normativo vigente 40
    1.3.2 Direitos e interesses tutelados 43
    1.3.3 Outras ferramentas processuais destinadas ao trato
      de interesses de massa 49
  1.4 A coletividade no polo passivo da demanda
    (ação coletiva passiva e ação duplamente coletiva) 55
    1.4.1 A outra face da moeda 55
    1.4.2 Definições 59
    1.4.3 A ausência de regulamentação legal 62
    1.4.4 Casuística 69
  1.5 Conclusões parciais (1) 76

CAPÍTULO 2

2. As Ações Coletivas Passivas no Direito Comparado 79
   2.1 Estados Unidos 81
      2.1.1 O sistema das "class actions" 81
      2.1.2 Requisitos 85
      2.1.3 Hipóteses de cabimento 91
      2.1.4 As "defendant class actions" 95
      2.1.5 Requisitos das "defendant class actions" 100
      2.1.6 Hipóteses de cabimento das "defendant class actions" 102
   2.2 Canadá 105
      2.2.1 Província de Ontário 107
   2.3 Noruega 109
   2.4 Israel 111
   2.5 Conclusões Parciais (2) 113

CAPÍTULO 3

3. Propostas para a Operacionalização
das Ações Coletivas Passivas no Cenário Nacional 115
   3.1 A coletivização como alternativa ao litisconsórcio 116
      3.1.1 Litisconsórcio (noções gerais) 116
      3.1.2 Litisconsórcio necessário 120
      3.1.3 Problemas decorrentes do litisconsórcio passivo multitudinário
         e a via da coletivização 124
   3.2 A coisa julgada na ação coletiva passiva 130
      3.2.1 Coisa julgada (conceito, função e limites subjetivos) 130
      3.2.2 Efeitos da sentença perante terceiros e a coletivização. 134
      3.2.3 Coisa julgada coletiva no microssistema brasileiro
         de processos coletivos 136
      3.2.4 Propostas para a coisa julgada nas ações coletivas passivas 139
   3.3 O imperativo da representatividade adequada 141
      3.3.1 Notas introdutórias (a questão da legitimidade *ad causam*) 141
      3.3.2 Legitimidade *ad causam* no processo jurisdicional coletivo 144
      3.3.3 Representatividade adequada 146
      3.3.4 A representação de interesses e suas relações
         com os princípios da ampla defesa e do contraditório 149
      3.3.5 Os possíveis legitimados coletivos passivos 154
      3.3.6 O reforço do *amicus curiae* e as audiências públicas 160

3.4. O saneamento na ação coletiva passiva 164
3.4 Os provimentos possíveis na ação coletiva passiva 171
   3.4.1 O problema 171
   3.5.2 A teoria da "classe como entidade litigante" 178
   3.5.3 A sentença mandamental na ação coletiva passiva 179
   3.5.4 As sentenças declaratórias em face da classe 181
   3.5.5 A responsabilidade civil coletiva ou anônima
      e os dilemas advindos da sentença condenatória
      ao pagamento em pecúnia na ação coletiva passiva 184
3.6 A competência no processo coletivo passivo 190
3.7 Conclusões parciais (3) 195

CAPÍTULO 4

4. Algumas Hipóteses de Aplicação 197
4.1 Os dissídios coletivos no direito do trabalho 197
4.2 As ações possessórias em conflitos fundiários coletivos 200
4.3 estatuto do torcedor (lei 10.671/03) 203
4.4 Ação rescisória de ação coletiva ativa
   e outras ações coletivas passivas derivadas 205
4.5 O polo passivo da ação popular (lei 4.717/659) 207
4.6 Ações de impugnação de deliberações societárias 208
4.7 Ação de dissolução parcial de sociedade 213
4.8 Execução da convenção coletiva de consumo 215

CONCLUSÕES FINAIS 217

REFERÊNCIAS 227

INTRODUÇÃO

O presente trabalho busca abordar o tema das ações movidas em face de grupos, classes ou categorias (ações coletivas passivas e ações duplamente coletivas, que juntas compõem o gênero "processo coletivo passivo"). O assunto é pouco investigado pela doutrina brasileira, mas o interesse pela questão cresce constantemente. Nas ações coletivas passivas há um interesse individual – ou mais de um, em litisconsórcio – contraposto a um interesse transindividual ou individual e homogêneo. Nas ações duplamente coletivas há interesses metaindividuais ou individuais de massa em ambos os polos da relação processual.

O processo coletivo brasileiro atingiu significativo grau de aprimoramento, é considerado modelo quando comparado com outros ordenamentos de "civil law". Nada obstante, as ações coletivas passivas não estão expressamente previstas nesse sistema. Todavia, ainda que não exista regulamentação, essas ações são uma realidade na prática e podem ser úteis, ou mesmo necessárias, em inúmeras situações (em razão disso, este trabalho é constantemente perpassado pela remissão a casos concretos).

Esta obra foi redigida em conformidade com a nova codificação processual. A temática da coletivização passiva não é tratada pelo NCPC, que, mantendo a tradição do Código de 1973, centrou-se no processo civil individual – sua aplicação ao processo coletivo é supletiva, naquilo que com ele não for incompatível. No texto aprovado no Congresso Nacional havia a previsão do chamado "incidente de conversão da ação individual em coletiva" (art. 333), segundo o qual, presentes a relevância social e a dificuldade da formação do litisconsórcio, poderia ser transformada em coletiva a ação individual que almejasse a tutela de bem jurídico difuso ou coletivo; ou que, por sua natureza jurídica ou por disposição legal, dissesse respeito a uma mesma relação jurídica plurilateral, cuja resolução devesse ser uniforme para todos os membros do grupo, vedada a conversão que importasse em formação de processo coletivo para a tutela de direitos individuais e homogêneos. Destarte, em razão do veto presidencial, essas disposições não foram abordadas neste estudo.

Sobre a estrutura da obra, no primeiro capítulo almeja-se a fixação das premissas que norteiam a admissão da técnica da coletivização passiva. Abordamos o contexto da sociedade de massas; o conceito de proporcionalidade pan-processual e seus desdobramentos; o conceito de processo jurisdicional coletivo e a evolução do tema no contexto brasileiro; bem como realizamos a introdução ao tema do processo coletivo passivo.

O segundo capítulo corresponde a um estudo de direito comparado. Fixadas algumas questões metodológicas, passamos a investigar ordenamentos que admitem expressamente algumas formas de coletivização passiva. Estudamos o direito norte-americano (este com significativo aprofundamento, diante da maior bibliografia acessível sobre o tema e da longa tradição desse país no tema da tutela coletiva) e também o direito canadense, o norueguês e o israelense (estes, de forma menos pormenorizada). Entende-se que a análise, bem como a crítica, da experiência estrangeira – respeitadas as peculiaridades de cada ordenamento – podem ajudar a aprimorar o processo coletivo brasileiro.

Em seguida, passamos a contrastar a abordagem tradicional de institutos do processo civil com o tema das ações coletivas passivas. Sustentamos que a técnica da coletivização é uma alternativa ao litisconsórcio passivo multitudinário (seja necessário ou mesmo facultativo). Ato contínuo, adentramos no tema da coisa julgada, problematizando sua acepção tradicional e a forma pela qual ela é regrada no microssistema brasileiro de tutela coletiva – dando especial destaque à inviabilidade da transposição, de forma invertida, desse modelo às ações coletivas passivas. Admitindo que para o sucesso das ações coletivas passivas a coisa julgada deve vincular os integrantes da classe, tecemos considerações acerca do instituto da representatividade adequada, capaz de assegurar a realização de um contraditório satisfatório ainda que nem todos os interessados façam-se presentes individualmente em juízo (ou seja, ela fundamenta a imposição do resultado do processo aos membros ausentes da classe). Destarte, ao final do terceiro capítulo, especulamos acerca dos provimentos possíveis no processo coletivo passivo, mediante a análise de assuntos tormentosos, como a responsabilidade civil coletiva. Tratamos também do saneamento e da competência neste tipo de processo.

Por fim, no último capítulo, tecemos maiores considerações acerca de algumas hipóteses típicas de coletivização no polo passivo da demanda, tais como os dissídios coletivos do Direito do Trabalho; as ações de reintegração de posse em conflitos fundiários coletivos; as ações fundadas no Estatuto do Torcedor e os conflitos societários. Após isso, sintetizamos as principais conclusões obtidas.

CAPITULO 1

1. O Direito Processual Civil na Sociedade de Massas

Hodiernamente vive-se em um mundo no qual a informação prolifera-se rapidamente. Atividades corriqueiras feitas no âmbito da Internet – conversas com pessoas localizadas no outro lado do planeta, compras virtuais, pesquisas etc. – são possibilitadas por uma densa rede formada por meios de comunicação que encurtam as distâncias. Trata-se da chamada "sociedade da informação".[1]

Dentro desse cenário, ocorre a propagação de padrões generalizados, seja no âmbito do consumo, da política ou da cultura. O processo de urbanização atingiu patamares nunca antes vistos, o setor terciário assumiu um papel de protagonismo e o espaço para a iniciativa individual reduziu-se sensivelmente. Tal conjunto de fatores caracteriza a "sociedade de massa".[2]

Nesse contexto, para além do reconhecimento de novos direitos, verifica-se a proliferação da litigância em grande escala, que se expande ao ponto de ultrapassar as fronteiras nacionais.

Esses dados, somados à maior conscientização da população em geral acerca dos respectivos direitos, criam desafios inéditos à justiça civil e questionam

---

[1] TAKAHASI, Tadao (org.). *Sociedade da Informação no Brasil: Livro Verde*. Brasília. Ministério da Ciência e Tecnologia, 2000, p.3.

[2] BOBBIO, Norberto; MATTEUCCI, Nicola; PASQUINO, Gianfranco. *Dicionário de política*. Trad. Carmen C. Varriale, Gaetano Lo Mônaco, João Ferreira, Luís Guerreiro Pinto Cacais e Renzo Dini. 11.ª ed. Brasília: Editora UNB, 1998, p. 1211.

a suficiência dos institutos próprios ao processo tradicional – voltados primordialmente à tutela do indivíduo e da propriedade.[3]

Tudo isso reclama o trabalho diuturno de operadores do direito, doutrinadores e legisladores na busca de novas soluções para os novos problemas; do contrário, inúmeros direitos lesionados ou ameaçados de lesão restarão desprovidos dos remédios adequados à respectiva tutela.

Como será desenvolvido ao logo desta obra, o processo coletivo pode assumir um papel de protagonismo neste ambiente. Por ora, passamos a expor a noção de "proporcionalidade pan-processual", ferramental teórico de grande utilidade no presente estudo.

1.1 PROPORCIONALIDADE PAN-PROCESSUAL

1.1.1 A questão da ineficiência da prestação jurisdicional

É corriqueira a afirmação de que a justiça brasileira é ineficiente. A garantia constitucional da inafastabilidade do controle jurisdicional faz com que o Poder Judiciário seja um bem comum, sujeito à sobreutilização.[4]

A corroborar com tais afirmações, cita-se o relatório "Justiça em Números", divulgado pelo Conselho Nacional de Justiça no ano de 2014.[5] Conforme aponta o estudo, atualmente tramitam no Poder Judiciário brasileiro 95,6 milhões de processos, dos quais 87,7 milhões estão na primeira instância (42,6 milhões na fase de conhecimento e 43,1 milhões em execução) e 9,9 milhões nas outras instâncias. Nesse cenário, a "taxa congestionamento" – que relaciona o número de casos encerrados com o número de casos novos e pendentes –,

---

[3] HENSLER, Deborah. Revisiting the monster: new myths and realities of class action and other large scale litigation. *Duke Journal of Comparative and International Law*. vol.º 11. n.º 2. Durham: Duke University, 2001, p. 212.

[4] GICO JUNIOR, Ivo Teixeira. A tragédia do Judiciário: subinvestimento em capital jurídico e sobreutilização do Judiciário. Brasília, 2012, Tese (Doutorado em Economia) – Programa de Pós-Graduação em Economia, Universidade de Brasília, p.3.

[5] CONSELHO NACIONAL DE JUSTIÇA. *Relatório Justiça em Números* 2014. Disponível em: [ftp://ftp.cnj.jus.br/Justica_em_Numeros/relatorio_jn2014.pdf]. Acesso em 24.12.2014.

1. O DIREITO PROCESSUAL CIVIL NA SOCIEDADE DE MASSAS

no ano de 2013, atingiu a cifra de 91%, ou seja, de cada 100 processos em trâmite naquele ano, apenas nove foram concluídos no período.

Tais dados contrastam com o direito fundamental à duração razoável do processo[6], que passou a ter previsão expressa com o advento da Emenda Constitucional n.º 45, de 2004.

Atento a essa realidade, o novo Código de Processo Civil (Lei n.º 13.105/15), apostando em novos institutos como o incidente de resolução de demandas repetitivas, surge com a promessa deliberada de contribuir com a redução da morosidade que há anos permeia o Poder Judiciário.[7]

De toda sorte, há algum tempo já se observou que a mera alteração de leis processuais, por si só, não é capaz de reverter o quadro vigente, pois não é possível milagrosamente alterar a realidade da noite para o dia.[8]

---

[6] CF, art. 5.º, inc. LXXVIII: "a todos, no âmbito judicial e administrativo, são assegurados a razoável duração do processo e os meios que garantam a celeridade de sua tramitação".

[7] Nessa linha, a seguinte passagem da carta encaminhada ao Presidente do Senado Federal pela comissão de juristas responsável pelo anteprojeto do novo código: "a ideologia norteadora dos trabalhos da Comissão foi a de conferir maior celeridade à prestação da justiça, por isso que, à luz desse ideário maior, foram criados novéis institutos e abolidos outros que se revelaram ineficientes ao longo do tempo, mercê da inclusão de ônus financeiro aptos a desencorajar as aventuras judiciais que abarrotam as Cortes Judiciais do nosso país. A Comissão, atenta à sólida lição da doutrina de que sempre há bons materiais a serem aproveitados da legislação anterior, bem como firme na crença de que a tarefa não se realiza através do mimetismo que se compraz em apenas repetir erros de outrora, empenhou-se na criação de um novo código erigindo instrumentos capazes de reduzir o número de demandas e recursos que tramitam pelo Poder Judiciário. Esse desígnio restou perseguido, resultando do mesmo a instituição de um incidente de coletivização dos denominados litígios de massa, o qual evitará a multiplicação das demandas, na medida em que suscitado o mesmo pelo juiz diante, numa causa representativa de milhares de outras idênticas quanto à pretensão nelas encartada, imporá a suspensão de todas, habilitando o magistrado na ação coletiva, dotada de amplíssima defesa, com todos os recursos previstos nas leis processuais, proferir uma decisão com amplo espectro, definindo o direito controvertido de tantos quantos se encontram na mesma situação jurídica, plasmando uma decisão consagradora do princípio da isonomia constitucional." COMISSÃO DE JURISTAS "NOVO CPC". *Carta ao Presidente do Senado Federal*. Disponível em: [www.oab. org.br/pdf/Cartilha1aFase.pdf]. Acesso 24.12.2014.

[8] *V.g.*, DIAS, Ronaldo Brêtas C. A desnecessidade de novos códigos processuais na necessária reestruturação da justiça brasileira. *Revista Brasileira de Direito Processual Civil*. n.º 55. Rio de Janeiro: Forense, 1987.

1.1.2 Uma nova forma de se enxergar o problema

Em oposição à visão restrita abordada no tópico anterior, desponta o pensamento de Remo Caponi, seguido no Brasil por Sérgio Cruz Arenhart, que propõe um tratamento mais amplo do problema mediante a utilização conceito de "proporcionalidade pan-processual".

A proporcionalidade pode ser vista como um princípio geral do direito. Guarda origens no Direito Administrativo prussiano. Inicialmente foi utilizada como parâmetro para coibir investidas excessivas do Poder Público sobre os direitos dos cidadãos e, em um segundo momento, erigida a critério de medição da legitimidade constitucional de atos legislativos e, até mesmo, de decisões judiciais.

De acordo com a doutrina constitucionalista, o princípio em questão ensejou a conversão do "princípio da reversa legal" no "princípio da reserva legal proporcional". Ou seja, não basta apenas perquirir acerca da legitimidade dos meios utilizados e dos fins pretendidos pelo legislador, uma vez que também é imprescindível investigar a adequação e a necessidade daqueles quando cotejados com estes.[9]

A proporcionalidade desdobra-se ainda em outros três subprincípios: "adequação"; "necessidade" e "proporcionalidade em sentido estrito". Pelo "subprincípio da adequação", há de se ponderar se as medidas tomadas são idôneas à consecução dos objetivos buscados. Pelo "subprincípio da necessidade", deve-se perquirir se não há outro meio menos gravoso à esfera de liberdade do indivíduo que seja capaz alcançar os resultados pretendidos. Já na "proporcionalidade em sentido estrito", o ato em questão não será legítimo quando as restrições geradas pela utilização de determinado meio superarem as vantagens almejadas.[10]

Na dogmática constitucional brasileira, o princípio da proporcionalidade não foi recepcionado apenas como parâmetro de controle da legitimidade constitucional de medidas restritivas de direitos; mas, igualmente, como

---

[9] BRANCO, Paulo Gustavo Gonet; MENDES, Gilmar Ferreira. *Curso de Direito Constitucional.* 6.ª ed. São Paulo: Saraiva, 2011, p. 257.

[10] SARMENTO, Daniel; SOUZA NETO, Cláudio Pereira de. *Direito Constitucional: teoria, história e métodos de trabalho.* 2.ª ed. Belo Horizonte: Fórum: 2014, p. 472-484.

1. O DIREITO PROCESSUAL CIVIL NA SOCIEDADE DE MASSAS

referência para a aferição da suficiência ou insuficiência (omissão) da atuação estatal na efetivação material dos direitos fundamentais.[11]

No âmbito do Direito Processual Civil, o cânone em tela, nos termos ora apresentados, é comumente utilizado na avaliação dos meios executivos a serem manejados em sede de tutela específica – momento em que a efetividade da tutela jurisdicional executiva é cotejada com as eventuais restrições postas à liberdade e à propriedade do executado.[12]

Para além dessa faceta "microscópica" do princípio da proporcionalidade, desponta sua projeção "macroscópica" (proporcionalidade pan-processual), que busca abordar a eficiência do Poder Judiciário levando em consideração a totalidade dos processos em curso.[13]

O NCPC, em seu art. 8.º[14], tal como o anteprojeto do novo código de processo civil italiano (elaborado por Proto Pisani), traz a previsão do princípio da eficiência. Na lição de Remo Caponi, uma primeira opção seria simplesmente transcrever o princípio no texto legal, de modo que as formas para sua concretização ficassem a cargo da engenhosidade dos operadores do direito. Nada obstante, o projeto italiano foi além, prevendo em seu art. 0.8. as linhas interpretativas mestras do princípio da eficiência no processo civil, que levam em conta, especialmente, o emprego proporcional dos recursos existentes objetivando a resolução da lide em um prazo razoável, sem ignorar a necessidade de que sejam reservados recursos aos outros processos em trâmite.[15-16]

---

[11] SARLET, Ingo Wolfgang; MARINONI, Luiz Guilherme; MITIDIERO, Daniel. *Curso de Direito Constitucional*. São Paulo: Revista dos Tribunais, 2012, p.214.

[12] ARENHART, Sérgio Cruz. *A tutela coletiva de interesses individuais: para além da proteção dos interesses individuais e homogêneos*. São Paulo: Revista dos Tribunais, 2013, p. 35.

[13] ARENHART, Sérgio Cruz. *A tutela coletiva de interesses individuais: para além da proteção dos interesses individuais e homogêneos*. São Paulo: Revista dos Tribunais, 2013, p. 35.

[14] Art. 8.º: "ao aplicar o ordenamento jurídico, o juiz atenderá aos fins sociais e às exigências do bem comum, resguardando e promovendo a dignidade da pessoa humana e observando a proporcionalidade, a razoabilidade, a legalidade, a publicidade e a eficiência."

[15] CAPONI, Remo. O princípio da proporcionalidade na justiça civil. *Revista de Processo*. n.º 192. Trad. Sérgio Cruz Arenhart. São Paulo: Revista dos Tribunais, 2011, p. 398.

[16] Sobre a gestão dos recursos disponíveis tendo em vista a totalidade dos processos em trâmite, aduz Sérgio Cruz Arenhart: "avalia-se, antes, a atividade jurisdicional na sua relação entre o esforço estatal oferecido a um caso concreto e o todo de processos judiciais (existente ou potencial) que também tem direito ao mesmo esforço. Nessa linha, considerada a escassez dos recursos estatais, o grau de efetividade outorgado a um único processo deve ser pensado a partir da necessidade assegurar a eficiência do sistema judiciário como um todo. Por outras

Com base nisso, Caponi pondera que hodiernamente a jurisdição deixou de ser concebida como uma mera função do Estado destinada à aplicação do direito ao caso concreto, para se transmudar em um verdadeiro serviço público vocacionado à solução de controvérsias.[17]

O conceito de serviço público é temporal e espacialmente delimitado, englobando as atividades as quais o Estado reclama para si a prestação, por entender inadequado relegá-las à iniciativa privada.[18] Como tais atividades são perpassadas por especial interesse social, devem ser executadas de forma adequada.

Da ideia de proporcionalidade pan-processual decorre a percepção de que a eficiência do serviço público jurisdicional depende essencialmente da combinação de três fatores – o "legislativo"; o dos "recursos" ("estrutural") e o "cultural".[19]

Pelo fator "legislativo", é necessária a edição de leis modernas e capazes de dar conta das necessidades que dia a dia surgem no cotidiano da sociedade e do operador do direito. Sobre esse aspecto, são válidas as advertências feitas por Vicente de Paula Ataide Júnior, que critica o apego dos trabalhos científicos de direito processual civil (que inspiram e impulsionam a produção legislativa) aos esquemas lógicos próprios ao paradigma do racionalismo, que desconsideram dados estatísticos e outros métodos próprios às ciências sociais, contentando-se com construções abstratas e lógicas cunhadas no âmbito no pensamento.[20]

---

palavras, a alocação de recursos em um determinado processo deve ser ponderada com a possibilidade de se dispor desses mesmos recursos em todos os outros feitos judiciais (existentes ou potenciais). O serviço público 'justiça' deve ser gerido à luz da igualdade e a otimização do que é prestado não pode olvidar a massa de processos existentes, nem os critérios para a administração mais adequada dos limitados recursos postos à disposição do ente público." (ARENHART, Sérgio Cruz. *A tutela coletiva de interesses individuais: para além da proteção dos interesses individuais e homogêneos.* São Paulo: Revista dos Tribunais, 2013, p. 38-39).

[17] CAPONI, Remo. O princípio da proporcionalidade na justiça civil. *Revista de Processo.* n.º 192. Trad. Sérgio Cruz Arenhart. São Paulo: Revista dos Tribunais, 2011, p. 398-399.

[18] BANDEIRA DE MELLO, Celso Antônio. *Curso de Direito Administrativo.* 29.ª ed. São Paulo: Malheiros, 2012, p. 688-689.

[19] CAPONI, Remo. O princípio da proporcionalidade na justiça civil. *Revista de Processo.* n.º 192. Trad. Sérgio Cruz Arenhart. São Paulo: Revista dos Tribunais, 2011, p. 399-400.

[20] ATAIDE JUNIOR, Vicente. Processo civil pragmático. Curitiba, 2013, Tese (Doutorado em Direito) - Programa de Pós-Graduação em Direito, Universidade Federal do Paraná, p. 32-34.

1. O DIREITO PROCESSUAL CIVIL NA SOCIEDADE DE MASSAS

Ao questionar a viabilidade dos métodos tradicionais, Ovídio A. Baptista da Silva enfatiza o caráter ideológico do processo, cujas instituições mantêm um anacrônico elo com o superado modelo de pensamento próprio ao Iluminismo do século XVIII, o que redunda em intenso apego ao dogmatismo e à razão, bem como na desconsideração de fatores culturais próprios à sociedade que se utiliza e é influenciada pela atividade jurisdicional.[21]

Nesses termos, partindo da premissa de que as leis processuais – ainda que não sejam a solução para todos os problemas – podem contribuir de alguma maneira com o aprimoramento da eficiência do Poder Judiciário, é razoável que tal desiderato seja marcado pela procura de soluções eficientes do ponto de vista operacional, pautadas por métodos empíricos e medidas pragmáticas, em detrimento de discussões meramente conceituais – sem maiores resultados práticos.[22]

Já pelo fator "estrutural" da proporcionalidade pan-processual, em síntese, constata-se que a atividade jurisdicional não será eficiente caso os recursos financeiros e humanos à disposição do Judiciário e das atividades e ele conexas sejam demasiadamente escassos ou mal alocados.

A sociedade não dispõe de recursos ilimitados para despender no aprimoramento da estrutura do Poder Judiciário. Por conseguinte, é fundamental aperfeiçoar a utilização dos recursos disponíveis, que devem ser adequadamente distribuídos entre os presentes e futuros litigantes.[23]

Por fim, o fator "cultural", em uma primeira análise, relaciona-se à necessária presença de operadores do direito (juízes, promotores, advogados, servidores etc.) que prezam pela lealdade e pela boa-fé e que são dotados de sólida formação, portanto, capazes de impulsionar e movimentar a máquina

---

[21] SILVA, Ovídio Araújo Baptista da. Processo e ideologia. *Revista de Processo*. n.º 110. São Paulo: Revista dos Tribunais, 2003, p. 21 e ss.

[22] ATAIDE JUNIOR, Vicente. Processo civil pragmático. Curitiba, 2013, Tese (Doutorado em Direito) - Programa de Pós-Graduação em Direito, Universidade Federal do Paraná, p. 220-221.

[23] Sobre o cotejo entre eficiência e justiça, preconiza Adrian Zuckerman: "*effective* here means delivering fairly well-judgments (in terms of fact finding and correct application of law), within a reasonable time, and with proportionate investment of litigant and public resources. *Efficient* implies that the resources available to the court are used to maximize the benefits that the users of the service receive and are not wasted unnecessarily. *Fair* means that available resources are justly distributed between different litigants and between existing and future litigants." (ZUCKERMAN, Adrian. The challenge of civil justice reform: effective court management of litigation. *City University of Hong Kong Law Review*. Kowlon: CityU, 2009, p. 54).

PROCESSO COLETIVO PASSIVO

judiciária com a técnica adequada. Acerca do assunto, permanecem válidas as considerações feitas por Egas Dirceu Moniz de Aragão, que alertou para os perigos causados pela baixa preparação acadêmica dos operadores do direito e pela prevalência de um saber decorrente estritamente da prática ("tentativa e erro"), que leva muitos profissionais a adotarem o lema (...) "perguntando um para o outro a gente vai aprendendo".[24] Aqui pode também ser aplicada a metáfora elaborada por Douglas North, pela qual, ainda que as regras do jogo sejam as mesmas, há claras diferenças na dinâmica de esportes competitivos quando praticados por amadores ou por profissionais.[25]

Ainda dentro da baliza cultural da proporcionalidade pan-processual, cita-se o pensamento de Oscar G. Chase, para quem os processos de solução de litígios não são unicamente produtos da engenhosidade técnica dos profissionais dotados de formação jurídica. Pelo contrário, também guardam raízes na cultura (aqui compreendida como as crenças, os ideais, as normas e as tradições de um povo)[26], não sendo neutros em relação aos grupos que deles se utilizam.[27]

Há uma via de mão dupla entre as instituições de resolução de litígios e a cultura, que se influenciam reciprocamente. Além disso, existem meios de resolução de litígios mesmo nos espaços da sociedade onde o Estado falha em fornecer instituições formais de solução de controvérsias.[28]

De toda sorte, o estudo pormenorizado de todos os componentes estruturais e culturais da proporcionalidade pan-processual, ou mesmo da vasta plêiade de institutos processuais que podem contribuir com a eficiência do Poder Judiciário, transborda as possibilidades e limites do presente trabalho

---

[24] MONIZ DE ARAGÃO, Egas Dirceu. Estatística judiciária. *Revista de Processo*. n.º 110. São Paulo: Revista dos Tribunais, 2003, p. 18.

[25] NORTH, Douglas C. *Institutions, institutional change and economic performance*. Cambridge: Cambridge University Press, 1990, p. 74.

[26] BOBBIO, Norberto; MATTEUCCI, Nicola; PASQUINO, Gianfranco. *Dicionário de política*. Trad. Carmen C. Varriale, Gaetano Lo Mônaco, João Ferreira, Luís Guerreiro Pinto Cacais e Renzo Dini. 11.ª ed. Brasília: Editora UNB, 1998, p. 306.

[27] CHASE, Oscar G. *Direito, cultura e ritual: sistemas de resolução de conflitos no contexto da cultura comparada*. Trad. Gustavo Osna e Sérgio Cruz Arenhart. São Paulo: Marcial Pons, 2014, p. 21-23.

[28] CHASE, Oscar G. *Direito, cultura e ritual: sistemas de resolução de conflitos no contexto da cultura comparada*. Trad. Gustavo Osna e Sérgio Cruz Arenhart. São Paulo: Marcial Pons, 2014, p. 27-33.

– o que, todavia, não impede que alguns dos fatores mencionados sejam abordados lateralmente na condução deste estudo.

Com base no pensamento de Sérgio Cruz Arenhart, partimos da premissa de que a projeção macroscópica da proporcionalidade fundamenta a supremacia da tutela coletiva sobre a individual.[29] Explica-se: a tutela coletiva é capaz de promover a economia dos escassos recursos postos à disposição do Poder Judiciário, obstar o aumento exponencial de litígios sobre as mesmas questões, que inviabilizam o bom funcionamento de nossos tribunais, além de impedir que litígios idênticos recebam soluções diversas.

Ato contínuo, na delimitação do objeto de estudo, optamos por nos restringir a apenas uma parcela – um tanto quanto inexplorada – do fenômeno: a "tutela coletiva passiva" – que inclui tanto as hipóteses em que existem interesses metaindividuais ou individuais e homogêneos em ambos os polos da demanda ("ação duplamente coletiva"); como os casos nos quais um interesse individual, no polo ativo, contrapõe-se a um interesse coletivo ou individual de massa ocupante de polo passivo ("ação coletiva passiva").

Como será desenvolvido ao longo deste trabalho, em muitas das situações que diuturnamente surgem na prática do operador do direito, a coletivização passiva é a única via possível para a resolução do conflito. Em outras, ela pode promover uma melhor distribuição dos recursos disponíveis e diminuir consideravelmente o tempo de duração do processo.

1.2 O PROCESSO JURISDICIONAL COLETIVO

1.2.1 Noções introdutórias: o individualismo no processo civil tradicional

Na lição de Remo Caponi,[30] o processo civil nos sistemas de matriz romano-germânica foi cunhado com vistas à tutela de direitos subjetivos, portanto, é incapaz de lidar com bens que não podem ser apropriados individualmente.

---

[29] ARENHART, Sérgio Cruz. *A tutela coletiva de interesses individuais: para além da proteção dos interesses individuais e homogêneos*. São Paulo: Revista dos Tribunais, 2013, p. 41.

[30] Palestra "A experiência da *class action* na jurisprudência italiana", proferida na Faculdade de Direito da Universidade Federal do Paraná em 2012.

PROCESSO COLETIVO PASSIVO

Por outro lado, a necessária correlação entre a titularidade do direito afirmado e a legitimidade para buscar sua proteção em juízo faz com que tal modelo não seja capaz de trabalhar adequadamente com a litigância em série própria ao contexto da sociedade de massas.

Alcides Alberto Munhoz da Cunha lembra que a predileção do processo civil tradicional pela exclusiva tutela de pretensões individuais decorre das características do direito material, que historicamente regulou pouquíssimas situações jurídicas plurissubjetivas, entre elas, nas palavras do saudoso processualista: (...) "certas relações envolvendo condôminos diante da coisa comum; relações envolvendo co-herdeiros diante da herança; certas relações envolvendo os sócios diante das deliberações de sociedade etc".[31]

Mas o repúdio ao coletivo não é um valor que sempre se fez presente na história ocidental. De fato, a civilização romana clássica, além de conhecer figuras jurídicas tipificadas, era caracterizada por alguma dose de individualismo.[32-33] Todavia, do séc. V em diante, ela passou a sofrer a influência do patrimônio jurídico germânico. Ocorreu a chamada "vulgarização" do direito romano – processo este que culminou na formação da chamada "Idade Média".[34]

No "Medievo" o direito não emanava de uma única fonte. O estado romano foi esfacelado, e a ordem jurídica, outrora proveniente das leis estatais, agora decorre dos fatos, da Igreja e dos vários grupos medievais.[35]

Em tal contexto, verifica-se a preponderância do coletivo sobre o individual. Para além dos vários feudos, assumem destaque as corporações religiosas

---

[31] CUNHA, Alcides Alberto Munhoz. Evolução das ações coletivas no Brasil. *Revista de Processo*. n.º 77. São Paulo: Revista dos Tribunais, 1995, p. 225.

[32] GROSSI, Paolo. L'Europa del diritto. 6.ª ed. Roma-Bari: Laterza, 2010, p. 30.

[33] Há autores que buscam a origem do processo coletivo nas "actiones populares" romanas, ajuizadas pelo cidadão na defesa do interesse público. Porém, essa figura possui muitas peculiaridades. Tinha caráter misto – penal e ressarcitório e, como forma de premiação e incentivo, o cidadão que movesse a demanda em face do causador dos danos recebia parcela da indenização obtida. Para Alessandro Giorgetti e Valerio Vallefuoco, o fato de o autor da ação auferir benefícios para si acaba por mitigar o caráter representativo da demanda. (GIORGETTI, Alessandro; VALLEFUOCCO, Valerio. *Il contenzioso di massa in Italia, in Europa e nel mondo*. Milano: Giuffrè, 2008, p. 1-2).

[34] VILLEY, Michel. *A formação do pensamento jurídico moderno*. São Paulo: Martins Fontes, 2005, p. 257.

[35] GROSSI, Paolo. L'Europa del diritto. 6.ª ed. Roma-Bari: Laterza, 2010, p. 320.

1. O DIREITO PROCESSUAL CIVIL NA SOCIEDADE DE MASSAS

e as profissionais, cada qual com estatutos próprios.[36] Na mentalidade da época, era inconcebível considerar o indivíduo como um sujeito autônomo em relação ao grupo ao qual pertencia.[37] Pela metáfora de Paolo Grossi, o homem era uma como uma pedra de um edifício, este correspondente ao grupo titular de direitos, obrigações e poderes.[38]

Não cumpre aqui fazer uma descrição pormenorizada de todos os elementos que contribuíram para a – demorada – transição do "Medieval" para o "Moderno". Porém, podemos destacar que entre os sécs. XV e XVI são perceptíveis importantes mudanças na ordem econômica (esse período pode ser considerado um momento "pré-capitalista"). Circulava na Europa uma infinidade de metais preciosos provenientes das descobertas marítimas. O mercante acumulava riquezas e o número de transações comerciais aumentou consideravelmente. Rompendo com a antiga visão católica, a riqueza tornou-se um símbolo da proteção divina.[39]

O capitalismo, para se consolidar, necessitou de um aporte de institutos jurídicos capazes de possibilitar a circulação da propriedade. Em uma primeira abordagem, destacam-se o "contrato" (instrumento criado para reger transações econômicas) e o "sujeito de direito" (indivíduo capaz de contratar e de ser proprietário).

As grandes codificações do século XVIII acabaram com as várias fontes jurídicas medievais, conferindo maior segurança aos negócios da burguesia emergente. Para essa classe, o "Code Civil" foi uma grande conquista, que consolidou os ideais iluministas ao criar uma lei geral, igualitária (no plano formal), simples e clara. Doravante, a pretensão sistematizadora foi

---

[36] GROSSI, Paolo. *O direito entre poder e ordenamento*. Belo Horizonte: Del Rey, 2010, p. 35.

[37] Segundo o magistério de Paolo Grossi, essa sociedade era caracterizada por uma "realidade, em suma, de *relações* e não de *individualidades*. Não é possível concretizar a identificação suprema representada pelo Estado através de uma encarnação estatal do poder, e não é possível concretizar nem mesmo a identificação mínima representada pelo sujeito individualmente. É o triunfo do social nas suas mil articulações ascendentes: famílias, agregações suprafamiliares, corporações religiosas, corporações estamentais, corporações profissionais, agregações político-sociais crescentes que vão desde uma mínima comunidade rural até o sumo de invólucros universais, tais como o Sacro Império e a Santa Igreja." (GROSSI, Paolo. *O direito entre poder e ordenamento*. Belo Horizonte: Del Rey, 2010, p. 49).

[38] GROSSI, Paolo. *Le situazioni reali nell'esperienza giuridica medievale*. Padova: Cedam, 1968, p.54.

[39] GROSSI, Paolo. L'Europa del diritto. 6.ª ed. Roma-Bari: Laterza, 2010, p. 86-87.

posteriormente aprofundada com o advento do "Bürgerliches Gesetzbuch", ou simplesmente "BGB" – o Código Civil alemão.[40]

O conceito de "sujeito de direito" assumiu posição central. O indivíduo transformou-se em seu próprio proprietário (o homem passou a ser enxergado como ser dotado de vontade e responsabilidade), a subordinação ao discurso religioso cedeu espaço à subordinação à lei – criadora de direitos e deveres.[41] A liberdade para ser parte em um contrato decorre da igualdade formal dos sujeitos de direito (partes contratantes).[42]

Em síntese, erigiu-se um indivíduo livre de quaisquer vínculos sociais.[43] Esse quadro acentuou-se especialmente na França, onde, após a Declaração Universal dos Direitos do Homem e do Cidadão, foi iniciado um movimento voltado à extinção das corporações de profissionais e de trabalhadores, mediante as leis "D'Allarde" e "Le Chapelier", ambas de 1791.[44]

Por conseguinte, tais valores repercutiram na seara do processo civil. Entre os séculos XVIII e XIX, o processo chegou a ser enxergado como um "contrato", ao qual se submeteriam as partes pela autonomia da vontade.[45]

Superadas concepções extremas como a mencionada, com base na premissa de que as instituições de resolução de litígios são impregnadas por forte componente cultural, é certo que entre nós prevalece o modelo "bilateral" de solução de conflitos, legatário da concepção individualista de mundo. Trata-se

---

[40] GROSSI, Paolo. L'Europa del diritto. 6.ª ed. Roma-Bari: Laterza, 2010, p. 50.

[41] ORLANDI, Eni Puccineli. *Análise de discurso: princípios e procedimentos*. Campinas: Pontes, 2000, p. 51.

[42] ROPPO, Enzo. *O contrato*. Coimbra: Edições Almedina, 2009, p.22.

[43] Conforme ensina Eroulths Cortiano Júnior: "O círculo fecha-se com a concepção individualista da sociedade. As regras abstratas dirigem-se a um sujeito abstrato, cuja ação serve para movimentar todo o capital de garantias estabelecidas na ordem medieval. A ação é individual porque se concebe o indivíduo como absolutamente livre de qualquer liame social, político ou econômico. A liberdade de iniciativa no campo econômico e a autonomia da vontade no plano jurídico. Tutela a liberdade de ação, e se antes os indivíduos estavam ligados à terra ou a outrem pela força da coerção (econômica ou social), esta ligação agora surge da própria vontade individual." (CORTIANO JÚNIOR, Eroulths. *O discurso jurídico da propriedade e suas rupturas: uma análise do ensino do direito de propriedade*. Rio de Janeiro: Renovar, 2002, p. 82-83).

[44] LEONARDO, Rodrigo Xavier. *Associações sem fins econômicos*. São Paulo: Revista dos Tribunais, 2014, p. 32.

[45] CINTRA, Antônio Carlos de Araújo; DINAMARCO, Cândico Rangel; GRINOVER, Ada Pellegrini. *Teoria geral do processo*. 26.ª ed. São Paulo, 2010, p. 33.

1. O DIREITO PROCESSUAL CIVIL NA SOCIEDADE DE MASSAS

de um sistema de posições rituais, ordenadas dialeticamente de acordo com uma engenharia baseada na relação entre "tese", "antítese" e "síntese".[46]

Esse modelo, assim como os institutos jurídicos em geral, é pertinente a uma civilização e a um período histórico específico – está longe de ser a única configuração possível.

Por exemplo, o estudo de Stephen C. Yeazell revela que o direito inglês medieval admitia que demandas fossem movidas em face de grupos.[47] Por volta de 1199, o pároco de Barkway processou os paroquianos de Nuthamstead (uma vila de Hertfordshire) em demanda na qual se discutiu seu direito de receber oferendas e serviços diários por parte daquele grupo. A ação não foi intentada contra uma corporação ou indivíduos, mas contra a classe dos paroquianos representada por alguns de seus membros.[48]

No século seguinte, três aldeães – em nome próprio e em nome de toda a comunidade da vila de Helpingham – processaram duas pessoas individualizadas e toda a comunidade da cidade de Donington, bem como outros dois indivíduos identificados e toda a comunidade de Bykere, sob a alegação que eles teriam falhado em auxiliar os moradores de Helpingham no reparo dos diques locais.[49]

Não se descuida que o estudo dessas ações possui interesse histórico, pois pertencem a uma realidade totalmente diversa da que vivemos (naquele período, como visto, o associativismo era a regra).[50] A análise desses litígios pode, ao menos, fomentar a problematização do direito vigente, demonstrando que

---

[46] LORENZETTI, Ricardo Luis. *Justicia colectiva*. Santa-fé: Rubinzal-Culzoni, 2010, p. 35.

[47] YEAZELL, Stephen C. *From medieval group litigation to the modern class action*. New Heaven: Yale University Press, 1987, p. 38

[48] YEAZELL, Stephen C. *From medieval group litigation to the modern class action*. New Heaven: Yale University Press, 1987, p. 38.

[49] YEAZELL, Stephen C. *From medieval group litigation to the modern class action*. New Heaven: Yale University Press, 1987, p. 38.

[50] Acerca do assunto, disserta Stephen C. Yeazell: "if accurate at one level, such impressions finally prove deceptive and anachronistic. Medieval English courts did entertain group litigation, but, as we shall see, such litigation lacked many of the characteristics of the modern class action. Moreover, the suits grew social circumstances very different form modern ones and came before judges with political visions different form those of modern jurists; in consequence these lawsuits reflect ideas and practices about representation the differ markedly form modern ones." (YEAZELL. Stephen C. *From medieval group litigation to the modern class action*. Yale University Press, 1987).

a forma pela qual concebemos as instituições com as quais trabalhamos em nosso dia a dia é temporal e espacialmente delimitada.[51]

Em contraste com a realidade supracitada, no processo civil moderno há uma íntima correlação entre a titularidade do direito afirmado e a legitimidade para estar em juízo; via de regra, somente são vinculados à coisa julgada aqueles que foram "partes" no processo. Ainda que em certas situações multisubjetivas admita-se a figura do litisconsórcio, trata-se de instituto essencialmente ligado à matriz individualista, que exige a participação em juízo de todos os interessados.[52]

1.2.2 Novos direitos, novas soluções processuais

Atualmente, com o surgimento da sociedade de massas e de uma economia global (além do constante avanço tecnológico), a quantidade conflitos que afetam simultaneamente pluralidades de sujeitos cresce de forma exponencial.[53]

A disseminação de padrões generalizados no âmbito do consumo, do comportamento, da cultura, etc.[54], enseja a propagação de lesões ou ameaças de

---

[51] Sobre a utilização estudo da história do direito como forma de problematização e relativização das instituições jurídicas contemporâneas, ver: COSTA, Pietro. Passado: dilemas e instrumentos da historiografia. *Revista da Faculdade de Direito da UFPR*. n.º 47. Curitiba: Universidade Federal do Paraná, 2008.

[52] MENCHINI, Sergio. La tutela giurisdizionali dei diritti individuali omogeni: aspetti critici e prospettive ricostruttive. In: MENCHINI, Sergio (coord.). *Le azioni seriali*. Napoli: Edizioni Scientifiche Italiane, 2008, p. 59-63.

[53] LORENZETTI, Ricardo Luis. *Justicia colectiva*. Santa-fé: Rubinzal-Culzoni, 2010, p. 13.

[54] De fato, a generalização dos padrões é uma das premissas deste trabalho e aplica-se à realidade das grandes metrópoles; contudo, o assunto não pode ser visto de forma monocular. Convivemos em nosso país como minorias culturais e étnicas as quais merecem tutela jurídica condizente com suas peculiaridades e necessidades. Para Deborah Duprat: "Importante assinalar que, assumindo a Constituição o caráter pluriétnico desta nação, que não se esgota nas diferentes etnias indígenas, como evidencia o § 1º do art. 215, a aplicação analógica do tratamento emprestado à questão indígena, no que couber, aos demais grupos étnicos, é impositiva. Assim, à vista deste novo padrão de respeito à heterogeneidade da regulamentação ritual da vida, impõe-se estabelecer a exata compreensão das pautas de condutas que orientam agora os diversos atores sociais, em particular os agentes públicos e políticos. (...) Impõe-se ao Estado-administração a ruptura definitiva com a visão etnocêntrica que o orientou até então, a começar pelos chamados projetos de desenvolvimento nacional, que, para efetivamente merecerem a qualificativa de nacional, estão a requerer o estabelecimento de uma relação dialógica de modo a não se desprezar a representação de desenvolvimento que

1. O DIREITO PROCESSUAL CIVIL NA SOCIEDADE DE MASSAS

lesões similares a bens jurídicos. Esses fatores, em razão da crescente cons-cientização da população acerca dos respectivos direitos e do incremento do acesso à justiça, motivam uma enxurrada de demandas em série que retardam, ou mesmo inviabilizam, o funcionamento da máquina judiciária – além de existir a possibilidade de desfechos diversos para casos idênticos.

De outro giro, no século XX, especialmente com o surgimento de novos deveres imputados ao Estado (de cunho prestacional), passou-se a reconhecer a existência de direitos metaindividuais, cuja titularidade não pode ser atri-buída singularmente à determinada pessoa, circunstância essa que revive e reafirma o protagonismo dos grupos na condição de "corpos intermediários" entre o indivíduo e o Estado.[55]

O processo civil tradicional não é capaz de conferir uma tutela adequada a esses direitos.[56] Porém, em razão de sua natureza eminentemente instru-mental, ele não pode ser considerado um fim em si mesmo, logo, há de ser maleável o suficiente para dar conta dos novos problemas surgidos na seara do direito material.

---

têm esses grupos, garantindo-se que haja um sentido da expressão, senão nacionalmente compartilhado, ao menos devidamente ponderado." DUPRAT, Deborah. *O estado pluriétnico*. Disponível em: [http://6ccr.pgr.mpf.mp.br/documentos-e-publicacoes/artigos/docs_artigos/estado_plurietnico.pdf]. Acesso em 10.07.2015, p. 4-6.

[55] GRINOVER, Ada Pellegrini. A tutela jurisdicional dos interesses difusos. *Revista de Processo*. n.ºs 14 e 15. São Paulo: Revista dos Tribunais, 1979, p. 31.

[56] Sobre a insuficiência do processo tradicional no trato dos interesses de massa, transcre-vemos as palavras de Sergio Menchini: "Ciò provoca, inevitabilmente, una serie di problemi: congestionamento degli uffici giudiziari, a causa dell'instaurazione di una moltitudine di procedimenti identici o simili; possibile contrasto di giudicati e, quindi, eventuale trattamento diseguale di situazioni identiche o simili; costi elevati a cario dei singolo utenti per l'accesso alla giustizia, per cui, specialmente in presenza di pretese di importi modesti, l'azione di solito non è proposta, con la conseguenza che si realizza un ingiusto vantaggio per colui che ha com-piuto l'attività illegittima; mancata applicazione di sanzioni effettive a carico di chi ha posto in essere condotte *contra ius*, con vanificazione della esigenze di deterrenza e di affrontarne e di prevenzione rispetto alle pratiche illecite; diseguaglianza delle parti nel processo, a causa della loro differente capacità di organizzare la difesa e di affrontare i costi, in quanto il professionista può conseguire economie di scala e può attuare modalità di gestione del contenzioso che non sono possibili per il singolo; proposizione di giudizi plurisoggettivi, che risultano rallentati ad appesantiti nei loro svolgimenti, a causa della partecipazione ad essi di numerose parti e della cognizione di molteplici diritti connessi ma distinti." (MENCHINI, Sergio. La tutela giurisdizionali dei diritti individuali omogeni: aspetti critici e prospettive ricostruttive. In: MENCHINI, Sergio (coord.). *Le azioni seriali*. Napoli: Edizioni Scientifiche Italiane, 2008, p. 62).

Como alternativa, rompendo com o discurso vigente, desponta o processo coletivo, capaz de dar voz a interesses que não são titularizados de forma individual, ou ainda de possibilitar que várias pretensões individuais similares sejam levadas a juízo simultaneamente.

Em relação aos direitos individuais de massa, ao evitar a realização de milhares de julgamentos individualizados, a tutela coletiva, pela ótica da economia, reduz o dispêndio de preciosos recursos estatais e, sob a óptica da isonomia, diminui a incidência de decisões conflitantes. Quanto aos interesses metaindividuais, no viés organizativo, o processo coletivo é a única forma capaz de permitir a judicialização de litígios que envolvam tais interesses.[57]

Por tudo isso, considerando os ditames do acesso à justiça, da razoável duração do processo e da igualdade, podemos, com segurança, aderir integralmente à opinião de Fancisco Verbic, para quem a tutela coletiva não pode ser vista como mera opção de política legislativa, mas sim como verdadeira exigência de ordem constitucional,[58] além de dialogar com as diretrizes defendias pelo cânone da proporcionalidade pan-processual.

1.2.3 O conceito de processo jurisdicional coletivo

Nos dizeres de Howard S. Becker, "conceitos" são "declarações generalizadas sobre classes inteiras de fenômenos". No expediente de "conceituação", é útil a criação de "'modelos ideal-típicos", os quais correspondem a um "conjunto sistematicamente relacionado de critérios em torno de uma questão central que seja abstrata o bastante para ser aplicável a uma variedade de circunstâncias (...)".[59]

Em uma abordagem inicial, dentro do conceito processo jurisdicional coletivo, encontram-se as demandas destinadas a "defesa" de direitos transindividuais (direitos que não são titularizados por apenas um indivíduo), bem como de direitos individuais lesionados ou ameaçados de lesão de forma

---

[57] LORENZETTI, Ricardo Luis. *Justicia colectiva*. Santa-fé: Rubinzal-Culzoni, 2010, p. 125.

[58] VERBIC, Francisco. ¿Por qué es necesario regular los procesos colectivos? Propuesta de justificación de la tutela procesal diferenciada: alejarse de las "esencias" y acercarse a los conflictos. *Revista de Processo*. n.º 182. São Paulo: Revista dos Tribunais, 2010, p. 293.

[59] BECKER, Howard S. *Segredos e truques da pesquisa*. Rio de Janeiro: Zahar, 2007, p. 145.

1. O DIREITO PROCESSUAL CIVIL NA SOCIEDADE DE MASSAS

repetida e similar (direitos individuais de massa).[60] Por outro lado, como será demonstrado ao longo deste trabalho, o processo coletivo presta-se também à tutela de direitos individuais ou coletivos "lesionados ou ameaçados de lesão coletivamente".

O fato de o processo ser instaurado por um legitimado autônomo ou a existência de um regime especial de coisa julgada são irrelevantes à definição de processo jurisdicional coletivo.[61]

Ora, mesmo no processo individual nem sempre a legitimidade será ordinária. Como exemplo, citam-se a legitimidade do Ministério Público para a promoção de ação de alimentos para incapaz ou o mandado de segurança impetrado por terceiro (nos termos do art. 3.º da Lei 12.016/09). Inclusive no âmbito da tutela coletiva o direito brasileiro conhece hipótese em que a legitimidade ativa é conferida à própria comunidade afetada – é o que prevê o art. 37 da Lei 6.001/73 ("Estatuto do Índio"), com a seguinte redação: "os grupos tribais ou comunidades indígenas são partes legítimas para defesa dos seus direitos em juízo, cabendo-lhes, no caso, a assistência do Ministério Público Federal ou do órgão de proteção ao índio".

Em relação à coisa julgada, a circunstância dela vincular ou não o grupo decorre de opção legislativa. No Brasil, a coisa julgada em ação destinada à tutela de direitos individuais e homogêneos julgada improcedente não vincula os indivíduos membros do grupo que foi representado em juízo pelo ente exponencial (coisa julgada *secundum eventum litis*), e nem por isso tal demanda deixa de ter natureza coletiva.[62]

Em verdade, na delimitação do conceito de processo jurisdicional coletivo, o principal fator e ser considerado é a dimensão do objeto litigioso, pouco importando o nome que se dê a ação ou a sua forma de exteriorização – na prática judiciária brasileira, inclusive, é comum a existência de verdadeiras ações coletivas tramitando sob as vestes de uma demanda individual.

---

[60] Sobre a "filosofia das ações coletivas", ver: MARINONI, Luiz Guilherme; ARENHART, Sérgio Cruz; MITIDIERO, Daniel. *Novo curso de processo civil. v.3: tutela dos direitos mediante procedimentos diferenciados*. São Paulo: Revista dos Tribunais, 2015, p. 403 e ss.

[61] DIDIER JR., Fredie; ZANETI JR., Hermes. Conceito de processo jurisdicional coletivo. *Revista de Processo*. n.º 229. São Paulo: Revista dos Tribunais, 2014, p. 274.

[62] DIDIER JR., Fredie; ZANETI JR., Hermes. Conceito de processo jurisdicional coletivo. *Revista de Processo*. n.º 229. São Paulo: Revista dos Tribunais, 2014, p. 275.

1.3 O MICROSSISTEMA BRASILEIRO DE PROCESSOS COLETIVOS

1.3.1 O quadro normativo vigente

O sistema de processos coletivos brasileiro, ao contrário das mencionadas ações de grupo da Inglaterra medieval, foi desde o início elaborado com base na premissa de que a coletividade, grupo ou classe sempre deve estar no polo ativo.

Em nosso país, a primeira manifestação da tutela jurisdicional de interesses coletivos deu-se por meio da "Ação Popular" (regulamentada pela Lei 4.717/65), cuja legitimidade ativa é conferida ao cidadão, e, em sua configuração atual, é vocacionada à tutela da moralidade administrativa, do patrimônio histórico e cultural e do meio ambiente.

A potencialidade da ação popular é mitigada em função da incapacidade do cidadão comum – por conta da escassez de recursos financeiros ou pelo grande poder político dos eventuais réus – de conduzir um processo de tal magnitude.[63]

Destarte, nas últimas décadas, verificou-se um "desvirtuamento político ideológico" em sua utilização. Conforme preconiza Gregório Assagra de Almeida, não é incomum que este nobre remédio seja utilizado com vistas à promoção de retaliações inspiradas por divergências políticas.[64]

A galopante redemocratização do Brasil abriu espaço para que fossem cogitadas novas formas de tutela coletiva. Em 1981 foi aprovada a "Lei Orgânica do Ministério Público" (LC 40), que previu a legitimidade do órgão ministerial para promoção da ação de responsabilidade por danos ambientais e da ação civil pública, nos termos da lei.[65]

Ainda nesse contexto, foi redigido o anteprojeto daquilo que viria a ser denominado de "Lei da Ação Civil Pública", com vistas à regulamentação do art. 3.º, III, da LC 40/81. Na Câmara dos Deputados o projeto recebeu o

---

[63] Nesse sentido: MARINONI, Luiz Guilherme; ARENHART, Sérgio Cruz. *Curso de Processo Civil. v.5: procedimentos especiais.* 3.ª ed. São Paulo: Revista dos Tribunais, 2012, p.34.

[64] ALMEIDA, Gregório Assagra de. *Direito Processual Coletivo Brasileiro – um novo ramo do Direito Processual.* São Paulo: Saraiva, 2003, p. 45.

[65] MENDES, Aluisio Gonçalves de Castro. *Ações coletivas e meios de resolução coletiva de conflitos no direito comparado e nacional.* 4.ª ed. São Paulo: Revista dos Tribunais, 2014, p. 201.

1. O DIREITO PROCESSUAL CIVIL NA SOCIEDADE DE MASSAS

n.º 4.984/95, e, no Senado, o n.º 20/95, tendo sido – após alguns vetos – transformado na Lei 7.347/85. Em sua acepção original, a lei tinha como escopo a responsabilização por danos causados ao meio ambiente, ao consumidor e a bens e direitos de valor artístico, estético, histórico e paisagístico. Essa restrição não vigorou por muito tempo, pois a Lei 8.078/90 (Código de Defesa do Consumidor), introduziu o inc. IV no art. 1.º da Lei 7.347/85, com a dicção de que a ação civil pública presta-se à tutela de qualquer direito difuso ou coletivo.[66]

No ano de 2014, as Leis 12.966 e 13.004 acrescentaram dois novos incisos ao art. 1.º da Lei 7.347/85, expressando, respectivamente, a possibilidade de que a ação civil pública seja utilizada para a proteção da honra e da dignidade de grupos racial, étnicos ou religiosos, bem como do patrimônio público e social. Não se tratam de reais inovações, pois, diante da cláusula que permite a utilização da ação civil pública na tutela de qualquer direito difuso ou coletivo, a proteção desses interesses pela via da tutela coletiva já era possível. Contudo, especialmente em relação à menção expressa da proteção de grupos racial, étnicos ou religiosos, a alteração do texto legal não tem caráter meramente cosmético ou retórico, em verdade, o legislador buscou chamar a atenção para a possibilidade de utilização desse poderoso instrumento processual com vistas ao resguardo de direitos sensíveis em nosso país, algo em consonância com as chamadas "ações afirmativas". Nesse sentido já dispunha o art. 55 da Lei 12.228/10 ("Estatuto da Igualdade Racial"): "para a apreciação judicial das lesões e das ameaças de leão aos interesses da população negra decorrentes de situações de desigualdade étnica, recorrer-se-á, entre outros instrumentos, à ação civil pública (...)".

Retomando a abordagem histórica, na década de 1990, o citado Código de Defesa do Consumidor, cujo anteprojeto foi elaborado por professores como Ada Pellegrini Grinover, Kazuo Watanabe e Nelson Nery Jr., estabeleceu um diálogo de interações recíprocas com a LACP.[67]

---

[66] MENDES, Aluisio Gonçalves de Castro. *Ações coletivas e meios de resolução coletiva de conflitos no direito comparado e nacional*. 4.ª ed. São Paulo: Revista dos Tribunais, 2014, p. 202-203.

[67] Conforme dispõe o art. 90 do CDC: "aplicam-se às ações previstas neste título as normas do Código de Processo Civil da Lei n.º 7.347, de 24 de julho de 1985, inclusive no que respeita ao inquérito civil, naquilo que não contrariar suas disposições."

Logo, afirma-se que existe no Brasil um verdadeiro "microssistema de processos coletivos" (hoje composto ainda pelos seguintes diplomas legislativos: Lei 7.853/89 – que trata das pessoas portadoras de deficiência –; Lei 7.913/89 – que disciplina os investidores do mercado mobiliário; Lei 8.069/90 – "Estatuto da Criança e do Adolescente"; Lei 8.429/92 – "Lei da Improbidade Administrativa"; Lei 10.257/01 – "Estatuto da Cidade"; Lei 10.741/03 – "Estatuto do Idoso"; Lei 10.671/03 – "Estatuto de Defesa do Torcedor", entre outros).[68] Nesse sistema, as disposições do CPC só são aplicadas de forma subsidiária, e desde que não sejam incompatíveis com o processo coletivo.

A LACP (art. 5.º) e o CDC (art. 82), diversamente da "Lei da Ação Popular", não conferiram legitimidade ativa ao indivíduo, mas sim a entidades associativas privadas e a órgãos e entes estatais, como a Defensoria Pública, o Ministério Público, autarquias, empresas públicas, fundações e sociedades de economia mista.

Em razão da promulgação sucessiva de diplomas normativos com disposições atinentes à tutela coletiva, infere-se que o processo coletivo brasileiro foi constantemente aprimorado ao longo das duas últimas décadas, atingindo notório grau de sofisticação, além de ter se tornado modelo quando contrastado com outros ordenamentos, tais como o italiano – que historicamente influenciou nosso processo civil.[69]

Nada obstante, esse poderoso instrumento de tutela de direitos também foi vítima de ataques por parte dos Poderes Legislativo e Executivo.[70] Cita-se a Medida Provisória 1.570/97, transformada na Lei 8.494/97, a qual deu nova redação ao art. 16 da Lei 7.347/85. De forma atécnica, tentou-se limitar

---

[68] LEONEL, Ricardo de Barros. *Manual do Processo Coletivo*. 2.ª ed. São Paulo: Revista dos Tribunais, 2011, p. 111.

[69] Sobre as potencialidades da ação coletiva no Brasil, afirmam Luiz Guilherme Marinoni e Sérgio Cruz Arenhart: "A ação coletiva, pois, pode veicular quaisquer espécies de pretensões imagináveis, sejam elas inibitória-executiva, reintegratória, do adimplemento na forma específica, ou ressarcitória (na forma específica ou pelo equivalente monetário). Todas podem ser prestadas por qualquer sentença adequada (inclusive, portanto, pelas sentenças mandamental e executiva). Admitem, ainda, pretensões declaratórias e constitutivas." (MARINONI, Luiz Guilherme. ARENHART, Sérgio Cruz. *Curso de Processo Civil v.5: Procedimentos especiais*. 3.ª ed. São Paulo: Revista dos Tribunais, 2012, p. 315)

[70] Sobre essa temática, *v.g.*: GRINOVER, Ada Pellegrini. A ação civil pública refém do autoritarismo. *Revista de Processo*. n.º 96. São Paulo: Revista dos Tribunais, 1999.

1. O DIREITO PROCESSUAL CIVIL NA SOCIEDADE DE MASSAS

a extensão da coisa julgada à competência territorial do órgão prolator.[71] Vedou-se também a propositura de ação civil pública em relação a pretensões que envolvam tributos, contribuições previdenciárias, relativas ao Fundo de Garantia por Tempo de Serviço (FGTS) e outros fundos de natureza institucional – isso conforme o art. 1.º, p.u., da LACP, inserido pela enfadonha Medida Provisória 2.180-35/01.[72]

A análise das soluções para essas e outras questões que permeiam o tema dos processos coletivos estão além dos objetivos deste trabalho; contudo, vê-se ser necessária grande maleabilidade por parte da doutrina e da jurisprudência na busca da superação desses entraves.[73]

1.3.2 Direitos e interesses tutelados

O Código de Defesa do Consumidor trouxe a conceituação dos interesses ou direitos "difusos", "coletivos" e "individuais e homogêneos". Esse expediente foi motivado pela grande divergência doutrinária existente à época quanto a essas categorias, o que poderia trazer obstáculos ao desenvolvimento do processo coletivo.

Da leitura do art. 81 do CDC, percebe-se que o legislador optou pela utilização conjunta das expressões "interesses" e "direitos". A positivação dos dois termos é explicada pela tradicional relação mantida entre direitos subjetivos e pretensões patrimoniais de titularidade individual.[74] Como as

---

[71] Art. 16: "a sentença civil fará coisa julgada erga omnes, nos limites da competência territorial do órgão prolator, exceto se o pedido for julgado improcedente por insuficiência de provas, hipótese em que qualquer legitimado poderá intentar outra ação com idêntico fundamento, valendo-se de prova nova."

[72] A repercussão geral da "(in)constitucionalidade" das vedações à tutela coletiva trazidas neste dispositivo foi recentemente reconhecida pelo STF (STF, Pleno. RE 643.978/DF, rel. Min. Teori Zavascki). Aguardemos o desfecho do julgamento.

[73] Em relação ao problema do art. 16 da LACP, tem-se como adequada a solução que dialoga com as disposições do art. 93 do CDC, pelas quais, em se tratando de dano local, a competência é do foro do lugar onde ocorreu ou deva ocorrer o dano; e, sendo o dano de dimensão nacional ou regional, respectivamente, do foro do Distrito Federal ou da capital do Estado. (ARENHART, Sérgio Cruz. *A tutela coletiva de interesses individuais: para além da proteção dos interesses individuais e homogêneos.* São Paulo: Revista dos Tribunais, 2013, p. 255).

[74] Em relação ao conceito de "direito subjetivo", teoriza a doutrina tradicional: "aqui [no direito subjetivo propriamente dito] a posição do respectivo titular traduz-se no poder de exigir ou pretender de outra pessoa um determinado comportamento positivo ou negativo

pretensões metaindividuais somente receberam proteção jurídica em momento posterior e ostentam configuração peculiar, no plano terminológico, buscou-se diferenciá-las mediante o emprego da expressão "interesses".[75]

Sob outro ângulo de análise, a utilização de ambos os termos pelo legislador brasileiro também é explicada pela influência exercida por autores de países europeus, onde, paralelemente ao Poder Judiciário, coexiste o contencioso administrativo. Neste modelo as controvérsias entre indivíduos e estado são julgadas por tribunais instituídos no âmbito do Poder Executivo. Em síntese, nos ordenamentos em que há dualidade de sistemas, o juiz ordinário decide os litígios sobre direitos subjetivos; já os juízes administrativos resolvem os conflitos relativos aos chamados "interesses legítimos".[76]

Contudo, no Brasil, constata-se que tal distinção terminológica entre direitos e interesses assume contornos mais teóricos do que práticos, motivo pelo qual no presente trabalho optou-se pela utilização indistinta dos termos.

Registre-se, outrossim, que a opção legislativa brasileira consistente na criação de categorias abstratas (direitos/interesses difusos, coletivos e individuais e homogêneos), que condicionam as hipóteses de aplicação da tutela coletiva, é alvo de críticas. É possível afirmar que, em determinado momento histórico desse país, em que pairavam inúmeras incertezas quanto ao processo coletivo, a previsão legal da tripartição dos interesses conferiu mais segurança ao sistema.

– uma dada ação (*facere*) ou uma dada abstenção (*non facere*). A isto corresponde, para o outro sujeito da relação jurídica, a necessidade de adoptar aquele mesmo comportamento, ou seja, o comportamento prescrito pela norma que confere o direito subjetivo. A esta situação damos o nome de *dever jurídico*. De direitos subjetivos (*hoc sensu*) temos exemplos incontáveis. Em quase todas as relações jurídicas do direito civil (e do direito privado em geral) é esta a modalidade que se nos depara. Assim, nos direitos de crédito, que são a categoria mais importante e típica nesta ordem de ideias. Mas são também direitos subjetivos *stricto sensu* o direito de propriedade, os direitos reais de gozo, os direitos de família (direitos dos cônjuges; direitos do pai em relação ao filho – pelo menos alguns deles – e vice-versa), etc." (ANDRADE, Manuel A. Domingues de. *Teoria geral da relação jurídica. v.1.: sujeitos e objecto*. Coimbra: Almedina, 1997, p. 10-11).

[75] VENTURI, Elton. *Processo Civil Coletivo – a tutela jurisdicional dos direitos difusos, coletivos e individuais e homogêneos no Brasil. Perspectivas de um Código Brasileiro de Processos Coletivos*. São Paulo: Malheiros, 2007, p. 46.

[76] BANDEIRA DE MELLO, Celso Antônio. *Curso de Direito Administrativo*. 29.ª ed. São Paulo: Malheiros, 2012, p. 968.

1. O DIREITO PROCESSUAL CIVIL NA SOCIEDADE DE MASSAS

Hoje essas categorias não podem ser enxergadas de forma rígida. Surgem questionamentos em relação a essa classificação legal – para alguns, não é útil a diferenciação entre direitos difusos e coletivos; para outros, as três modalidades de interesses devem ser abandonadas e substituídas por critérios mais práticos. Conforme Antonio Gidi: "teria sido mais adequado se o legislador brasileiro tivesse condicionado a possibilidade da tutela coletiva à existência de questão comum de fato ou de direito entre um grupo de pessoas".[77] Contudo, malgrado as críticas citadas, como essas figuras já estão consolidadas, optamos por utilizá-las neste trabalho, com as necessárias ressalvas.

Em relação às três categorias de interesses, primeiramente, vê-se que o art. 81, p.u, I, do CDC conceitua como direitos difusos "os transindividuais, de natureza indivisível, de que sejam titulares pessoas indeterminadas e ligadas por circunstâncias de fato". Esses interesses são indivisíveis e caracterizados pela indeterminação de seus titulares, que não estão ligados por uma relação jurídica base.[78] Como exemplo, cita-se o direito ao meio ambiente ecologicamente equilibrado, que não pode ser apropriado de forma individual, e também não se confunde com a somatória de interesses exercidos singularmente pelos integrantes da coletividade.[79]

Os interesses coletivos estão definidos no art. 81, p.u., II, do CDC, pelo qual são "interesses ou direitos coletivos, assim entendidos, para efeitos deste código, os transindividuais, de natureza indivisível de que seja titular, categoria ou classe de pessoas ligadas entre si ou com a parte contrária por uma relação jurídica base". Conforme Fredie Didier Jr. e Hermes Zaneti Jr., a "relação jurídica base" pode decorrer da *affectio societatis* mantida entre os membros do grupo, ou por sua ligação com a parte contrária. Ou seja, a "determinabilidade" e a "coesão" do grupo são elementos que diferenciam os direitos coletivos *stricto sensu* dos difusos.[80]

---

[77] GIDI, Antonio. *A class action como instrumento de tutela coletiva dos direitos*. São Paulo: Revista dos Tribunais, 2007, p. 69.

[78] GRINOVER, Ada Pellegrini; NERY JÚNIOR, Nelson; WATANABE, Kazuo. *Código de Defesa do Consumidor – comentado pelos autores do anteprojeto*. 4.ª ed. Rio de Janeiro: Forense Universitária, 1995, p. 94.

[79] ORESTANO, Andrea. Interessi seriali, difussi e collettivi: profili civilistici di tutela. In: MENCHINI, Sergio (coord.). *Le azioni seriali*. Napoli: Edizioni Scientifiche Italiane, 2008, p. 16.

[80] DIDIER JR., Fredie; ZANETI JR., Hermes. *Curso de Direito Processual Civil – processo coletivo*. 9.ª ed. Salvador: Jus Podivm, 2014, p. 68.

Já os interesses individuais e homogêneos são direitos individuais cuja tutela é viabilizada pela via coletiva. O art. 81, p.u., III, do CDC ressalta a origem comum desses direitos, o que, conforme os autores do anteprojeto do diploma consumerista, não pressupõe uma unidade factual ou temporal, pois a violação ou ameaça de violação dos direitos das vítimas pode ocorrer, por exemplo, em dias ou locais diferentes.[81]

Como alternativa ao dúbio conceito de "origem comum", afirma-se ser possível a tutela molecularizada de interesses de massa quando houver uma ou mais questões de direito ou de fato comuns ao grupo preponderantes sobre as individuais. A existência de questões individuais, ou seja, que só são verificadas em uma ou algumas das várias relações jurídicas judicializadas simultaneamente (conquanto não se sobreponham às comuns) não inviabiliza a tutela coletiva;[82] todavia, elas deverão ser resolvidas em outro momento.

Acerca da natureza dos direitos individuais e homogêneos, adota-se a corrente que defende a natureza processual dessa figura. Nas palavras de Sérgio Cruz Arenhart, (...) "a categoria chamada de 'direitos individuais homogêneos' não é uma nova categoria de direitos subjetivos (ou materiais), mas sim uma forma processualmente distinta de tratar direitos individuais".[83-84]

Disso decorre a diferenciação entre a "defesa de direitos coletivos" (difusos ou coletivos *stricto sensu*) da "defesa coletiva de direitos individuais". De acordo com Teori Albino Zavaski, "'coletivo', na expressão 'direito coletivo' é qualificativo de direito e por certo nada tem a ver com os meios de tutela.

---

[81] GRINOVER, Ada Pellegrini; NERY JÚNIOR, Nelson; WATANABE, Kazuo. *Código de Defesa do Consumidor – comentado pelos autores do anteprojeto.* 4.ª ed. Rio de Janeiro: Forense Universitária, 1995, p. 506.

[82] MENCHINI, Sergio. La tutela giurisdizionali dei diritti individuali omogeni: aspetti critici e prospettive ricostruttive. In: MENCHINI, Sergio (coord.). *Le azioni seriali.* Napoli: Edizioni Scientifiche Italiane, 2008, p. 58-59.

[83] ARENHART, Sérgio Cruz. *A tutela coletiva de interesses individuais: para além da proteção dos interesses individuais e homogêneos.* São Paulo: Revista dos Tribunais, 2013, p. 134.

[84] Conforme ensina Teori Albino Zavaski: (...) "os direitos individuais homogêneos são, simplesmente, direitos subjetivos individuais. A qualificação de *homogêneos* não altera nem pode desvirtuar essa sua natureza. É qualificativo utilizado para identificar um conjunto de direitos individuais ligados entre si por uma relação de afinidade, de semelhança, de *homogeneidade*, o que permite a defesa coletiva de todos eles." (ZAVASCKI, Teori Albino. *Processo Coletivo: tutela de direitos coletivos e tutela de coletiva de direitos.* 6.ª ed. São Paulo: Revista dos Tribunais, 2014, p. 34).

1. O DIREITO PROCESSUAL CIVIL NA SOCIEDADE DE MASSAS

Já quando se fala em 'defesa coletiva' o que se está qualificando é modo de tutelar o direito, o instrumento de sua defesa".[85]

Contudo, tal distinção, ainda que correta, quando levada às suas últimas consequências, pode mitigar a esfera de atuação da tutela coletiva. É o que ocorre na diferenciação entre "ação civil pública" e "ação coletiva".[86] Nessa perspectiva, a primeira (regulada pela LACP) prestar-se-ia à tutela de direitos difusos e coletivos *stricto sensu*. Já a segunda (regulada pelo CDC), seria vocacionada apenas à defesa de direitos individuais e homogêneos, capaz de veicular somente pretensões de natureza condenatória – mediante o binômio condenação genérica, liquidação individual. Em sede de ação coletiva, estariam vedadas pretensões de outras naturezas, especialmente a constitutiva, diante da suposta existência de uma opção conferida ao titular do direito material, que teria a faculdade de se submeter ou não à ação coletiva.[87]

Nada obstante, do ponto de vista da efetividade da tutela jurisdicional, o melhor entendimento é aquele que admite que em sede de direitos individuais homogêneos possam ser outorgadas sentenças com outras eficácias além da condenatória. Ademais, já se cogita que mesmo a execução da sentença condenatória prolatada em ação para a tutela de direitos individuais de massa ocorra no plano coletivo, pois, no modelo vigente, sob a ótica da proporcionalidade pan-processual, os benefícios trazidos pela molecularização das pretensões individuais na fase de conhecimento são mitigados em razão do

---

[85] ZAVASCKI, Teori Albino. Defesa de direitos coletivos e defesa coletiva de direitos. *Revista de Processo*. n.º 78. São Paulo: Revista dos Tribunais, 1995, p. 33.

[86] Para Zavascki: "no domínio do processo coletivo, seria importante ter presente que, quando se fala em ação civil pública (seja adequada ou não essa denominação que a Lei 7.347, de 1985, lhe atribuiu), se está falando de um procedimento destinando a implementar judicialmente a tutela de direitos transindividuais, e não de outros direitos, notadamente de direitos individuais, ainda que de direitos individuais e homogêneos se trate. Para esses, o procedimento próprio é outro, ao qual também seria importante, para práticos e didáticos, atribuir por isso mesmo outra denominação ('ação coletiva' e 'ação civil pública' foi como denominou o Código de Defesa do Consumidor, em seu art. 91)." (ZAVASCKI, Teori Albino. *Processo Coletivo: tutela de direitos coletivos e tutela de coletiva de direitos*. 6.ª ed. São Paulo: Revista dos Tribunais, 2014, p. 55).

[87] ZAVASCKI, Teori Albino. Defesa de direitos coletivos e defesa coletiva de direitos. *Revista de Processo*. n.º 78. São Paulo: Revista dos Tribunais, 1995, p. 43.

necessário ajuizamento de inúmeras execuções individuais.[88] Nessa proposta, a execução coletiva pode ser manejada mediante técnicas de coerção indireta, de modo que, após a identificação dos beneficiários, a eles sejam entregues os valores devidos (ainda que calculados por aproximação) sem a necessidade de liquidação e execução individualizadas.[89]

Por fim, cumpre ressaltar que as noções de direitos difusos, coletivos e individuais e homogêneos são conceitos jurídico-positivos, que nem sempre se manifestam de forma nítida e estanque na prática. É perfeitamente possível que determinado acontecimento lese simultaneamente a mais de uma categoria de interesses – *v.g.*, um estabelecimento poluidor localizado em determinada zona residencial, além de lesar o direito difuso ao meio ambiente ecologicamente equilibrado de titularidade de toda a humanidade, gera lesões de natureza coletiva em sentido estrito quando considerada a totalidade dos moradores daquela região ou mesmo de natureza individual em relação aos específicos habitantes que tiveram a saúde afetada pelo ato ilícito.

---

[88] Sobre isso, o seguinte exemplo dado por Aluisio Gonçalves de Castro Mendes, Gustavo Osna e Sérgio Cruz Arenhart: "para analisar este quadro pela via exemplificativa, demonstrando a necessidade de que lhe seja destinada maior atenção, suponhamos que uma editora cause o mesmo dano a 15 mil assinantes de seus periódicos. Utilizando a base construída até aqui, pode-se notar que nesta hipótese a coletivização evitaria que a pulverização dos litígios atentasse contra a boa gestão judiciária e criasse o risco de decisões anti-isonômicas. Com a lógica bifásica e as execuções individuais, porém, estes fundamentos não seriam satisfatoriamente alcançados. Cada um dos assinantes seria obrigado a ingressar em juízo pessoalmente para proceder à liquidação e à execução do julgado, gerando um novo acúmulo no Judiciário e mais uma vez pontencializando o risco de decisões divergentes." (ARENHART, Sérgio Cruz; MENDES, Aluísio Gonçalves de Castro; OSNA, Gustavo. Cumprimento de sentenças coletivas: da pulverização à molecularização. *Revista de Processo*. n.º 222. São Paulo: Revista dos Tribunais, 2013, p. 62).

[89] Como exemplo prático dessa aplicação, Arenhart faz referência à decisão proferida nos Autos n. 2007.70.00.004156-4, que tramitaram na 5.ª Vara Federal de Curitiba. No caso concreto, em razão de decisão prolatada na esfera criminal, certa empresa foi condenada a indenizar todos os consorciados prejudicados por certa prática ilícita. De forma pragmática, para evitar os entraves gerados por inúmeras liquidações e execuções individuais, o magistrado responsável pelo caso ordenou, após a realização de perícia, que o valor disponível para indenização fosse entregue – *pro rata* – às vítimas mediante a abertura de contas correntes em banco oficial. Os interessados foram comunicados por meio de publicações em periódico de grande circulação e pela Internet, para que, no prazo de seis meses, fossem buscar os valores. (ARENHART, Sérgio Cruz. *A tutela coletiva de interesses individuais: para além da proteção dos interesses individuais e homogêneos*. São Paulo: Revista dos Tribunais, 2013, 307-308).

1. O DIREITO PROCESSUAL CIVIL NA SOCIEDADE DE MASSAS

Além do mais, os indivíduos atingidos, em consequência da origem comum dos danos (ou da preponderância de questões comuns ao grupo), podem levar conjuntamente a juízo as respectivas pretensões, sob a moldura de direitos individuais e homogêneos.

1.3.3 Outras ferramentas processuais destinadas ao trato de interesses de massa

Em sua configuração atual, o ordenamento brasileiro contém outros instrumentos destinados à resolução de litígios em série, seja mediante o manejo de precedentes judiciais, seja pela atribuição de efeitos expansivos a algumas decisões.

Dentre essas técnicas, cabe mencionar o julgamento liminar de improcedência do art. 285-A[90] do CPC/73; agora previsto no art. 332 no NCPC (que alterou as hipóteses de aplicação do instituto).[91] Tal mecanismo, mediante a transposição e aplicação a casos similares de teses e entendimentos firmados em decisões pretéritas, permite ao juiz, de plano, julgar improcedente o pedido deduzido na inicial, isso com o desiderato de promover a economia de tempo e de recursos.

Ainda no âmbito das técnicas processuais destinadas ao trato da litigância em grande escala, é possível citar o julgamento por amostragem de recursos repetitivos, previsto nos arts. 543-B e 543-C do CPC/73, e arts. 1.036 a 1.041 do NCPC, o qual evita que as Cortes Superiores decidam sucessivas e inúmeras vezes a mesma questão de direito. Tal mecanismo opera mediante a suspensão de todos os processos pendentes nos quais é discutida a mesma questão de direito. Aos processos sobrestados deverá ser aplicada a solução ditada pelos tribunais de vértice quando da resolução do recurso paradigma.

---

[90] Art. 285-A: "quando a matéria controvertida for unicamente de direito e no juízo já houver sido proferida sentença de total improcedência em outros casos idênticos, poderá ser dispensada a citação e proferida sentença, reproduzindo-se o teor da anteriormente prolatada."
[91] Art. 332: "Nas causas que dispensem a fase instrutória, o juiz, independentemente da citação do réu, julgará liminarmente o pedido que contrariar: I – enunciado de súmula do Supremo Tribunal Federal ou Superior Tribunal de Justiça; II – acórdão proferido pelo Supremo Tribunal Federal ou pelo Superior Tribunal de Justiça em julgamento de recursos repetitivos; III – entendimento firmado em incidente de resolução de demandas repetitivas ou de assunção de competência; IV – enunciado de súmula de tribunal de justiça sobre direito local."

Outrossim, o NCPC traz um instituto similar às figuras mencionadas – o "incidente de resolução de demandas repetitivas" ("IRDR"). Diante do advento da nova codificação, sem se distanciar da temática do presente estudo, é interessante tecer algumas considerações sobre esse instituto.

O incidente em tela foi influenciado por figuras do direito comparado. A primeira referência é o "Musterverfahren" alemão. Trata-se de procedimento com campo de atuação restrito, serve apenas à proteção dos investidores do mercado de capitais.[92]

O "Musterverfahren" inicia-se com o pedido do autor ou do réu – o juiz não pode iniciá-lo de ofício. Aquele que suscitar o incidente deve demonstrar que a temática objeto da lide tem repercussão extraprocessual. Admitido o requerimento, o juiz fará a publicação em cadastro eletrônico administrado por órgãos ligados ao Ministério da Justiça. Como requisito para a instrução do procedimento, no prazo de quatro meses após a publicação do registro, são necessários outros nove requerimentos de instauração de "procedimentos-padrão" sobre o mesmo objeto.[93]

O incidente será julgado por órgãos de segundo grau de jurisdição, e, caso existam procedimentos sobre o mesmo objeto provenientes de juízos submetidos a tribunais estaduais diversos, a competência será de um tribunal superior, ressalvada a possibilidade de fixação de convênio entre os governos estaduais, para que a decisão fique a cargo de um tribunal estadual específico.

O tribunal responsável pelo julgamento escolherá um "líder" para o grupo de autores e outro para o grupo de réus. Uma vez instaurado o "Musterverfahren", serão suspensos de ofício mediante decisão irrecorrível todos os processos em que se discute a "questão comum". Admite-se também a ampliação do objeto do processo até o momento do julgamento, bem como a participação de interessados. Outrossim, só serão atingidos pela decisão aqueles que tiverem ajuizado demandas individuais antes da instauração do incidente.

---

[92] CABRAL, Antonio do Passo. O novo Procedimento-Modelo (Musterverfahren) alemão: uma alternativa às ações coletivas. *Revista de Processo*, n.º 147. São Paulo: Revista dos Tribunais, 2007, p. 150.

[93] CABRAL, Antonio do Passo. O novo Procedimento-Modelo (Musterverfahren) alemão: uma alternativa às ações coletivas. *Revista de Processo*, n.º 147. São Paulo: Revista dos Tribunais, 2007, p. 150-151.

1. O DIREITO PROCESSUAL CIVIL NA SOCIEDADE DE MASSAS

Superada a temática do "Musterverfahren", pode-se dizer também que o incidente de solução de demandas repetitivas brasileiro foi de alguma maneira influenciado pela "Group Litigation Order" ("GLO") da Grã-Bretanha.

A "GLO" é um mecanismo vocacionado tanto à resolução de questões de direito como de questões de fato. É conhecida por ser um instituto destinado à "administração de causas". A legitimidade para a propositura da "Group Litigation Order" é conferida ao autor, ao réu e ao juiz (este, para tanto, deverá pedir autorização ao chefe do Poder Judiciário).[94]

O responsável pelo incidente será um juiz de primeiro grau ou um advogado designado, que determinará os pontos controvertidos, escolherá qual ou quais demandas funcionarão como paradigmas e fixará os critérios e a data limite para a admissão de novos litigantes no grupo.[95]

Qualquer parte que se sentir prejudicada pela decisão tomada no caso piloto terá legitimidade para recorrer. Serão atingidas pela decisão adotada no incidente todas as demandas registradas até a data limite fixada pelo administrador.

Pois bem.

Sobre o incidente de resolução de demandas repetitivas brasileiro, a figura está prevista nos arts. 976 a 987 do novo Código. Conforme o art. 976, *"caput"*, e respectivos incisos, ele é admissível quando, estando presente o risco de ofensa à isonomia e à segurança jurídica, houver a efetiva repetição de processos que contenham controvérsia sobre a mesma questão unicamente de direito.

Como se vê, esse incidente tem como objetivo a fixação de uma "tese jurídica" a ser aplicada em casos repetitivos, apresentando finalidade "preventiva".[96] Pode ser instaurado de ofício pelo juiz ou relator (art. 977, inc. I), pelas partes (inc. II), pelo Ministério Público ou pela Defensoria Pública (inc. III).

---

[94] LEVY, Daniel de Andrade. O incidente de resolução de demandas repetitivas no Anteprojeto do Novo Código de Processo Civil: exame à luz da Group Litigation Order britânica. *Revista de Processo*. n.º 196. São Paulo: Revista dos Tribunais, 2011, p. 175.

[95] LEVY, Daniel de Andrade. O incidente de resolução de demandas repetitivas no Anteprojeto do Novo Código de Processo Civil: exame à luz da Group Litigation Order britânica. *Revista de Processo*. n.º 196. São Paulo: Revista dos Tribunais, 2011, p.178

[96] CUNHA, Leonardo Carneiro da. Anotações sobre o incidente de resolução de demandas repetitivas no projeto do novo código de processo civil. *Revista de Processo*. n.° 193. São Paulo: Revista dos Tribunais, 2011, p. 257-258.

A admissão do incidente implica na suspensão dos processos pendentes, sejam eles individuais ou coletivos, que tramitam no estado ou na região submetidos à jurisdição do tribunal (art. 982, inc. I). A tese jurídica fixada será aplicada em todas as lides que versem sobre idêntica questão de direito e que tramitem na área de jurisdição do respectivo tribunal, ainda que em juizados especiais (art. 985, inc. I), devendo ser aplicada também nas demandas futuras (art. 985, inc. II).

Nesses termos, para que a nova figura possa ser adequadamente utilizada, é necessária a promoção da adequada publicidade quando da instauração e julgamento do incidente, pois, do contrário, é possível que alguns magistrados – desconhecendo a instauração do "IRDR", deixem de suspender os feitos, não observando a tese jurídica fixada. Atento a tal circunstância, o NCPC, em seu art. 979, §1.º, determina que cada tribunal criará um banco eletrônico de dados a ser atualizado com informações específicas sobre as questões de direito submetidas aos incidentes iniciados. Essas informações deverão também ser inseridas no cadastro nacional administrado pelo Conselho Nacional de Justiça (cuja previsão de criação consta do *caput* do art. 979).[97]

Se da decisão prolatada no incidente for interposto recurso especial ou extraordinário, a tese fixada pelo Superior Tribunal de Justiça ou pelo Supremo Tribunal Federal será aplicada a todos os casos em que é discutida idêntica questão de direito em todo o território nacional (art. 987, §2.º).

A figura ora estudada vem sendo alvo de grandes elogios e entusiasmo por parte da doutrina nacional. Chegou-se a afirmar que o incidente de resolução de demandas repetitivas é uma verdadeira "alternativa" às ações coletivas brasileiras – ao menos em relação à tutela dos direitos individuais e homogêneos. Neste diapasão, de acordo com Guilherme Rizzo Amaral, como a legitimação para a propositura de ações coletivas em nosso ordenamento está restrita a um determinado rol de legitimados legalmente previstos, as questões tendem a ser levadas ao Poder Judiciário de forma tardia, o que mitiga a efetividade desse mecanismo de tutela de direitos. Em prol da supremacia do incidente de resolução de demandas repetitivas em relação às ações coletivas, o autor

---

[97] Sobre tais questões, ver: MARINONI, Luiz Guilherme; ARENHART, Sérgio Cruz; MITIDIERO, Daniel. *Novo curso de processo civil. v.2: tutela dos direitos mediante procedimento comum*. São Paulo: Revista dos Tribunais, 2015, p. 578.

1. O DIREITO PROCESSUAL CIVIL NA SOCIEDADE DE MASSAS

ressalta também o fato dele não estar sujeito à problemática disciplina da coisa julgada própria ao microssistema brasileiro de tutela coletiva.[98-99]

Em consonância com o entendimento supracitado, destaca-se ainda que o incidente criado pelo NCPC é de grande utilidade quando se considera o art. 1.º, p.u., da Lei 7.345/1985, o qual veda a utilização da ação civil pública em questões tributárias, previdenciárias, relativas ao FGTS ou outros fundos de natureza institucional cujos beneficiários podem ser individualmente determinados.[100-101]

Todavia, neste aspecto, estamos de acordo com Aluisio Gonçalves de Castro Mendes e Roberto de Aragão Rodrigues. Para esses autores, os incidentes de resolução de demandas repetitivas não têm o escopo de tomar o lugar ocupado pelas ações coletivas no sistema brasileiro de tutela de direitos. Como observaram acertadamente os processualistas mencionados, na medida em que a aplicação da "tese jurídica" fixada no incidente em análise necessita do ajuizamento de demandas individuais, ele não se presta à tutela dos chamados "danos de bagatela".[102]

---

[98] AMARAL, Guilherme Rizzo. Efetividade, segurança, massificação e a proposta de um "incidente de resolução de demandas repetitivas". *Revista de Processo*. n.º 196. São Paulo: Revista dos Tribunais, 2011, p. 242-243.

[99] Sobre a coisa julgada nas demandas coletivas e no incidente de resolução de remandas repetitivas, registre-se a opinião de Aluisio de Gonçalves de Castro Mendes e Roberto de Aragão Ribeiro Rodrigues: "No que se refere à extensão dos efeitos da decisão proferida, também há nítida diferença entre o incidente contido no Projeto do novo Código de Processo Civil e as ações coletivas que tutelam direitos individuais e homogêneos. Com efeito, se nestas ocorre a extensão subjetiva da coisa julgada para alcançar os membros do grupo substituídos somente nas hipóteses de procedência (*secundum eventum litis*), a solução adotada pelo incidente de resolução de demandas repetitivas é diversa, e consideravelmente mais contundente, na medida em que a decisão proferida neste procedimento quanto à questão jurídica central com às ações isomórficas produzirá eficácia *pro et contra*." (MENDES, Aluisio Gonçalves de Castro; RODRIGUES, Roberto de Aragão Ribeiro. Reflexões sobre o incidente de resolução de demandas repetitivas no projeto do novo código de processo civil. *Revista de Processo*. n.º 211. São Paulo: Revista os Tribunais, 2012, p. 192).

[100] CUNHA, Leonardo Carneiro da. Anotações sobre o incidente de resolução de demandas repetitivas no projeto do novo código de processo civil. *Revista de Processo*. n.º 193. São Paulo: Revista dos Tribunais, 2011, p. 257-258.

[101] A repercussão geral da "(in)constitucionalidade" das vedações à tutela coletiva trazidas neste dispositivo foi recentemente reconhecida pelo STF (STF, Pleno. RE 643.978/DF, rel. Min. Teori Zavascki). Ficamos na torcida para que essas disposições sejam finalmente banidas do ordenamento!

[102] MENDES, Aluisio Gonçalves de Castro; RODRIGUES, Roberto de Aragão Ribeiro. Reflexões sobre o incidente de resolução de demandas repetitivas no projeto do novo

Além do mais, o incidente de resolução de demandas repetitivas, nos termos do NCPC, está longe de ser a solução definitiva para o acúmulo de processos que emperram a máquina judiciária. Similar ao que ocorre com o julgamento liminar de improcedência e com o julgamento por amostragem de recursos repetitivos, o instituto pode ajudar a desafogar as instâncias superiores do Poder Judiciário[103], mas não tem o condão de impedir o ajuizamento de novas demandas, muito pelo contrário, irá incentivá-las.[104]

O interesse pela tutela coletiva há de permanecer, pois a "decisão paradigma" do incidente só será proferida após os juízes de primeira instância terem processado e julgado centenas – ou mesmo milhares – de causas individuais,[105] situação essa que gera nítido desperdício de recursos financeiros e humanos. Outrossim, o novo instituto só serve à resolução de questões de direito, não viabilizando a resolução simultânea de causas de massa em que se discuta a mesma questão de fato.

Finalizando a crítica à nova figura, o NCPC – ainda que preveja a oitiva de interessados, tais como órgãos ou entidades especializadas, em prazos exíguos (arts. 983 e 984) – peca por não estabelecer nenhum critério idôneo destinado à seleção do caso paradigma (no qual será processado o incidente). Não há segurança mínima de que os interesses dos indivíduos que contendem com o litigante habitual serão adequadamente representados no momento da formação da "tese jurídica" a ser aplicada nos casos repetitivos.[106]

---

código de processo civil. *Revista de Processo*. n.º 211. São Paulo: Revista os Tribunais, 2012, p. 192.

[103] Na crítica de Egas Dirceu Moniz de Aragão: "de nada ainda resolver o problema da massa de litígios nos tribunais superiores, sem o resolver também nos órgãos inferiores. Como não se trata de processos de competência originária e sim de recursos, é óbvio que antes de subirem à sua apreciação abarrotam juízos e tribunais inferiores. Se o 'cobertor agasalhar' os órgãos superiores, continuarão desagasalhados os inferiores (ter-se-á 'espanado o pó' de um lugar para outro)." (MONIZ DE ARAGÃO, Egas Dirceu. Estatística judiciária. *Revista de Processo*. n.º 110. São Paulo: Revista dos Tribunais, 2003, p. 18).

[104] ARENHART, Sérgio Cruz. *A Tutela Coletiva de Interesses Individuais: para além da proteção dos interesses individuais homogêneos*. São Paulo: Revista dos Tribunais, 2013, p. 20.

[105] ARENHART, Sérgio Cruz. *A Tutela Coletiva de Interesses Individuais: para além da proteção dos interesses individuais homogêneos*. São Paulo: Revista dos Tribunais, 2013, p. 52.

[106] Sobre a relevância da causa paradigma, discorre Antônio do Passo Cabral: "essa seleção da causa-teste tem importância crucial na efetividade do julgamento do incidente. De um lado, ao escolher para afetação ao procedimento dos repetitivos um processo inadequado, também a decisão do incidente pode não vir a ser a melhor solução da controvérsia de massa,

1. O DIREITO PROCESSUAL CIVIL NA SOCIEDADE DE MASSAS

Bancos, companhias telefônicas, ou mesmo a Fazenda Pública, farão uso de seus melhores advogados na causa sujeita ao incidente. Todavia, pode ocorrer que o autor[107] da causa piloto seja um indivíduo sem condições de trazer argumentos e teses adequadas à defesa de seus interesses e, por conseguinte, do grupo em situação similar.

1.4 A COLETIVIDADE NO POLO PASSIVO DA DEMANDA (AÇÃO COLETIVA PASSIVA E AÇÃO DUPLAMENTE COLETIVA)

1.4.1 A outra face da moeda

Feitas as considerações acerca do desenvolvimento do processo coletivo, iremos de agora em diante abordar a outra face dessa moeda.

O percurso histórico narrado revela que o modelo brasileiro de processos coletivos é caracterizado por um procedimento em que o grupo deve sempre

com evidente impacto sistêmico deletério pela multiplicação da conclusão a todos os outros processos. Por outro lado, quando diante de litigantes habituais, que podem estrategicamente optar por um de muitos processos com aquele a partir do qual provocarão o incidente, abre-se espaço para certo direcionamento da cognição no incidente em favor do interesse que desejam ver prevalecer, e assim, o pensamento em critérios que permitam inadmitir a tramitação ou corrigir a seleção das causas, em razão de uma inadequada escolha do processo-piloto, parece ser uma preocupação fundamental. Além disso, como visto no direito positivo e no projeto de lei, o desenho legal destes incidentes confere um protagonismo às partes do processo originário. Por exemplo, o autor e réu do processo originário terão uso da palavra na sessão de julgamento em tempo igual àquele de todos os demais interessados em conjunto. Ou seja, a escolha da causa interfere na extensão das prerrogativas dos sujeitos do processo no próprio incidente. Assim, parece claro que a seleção do processo-teste, se mal realizada, pode gerar críticas no que se refere ao respeito das garantias processuais dos litigantes, especialmente daqueles ausentes, já chamados de 'litigantes-sombra', cuja participação fica reduzida no incidente apesar de poderem sofrer os efeitos daquele debate judicial." (CABRAL, Antonio do Passo. A escolha da causa-piloto nos incidentes de resolução de processos repetitivos. *Revista de Processo*. n.º 231. São Paulo: Revista dos Tribunais, 2014, p. 204).

[107] Não é possível de plano descartar a possibilidade de que a aplicação do incidente de resolução de demandas repetitivas faça com que um indivíduo atue como representante de vários "réus" em processos individuais, isso no hipotético caso em que o mesmo autor (litigante habitual) tenha intentado uma série de demandas individuais em face de réus diversos, havendo controvérsia acerca de questão de direito, nos termos do novo Código, essas demandas serão suspensas até a fixação da tese jurídica, que será aplicada aos casos em trâmite e aos futuros.

ocupar o polo ativo – a coletividade é enxergada exclusivamente como vítima. Para Camilo Zufelato, essa opção decorre da busca pelo fortalecimento dos agrupamentos sociais, expediente necessário para o incremento da proteção dos interesses metaindividuais e individuais de massa. Por esse ponto de vista, caso as organizações sociais pudessem ocupar o polo passivo em demandas coletivas, o desenvolvimento do microssistema de tutela coletiva poderia ter sido obstado.[108]

Aluisio de Castro Mendes destaca que a própria dicção de alguns dispositivos constitucionais revela essa tendência de restrição do processo coletivo às ações ajuizadas em nome da coletividade. Segundo o art. 5.º, LXXIII, da CF, qualquer cidadão pode "propor" ação popular; já pelo inc. LXX, o mandado de segurança coletivo pode ser "impetrado por" partido político com representação no Congresso Nacional ou organização sindical, entidade de classe ou associação legalmente constituída em funcionamento há ao menos um ano; na mesma linha, o art. 129, III, prevê ser função institucional do Ministério Público "promover" o inquérito civil público e a ação civil pública para a proteção do patrimônio público e social, do meio ambiente e de outros interesses difusos e coletivos.[109]

Todavia, como demonstra a realidade do foro, em vários casos, admitir que a coletividade ocupe o polo passivo, sob a ótica da proporcionalidade pan-processual, pode ser interessante ou até mesmo necessário. Malgrado a ausência de previsão legal expressa, em algumas circunstâncias as ações em face de grupos têm sido admitidas na realidade brasileira.

Trata-se da chamada "ação coletiva passiva" (similar a "defendant class action" norte-americana) ou ainda da "ação duplamente coletiva" ("bilateral class action").

Como mencionado anteriormente, as primeiras manifestações da tutela coletiva foram verificadas na Inglaterra medieval, justamente em ações

---

[108] ZUFELATO, Camilo. Ação coletiva passiva no direito brasileiro: necessidade de regulamentação legal. In: GOZZOLI, Maria Clara; CIANCI, Mirna; CALMON, Petrônio; QUARTIERI, Rita (coords.). *Em defesa de um novo sistema de processos coletivos: estudos em homenagem a Ada Pellegrini Grinover*. São Paulo: Saraiva, 2010, p. 89.

[109] MENDES, Aluisio Gonçalves de Castro. A legitimação, a representatividade adequada e a certificação nos processos coletivos e as ações coletivas passivas. *Revista de Processo*. n.º 209. São Paulo: Revista dos Tribunais, 2012, p. 258.

movidas contra grupos. Por outro lado, não é metodologicamente adequado justificar a viabilidade de ações em face de coletividades na atualidade com base na experiência inglesa de outrora – são contextos totalmente diversos.

Conforme visto, no período subsequente à "Idade Média" prevaleceu o ideal burguês de igualdade e liberdade, de modo que a perspectiva corporativista cedeu em nome de uma concepção individualista do mundo. Buscou-se livrar o homem dos vínculos com as instituições que lhe fossem exteriores.

Contudo, hodiernamente não mais subsiste o repúdio ao associativismo característico da gênese da "Modernidade".

Conforme lembra Rodrigo Xavier Leonardo, foram firmados vários tratados que expressamente reconheceram a liberdade de associação. Citam-se a "Declaração Universal dos Direitos Humanos" (que, nos arts. 20 e 23, dispõe sobre o resguardo da liberdade associativa), a "Convenção 87 da Organização Internacional do Trabalho" (cujos arts. 2, 3 e 4 versam sobre a liberdade de associação garantida aos empregados e empregadores) e o "Pacto Internacional sobre os Direitos Civis e Políticos", aprovado pela "Assembleia Geral da ONU" em 16.12.1966, o qual contém a seguinte previsão: "toda e qualquer pessoa tem o direito de se associar livremente com outras, incluindo o direito de constituir sindicato e de a eles aderir para a proteção dos seus interesses".[110]

O próprio contexto de trocas capitalista fomentou a formação de novos agrupamentos humanos. Se em um primeiro momento assumiram destaque as associações comerciais,[111] em seguida houve o fortalecimento dos partidos políticos e das entidades sindicais, e, mais recentemente, dos movimentos sociais, das associações de consumidores, entre outros.

Ato contínuo, o poderio dos grupos elevou-se constantemente. Se outrora os agrupamentos sociais encontravam-se dispersos e fragilizados, hoje eles são capazes de gerar lesões ou ameaças de lesões a interesses de terceiros pela prática de atos descentralizados, o que praticamente inviabiliza a tutela mediante a aplicação do instrumental próprio ao processo tradicional.[112]

---

[110] LEONARDO, Rodrigo Xavier. *Associações sem fins econômicos*. São Paulo: Revista dos Tribunais, 2014, p. 68-69.

[111] LEONARDO, Rodrigo Xavier. *Associações sem fins econômicos*. São Paulo: Revista dos Tribunais, 2014, p. 64.

[112] ROQUE, Andre Vasconcelos. *Class actions – ações coletivas nos Estados Unidos: o que podemos aprender com eles?* Salvador: Jus Podivm, 2013, p. 478.

É razoável falar que há um quadro de intensa conflitualidade coletiva, no qual surgem situações nas quais o grupo ou classe podem ser réus em uma demanda, seja litigando contra um indivíduo, seja contra outra coletividade.

Nesse sentido, como exemplo de conflito de interesses multissubjetivos, Alvaro Pérez Ragone cita conflito existente entre os trabalhadores que desejam trabalhar em uma fábrica que gera resíduos poluidores (afinal, precisam do salário para a respectiva subsistência e não dispõem de outra possibilidade de trabalho) e o direito ao meio ambiente sadio de titularidade da sociedade.[113]

A título de curiosidade, conflito de interesses coletivos similar ao mencionado foi resolvido pelo STF no julgamento do RE 586.224/SP. Determinada lei do Município de Paulínia/SP, que veda, em absoluto, a queima de palha de cana-açúcar, foi contrastada com lei editada pelo Estado de São Paulo, que prevê a extinção progressiva de tal prática. Para além das questões atinentes à competência legislativa, a Corte Constitucional, ao rechaçar a validade da lei municipal, considerou que, em que pese a existência de técnicas mais modernas e menos danosas para a realização de tal atividade, outras questões de natureza social e política devem ser consideradas. Levou-se em consideração que na região existem inúmeros agricultores de baixa escolaridade, sem recursos e instrução para adquirir e operar modernas tecnologias, o que justifica a preponderância da lei estadual.[114]

Por sua vez, José Miguel Garcia Medina enxerga situações coletivas passivas em algumas espécies de "ações pseudoindividuais", como em uma demanda intentada com o desiderato de se obter judicialmente autorização para a comercialização de determinado medicamento, negada pelo órgão público responsável (o que está em jogo é a saúde da coletividade). A mesma lógica seria aplicável à hipótese em que uma empresa busca no Judiciário a obtenção de uma licença ambiental negada na via administrativa por desatendimento às normas incidentes.[115]

---

[113] RAGONE. Alvaro J. D. Pérez. Necesitamos los procesos colectivos? En torno a la justificación y legitimidad jurídica de la tutela de intereses multisujetivos. *Revista Genesis de Direito Processual Civil*. Curitiba: Genesis. n.º 38, 1998, p. 767.

[114] STF, Pleno, RE 586.224/SP, rel. Min. Luiz Fux, j. 05/03/2015.

[115] MEDINA, José Miguel Garcia. *Código de Processo Civil comentado: com remissões e notas comparativas ao projeto do novo CPC*. 2.ª ed. São Paulo: Revista dos Tribunais, 2012, p. 44.

1. O DIREITO PROCESSUAL CIVIL NA SOCIEDADE DE MASSAS

Dando sequência ao raciocínio, Ricardo de Barros Leonel menciona uma plêiade de hipóteses em que há uma coletividade na condição de ré. Citam-se as ações movidas em face de torcidas organizadas; a ação rescisória de ação coletiva "ativa" ou ainda as ações movidas por legitimados coletivos detrimento de entidades associativas representantes de determinado setor da atividade econômica (tal como uma ação movida pelo Ministério Público ou associação de defesa dos consumidores contra a associação de bancos ou de prestadores de serviços de saúde ou seguros), buscando a imposição de padrões de conduta às entidades associadas.[116]

Entre tantos outros exemplos, acrescentamos também as ações possessórias ajuizadas em face de ocupações rurais, conflitos nos quais a jurisprudência há muito tempo entende ser desnecessária a citação individualizada de cada um dos esbulhadores.

Fixadas essas premissas, no afã de delimitar o tema, passamos a expor as conceituações doutrinárias elaboradas pelos teóricos que estudaram o assunto.

1.4.2 Definições

Segundo Ada Pellegrini Grinover, "ação coletiva passiva" é a (...) "ação promovida não pelo grupo, mas contra o grupo, correspondendo a defendant class action do sistema norte-americano". Outrossim, a processualista mencionada chama atenção para o menor emprego das ações coletivas passivas quando comparadas com as ativas nos sistemas em que são admitidas.[117]

No contexto da "common law", Vince Morabito define como "defendant class action" a ação civil movida por uma ou mais pessoas contra um grupo de indivíduos em situação similar. Para Morabito, esse instrumento tem o condão de promover a eficiência processual na resolução de questões comuns,

---

[116] LEONEL, Ricardo de Barros. *Manual do processo coletivo*. 2.ª ed. São Paulo: Revista dos Tribunais, 2011, p. 205-206.

[117] GRINOVER, Ada Pellegrini. Novas tendências em matéria de legitimação e coisa julgada nas ações coletivas. In: GRINOVER, Ada Pellegrini; WATANABE, Kazuo; MULLENIX, Linda. (coords.) *Os processos coletivos nos países de civil law e common law: uma análise de direito comparado*. 2.ª ed. São Paulo: Revista dos Tribunais, 2011, p. 236.

PROCESSO COLETIVO PASSIVO

prevenindo a rediscussão das mesmas questões em inúmeras outras demandas, além de incrementar o acesso à justiça.[118]

Conforme Ricardo de Barros Leonel, é possível que o grupo seja réu em ações ajuizadas por particulares ou por outra coletividade. No último caso, Leonel salienta a existência de um litígio "essencialmente coletivo".[119]

Já Fredie Didier Jr. e Hermes Zaneti Jr. dizem haver uma ação coletiva passiva (...) "quando um agrupamento humano for colocado como sujeito passivo de uma relação jurídica afirmada na petição inicial". Os referidos processualistas asseveram poder a ação coletiva passiva veicular pretensões individuais ou coletivas. A coletividade, além de titularizar direitos, também possui deveres ("situação jurídica coletiva passiva").[120]

Divergindo dos últimos estudiosos citados, Camilo Zufelato, ao afastar a possibilidade de a demanda coletiva ser intentada por um indivíduo contra um grupo, sugere os seguintes requisitos para a admissão de uma ação coletiva passiva: (i) a tutela de interesses transindividuais (ou seja, o autor admite apenas ações duplamente coletivas); (ii) a presença de vínculos entre os sujeitos representados no polo passivo; (iii) o reconhecimento da legitimidade passiva da classe.[121]

Em dissertação sobre o assunto, Diogo Campos Medina Maia assevera ser a ação coletiva passiva um direito apto a ser exercido, de forma ordinária ou extraordinária, por pessoas naturais, jurídicas ou formais, em face de um ente coletivo dotado de legitimidade extraordinária, para a tutela de direitos ou interesses homogeneamente lesionados ou ameaçados de lesão, sejam eles coletivos ou não.[122]

---

[118] MORABITO, Vince. Defendant class actions and the right to opt out: lessons for Canada from the United States. *Duke Journal of Comparative and International Law*. n.º 14:2. Durham: Duke University, 2004, p. 189-199.

[119] LEONEL, Ricardo de Barros. *Manual do processo coletivo*. 2.ª ed. São Paulo: Revista dos Tribunais, 2011, p. 202-205.

[120] DIDIER JR., Fredie; ZANETI JR., Hermes. *Curso de Direito Processual Civil – processo coletivo*. 4.ª ed. Salvador: Jus Podivm, 2009, p. 411-443.

[121] ZUFELATO, Camilo. Ação coletiva passiva no direito brasileiro: necessidade de regulamentação legal. In: GOZZOLI, Maria Clara; CIANCI, Mirna; CALMON, Petrônio; QUARTIERI, Rita (coords.). *Em defesa de um novo sistema de processos coletivos: estudos em homenagem a Ada Pellegrini Grinover*. São Paulo: Saraiva, 2010, p. 92.

[122] MAIA, Digo Campos Medida. *Ação coletiva passiva*. Rio de Janeiro: Lumen Juris, 2009, p. 53.

A construção teórica feita por Maia é singular ao propor o conceito de "direitos homogeneamente lesionados ou ameaçados de lesão". Na sociedade contemporânea é possível, e até mesmo comum, que um direito, individual ou coletivo, seja alvo de incontáveis lesões ou ameaças de lesões homogêneas – é o que ocorre quando uma obra musical, sobre a qual incide a proteção conferida pelos direitos autorais, é objeto de incontáveis downloads ilegais.[123]

Sobre essas definições, não concordamos com a afirmação de que a ação coletiva passiva pode apenas tutelar direitos transindividuais, pois, considerando a vasta plêiade de conflitos contemporâneos, há de se admitir que um direito individual possa ser lesionado ou ameaçado de lesão de forma coletiva.

Destarte, as definições trazidas por Ricardo de Barros Leonel, Fredie Didier Jr. e Hermes Zaneti Jr. demonstram que a ação coletiva passiva é capaz de tutelar direitos individuais, coletivos, difusos ou individuais e homogêneos.

São inúmeras as hipóteses possíveis e, em muitos casos, é difícil enquadrar com precisão absoluta determinada situação no rótulo de difusa, coletiva ou individual e homogênea; contudo, sem a pretensão de esgotar todas as variáveis possíveis, pode-se dizer – por exemplo – que há litígio entre direito individual (no polo ativo) contra direito individual e homogêneo (no polo passivo) em demanda proposta pelo titular de uma patente contra as empresas que a violaram (situação admitida no direito estadunidense).

Um direito individual pode estar contraposto a um direito difuso quando uma empresa busca em juízo a concessão da licença ambiental que foi negada na via administrativa, ou ainda em uma ação rescisória de ação coletiva para a tutela de direitos difusos.

---

[123] Ao discorrer sobre a casuística norte-americana, Nelson Rodrigues Netto faz menção ao caso "MGM v. Grokster", no qual figuraram como autores da demanda um grupo de estúdios musicais e alguns detentores de direitos autorais e, como réus, companhias que distribuíam programas gratuitos que permitem o compartilhamento de arquivos por usuários pelo sistema "peer-to-peer". O caso foi certificado como uma "bilateral class action". (RODRIGUES NETTO, Nelson. The use of defendant class action to protect rights in the internet. *Panóptica*. n.º 1. Vitória: Panóptica, 2007, p. 61).

Há conflito entre direitos coletivos em sentido estrito nos dissídios para reajuste do salário base, em que figuram, de um lado, o sindicato dos trabalhadores, e, de outro, o sindicato patronal representante das empresas.[124]

Ademais, da natureza dos interesses contrapostos em juízo, decorre a primeira das classificações criadas pela doutrina que se debruçou sobre o tema do processo coletivo passivo.

Diferencia-se a "ação coletiva passiva" da "ação duplamente coletiva". Na ação coletiva passiva "tradicional" há um interesse individual (ou mais do de um, desde que sob a forma de litisconsórcio) no polo ativo, e um interesse metaindividual ou individual de massa polo passivo. Nas "ações duplamente coletivas", há interesses transindividuais ou individuais e homogêneos nos dois lados da relação jurídica processual.

Já o segundo critério classificatório difere as ações coletivas passivas "originárias" das "derivadas". As primeiras são originariamente propostas em face de uma coletividade, não possuem relações com outra demanda anterior. As ações coletivas passivas derivadas, nas palavras de Diogo Campos Medina Maria, (...) "são aquelas que, muito embora autônomas, justificam-se pela existência de uma ação coletiva ativa".[125] Os exemplos típicos de ações coletivas passivas derivadas são as ações rescisórias de ação coletiva "ativa" – como os titulares dos interesses transindividuais ou individuais e homogêneos não desejam a desconstituição da sentença que lhes favoreceu, com o ajuizamento da ação rescisória, automaticamente esses interesses passam a ser réus.

1.4.3 A ausência de regulamentação legal

Afirma-se que, mesmo diante da inexistência de disposições legais sobre o assunto, as ações movidas em face da classe, grupo ou categoria são uma realidade no Brasil – a admissão, de *lege lata*, da ação coletiva passiva é possibilitada pela interpretação sistemática do ordenamento.

---

[124] DIDIER JR., Fredie. Situações jurídicas coletivas passivas: o objeto das ações coletivas passivas. *Revista Eletrônica de Direito do Estado (REDE)*. n.º 26. Salvador: Instituto Brasileiro de Direito Público, 2011. Disponível em [www.direitodoestado.com/revista/REDE-26--ABRIL-2011-FREDIE-DIDIER.pdf.]. Acesso em 9.5.2013, p.2.

[125] MAIA, Digo Campos Medina. *Ação coletiva passiva*. Rio de Janeiro: Lumen Juris, 2009, p. 122.

Certamente o advento de regulação legal facilitará a operacionalização do instituto, que, no quadro atual, é permeado por incertezas. Para autores como Ricardo de Barros Leonel, que outrora se manifestou de forma contrária às ações coletivas passivas, hoje – como consequência lógica do amadurecimento do processo coletivo – a regulamentação expressa do assunto uma tendência.[126]

Dentro dessa linha de raciocínio, é interessante fazer menção ao movimento em prol da "codificação" do processo coletivo, verificado entre os anos de 2002 e 2008. Essa discussão redundou na elaboração de duas propostas de "códigos-modelo", o primeiro redigido por Antonio Gidi, denominado de "Código-modelo de Processo Coletivo para países de direito escrito", ou simplesmente "CM-GIDI"; e o "Código-modelo de Processo Coletivo para Ibero-américa" ("CMI-A"), que buscou aperfeiçoar as experiências de sucesso em tutela coletiva verificadas nos ordenamentos da comunidade ibero-americana. Também foram redigidas duas propostas de "anteprojeto": o "Código Brasileiro de Processos Coletivos do Instituto Brasileiro de Direito Processual" ("CPCO-IBDP"), elaborado no âmbito do programa de pós-graduação da USP; e o "anteprojeto de Código Brasileiro de Processos Coletivos dos programas de pós-graduação da UERJ e Unesa" ("CPCO-UERJ/Unesa").[127]

Todos esses diplomas trouxeram disposições sobre a ação coletiva passiva. Para facilitar a compreensão do tema, tomamos a liberdade de trazer ao presente estudo a esquematização elaborada por Julio Cezar Rossi:

---

[126] LEONEL, Ricardo de Barros. *Manual do processo coletivo*. 2.ª ed. São Paulo: Revista dos Tribunais, 2011, p. 20.

[127] ROSSI, Julio César. Ação coletiva passiva. *Revista de Processo*. n.º 198. São Paulo: Revista dos Tribunais, 2011, p. 261.

Tabela 1 – quadro comparativo entre as disposições acerca da ação coletiva passiva nos "códigos-modelo" e "anteprojetos" de código brasileiro de processos coletivos[128]:

CM-GIDI	CMI-A
Art. 28. A ação coletiva poderá ser proposta contra os membros de um grupo, representados por associação que os congregue. **Art. 28.1** A associação representará o grupo comum um todo e os membros do grupo. O membro do grupo será vinculado pela sentença coletiva independentemente do resultado da demanda, ainda que não seja membro da associação que o representou em juízo. **Art. 28.2** Se não houver associação que congregue os membros do grupo-réu, a ação coletiva passiva poderá ser proposta contra um ou alguns de seus membros, que funcionarão como representantes do grupo. **Art. 28.3** Os membros do grupo poderão criar uma associação com a finalidade específica de representá-los em juízo na ação coletiva passiva. **Art. 28.4** Os membros do grupo poderão intervir no processo coletivo passivo. **Art. 28.5** O representante terá o direito de ser ressarcido pelos membros do grupo das despesas efetuadas com o processo coletivo, na proporção dos interesses de cada membro, **Art. 29** Aplicam-se complementarmente às ações coletivas passivas o disposto neste Código quanto às ações coletivas ativas, no que não for incompatível. **Art. 29.1** Sempre que for possível e necessário, as normas referentes às ações coletivas ativas deverão ser interpretadas com flexibilidade e adaptadas às necessidades e peculiaridades das ações coletivas passivas.	**Art. 32.** Qualquer espécie de ação pode ser proposta contra uma coletividade organizada ou que tenha representante adequado, nos termos do parágrafo 2.º do artigo 2.º deste Código, e desde que o bem jurídico a ser tutelado seja transindividual (art. 1.º) e se revista de interesse social. **Art. 33.** Quando se tratar de interesses ou direitos difusos, a coisa julgada atuará erga omnes, vinculando os membros do grupo, categoria ou classe. **Art. 34.** Quando se tratar de interesses ou direitos individuais e homogêneos, a coisa julgada atuará erga omnes no plano coletivo, mas a sentença de procedência não vinculará os membros do grupo, categoria ou classe, que poderão mover ações próprias ou defender-se no processo de execução para afastar a eficácia da decisão de sua esfera judicial. **Art. 35.** Aplicam-se complementariamente às ações coletivas passivas o disposto neste Código quanto às ações coletivas ativas, no que não for incompatível.

---

[128] ROSSI, Julio César. Ação coletiva passiva. *Revista de Processo*. n.º 198. São Paulo: Revista dos Tribunais, 2011, p. 262-263.

CPCO-IBDP	CPCO-UERJ/Unesa
Art. 38. Ações contra grupo, categoria ou classe – Qualquer espécie de ação pode ser proposta contra uma coletividade organizada, mesmo sem personalidade jurídica, desde que apresente representatividade adequada (art. 20, I, *a*, *b* e *c*), se trate de tutela de interesses ou direitos difusos e coletivos (art. 4.º, I e II) e a tutela se revista de interesse social. **Parágrafo único.** O Ministério Público e os órgãos públicos legitimados à ação coletiva ativa (art. 20, III, IV, V e VII deste Código) não poderão ser considerados representantes adequados da coletividade, ressalvadas as entidades sindicais. **Art. 39.** Coisa julgada passiva – A coisa julgada atuará erga omnes, vinculando os membros do grupo, categoria ou classe e aplicando-se ao caso as disposições do art. 12 deste Código, no que dizem respeito aos interesses ou direitos transindividuais. **Art. 40.** Aplicação complementar às ações coletivas passivas – Aplica-se complementarmente às ações coletivas passivas o disposto no Capítulo I deste Código, no que não for incompatível. **Parágrafo único.** As disposições relativas a custas e honorários, previstas no art. 16 e seus parágrafos, serão invertidas, para beneficiar o grupo, categoria ou classe que figurar no polo passivo da demanda.	**Art. 42.** Ação contra o grupo, categoria ou classe- Qualquer espécie de ação pode ser proposta contra uma coletividade organizada ou que tenha representante adequado, nos termos do §1.º do art. 8.º, e desde que o bem jurídico a ser tutelado seja transindividual (art. 2.º) e se revista de interesse social. **Art. 43.** Coisa julgada passiva – A coisa julgada atuará erga omnes, vinculando os membros do grupo, categoria ou classe. **Art. 44.** Aplicação complementar à ação coletiva. Aplica-se complementarmente à ação coletiva o disposto neste Código quanto à ação coletiva ativa, no que não for incompatível.

O "CPCO-IBDP", o "CPCO-UERJ/Unesa" e o "CMI-A", ao exigirem que o bem jurídico tutelado tenha natureza jurídica transindividual, em verdade só admitem "ações duplamente coletivas", ou seja, não se preocupam com as hipóteses nas quais um interesse individual é lesionado ou ameaçado de lesão coletivamente. A restrição é desnecessária e restringe o escopo de atuação do instituto.[129] Esses projetos também colocam como requisito das ações coletivas

---

[129] GIDI, Antonio. *Rumo a um código de processo civil coletivo: a codificação das ações coletivas no Brasil*. Rio de Janeiro: Forense, 2008, p. 364.

PROCESSO COLETIVO PASSIVO

passivas a existência de "interesse social". Trata-se de requisito manipulável, que, em verdade, milita contra acesso à justiça.[130]

O "CPCO-IBDP" (em razão da remissão ao art. 12 do anteprojeto) e o "CMI-A" pecam também pelo transporte, de forma invertida, do criticável sistema de coisa julgada coletiva do CDC, que, em ação para tutela de interesses individuais de massa julgada improcedente, não vincula os integrantes da classe. Nos termos desses projetos, na ação coletiva passiva movida contra interesses individuais e homogêneos, a decisão de procedência não vinculará os membros da coletividade ré, aniquilando a utilidade do instituto.

Por sua vez, o projeto de Antonio Gidi, de forma acertada, traz a coisa julgada *pro et contra*. Este projeto também restringe a legitimidade coletiva passiva às associações, prevendo, de forma subsidiária, a legitimidade passiva de um ou alguns membros do grupo. Sob a óptica organizativa, a solução é interessante, considerando o protagonismo ocupado por aquelas entidades na condição de porta-vozes de interesses de grupos; todavia, preferimos não excluir, de plano, a possibilidade de outros legitimados representarem a coletividade ré em circunstâncias específicas. Já a legitimidade passiva de um ou alguns indivíduos é questão controversa entre a doutrina brasileira, mas ela pode ser de grande utilidade em várias hipóteses (elas serão desenvolvidas em um próximo momento), especialmente em caráter subsidiário.

Nota-se que todos os anteprojetos e códigos modelos, ainda que de forma insuficiente (ressalvado o "CM-GIDI"), buscaram regular as ações coletivas passivas. Porém, o assunto foi deixado de lado no PL 5139/2009 ("Nova Lei da Ação Civil Pública"), que, entre outros objetivos, buscava centralizar as regras sobre tutela coletiva presentes em legislação esparsa. Há alguns anos aguarda-se a apreciação de recurso interposto em face de parecer da "Comissão de Constituição e Justiça e Cidadania" que, no mérito, decidiu pela rejeição de projeto.

Em decorrência do rechaço do projeto mencionado, o Deputado Antônio Roberto apresentou o PL 4484/2012, que repete em parte as disposições constantes do PL 5139/2009, inovando em alguns aspectos, tais como a possibilidade de ajuizamento de ação civil pública sobre questões tributárias

---

[130] GIDI, Antonio. *Rumo a um código de processo civil coletivo: a codificação das ações coletivas no Brasil*. Rio de Janeiro: Forense, 2008, p. 356.

1. O DIREITO PROCESSUAL CIVIL NA SOCIEDADE DE MASSAS

e previdenciárias. Tal como seu antecessor, o projeto em questão não prevê genericamente o cabimento das ações coletivas passivas; todavia, em seu art. 39, *caput* e p.u., regula a ação rescisória intentada com vistas à rescisão da sentença de procedência prolatada em ação civil pública (espécie de ação coletiva passiva derivada).[131] O PL 4484/2012 não teve seu mérito apreciado pela "Comissão de Constituição e Justiça e Cidadania", encontrando-se arquivado nos termos do art. 105 do Regimento Interno da Câmara dos Deputados.[132-133]

Em razão do atual vácuo legislativo, autores como Jordão Violin sustentam que a falta de previsão legal específica para as ações coletivas passivas não pode ser capaz de inviabilizar o acesso à justiça. Além do mais, a lacuna não seria absoluta, pois o fundamento dessas ações pode ser extraído da interpretação de regras existentes.[134]

Ao investigar o tema, Rodolfo de Camargo Mancuso recorre ao art. 295, p.u, III, do CPC/73.[135] Na linha de raciocínio deste autor, como é permitida a formulação de qualquer pretensão que não seja juridicamente impossível,

---

[131] Art. 39: "a ação rescisória objetivando desconstituir sentença ou acórdão de ação coletiva, cujo pedido tenha sido julgado procedente, deverá ser ajuizada em face do legitimado coletivo que tenha ocupado o polo ativo originariamente, podendo os demais co-legitimados atuar como assistentes. Parágrafo único. No caso de ausência de resposta, deverá o Ministério Público e, concorrentemente, a Defensoria Pública no caso de, notoriamente, a maioria dos interessados serem hipossuficientes, ocupar o polo passivo, renovando-se-lhes o prazo para responder."

[132] Art. 105: "finda a legislatura, arquivar-se-ão todas as propostas que no seu decurso tenham sido submetidas à deliberação da Câmara e ainda se encontrem em tramitação, bem como as que abram crédito suplementar, com pareceres ou sem eles, salvo as: I – com pareceres favoráveis em todas as Comissões; II – já aprovadas em turno único, em primeiro ou segundo turno; III – que tenham tramitado pelo Senado, ou dele originárias; IV – de iniciativa popular; V – de iniciativa de outro Poder ou do Procurador Geral da República. *Parágrafo único.* A proposição poderá ser desarquivada mediante requerimento do Autor, ou Autores, dentro dos primeiros cento e oitenta dias da primeira sessão legislativa ordinária da legislatura subsequente, retomando a tramitação desde o estágio em que se encontrava."

[133] A tramitação do PL 4484/2012 pode ser acompanhada mediante consulta ao sítio: [http://www.camara.gov.br/proposicoesWeb/fichadetramitacao?idProposicao=556440].

[134] VIOLIN, Jordão. *Ação coletiva passiva: fundamentos e perfis.* Salvador: Jus Podivm, 2008, p. 39-40.

[135] Art. 295, p.u.: "considera-se inepta a petição inicial quando: (...) III – o pedido for juridicamente impossível."

inexistindo no ordenamento vedação expressa à ação coletiva passiva, a viabilidade desse tipo de ação não pode ser *a priori* afastada.[136]

Já Aluisio Gonçalves de Castro Mendes invoca o princípio da inafastabilidade do controle jurisdicional (art. 5.º, XXXV, da CF[137-138]), pois, em certas situações, a obstrução da coletivização passiva impede a judicialização de lesões ou ameaças de lesões coletivas a direitos. O autor citado menciona ainda a ampla representatividade dos sindicatos estabelecida no art. 8.º, III, da CF.[139] Ora, como o comando constitucional não restringiu a representação sindical às ações movidas em favor da categoria, com base nele seria possível fundamentar a legitimidade passiva do sindicato em ação coletiva movida contra a classe.

Por fim, Fredie Didier Jr. e Hermes Zaneti Jr. recorrem ao art. 83 do CDC, pelo qual: "para defesa dos direitos e interesses protegidos por este código são admissíveis todas as espécies de ações capazes de propiciar sua adequada e efetiva tutela."[140]

Em relação a essas propostas, a ampla representatividade dos sindicatos consagrada no texto constitucional faz com que a jurisprudência seja mais maleável em admitir a atuação dessas entidades (na qualidade de substitutos processuais) na defesa dos interesses da categoria, seja no polo ativo, seja no polo passivo.[141] Ademais, o Direito Processual do Trabalho há muito tempo conhece a figura dos dissídios coletivos, verdadeiras ações duplamente coletivas (em que figuram como partes formais o sindicato dos trabalhadores e o sindicato dos empregadores). Nesses dissídios, as condições de trabalho fixadas na "sentença normativa" estendem-se a todos os interessados.

---

[136] MANCUSO, Rodolfo de Camargo. *Ação civil pública*. 12.ª ed. São Paulo: Revista dos Tribunais, 2011, p. 130.

[137] CF, art. 5.º, XXXV: "a lei não excluirá da apreciação do Poder Judiciário lesão ou ameaça a direito".

[138] Conforme o art. 3.º, *caput*, do NCPC: "não se excluirá da apreciação jurisdicional ameaça ou lesão a direito".

[139] CF, art. 8.º, III: "ao sindicato cabe a defesa dos direitos e interesses coletivos ou individuais da categoria, inclusive em questões judiciais ou administrativas."

[140] DIDIER JR., Fredie; ZANETI JR., Hermes. *Curso de Direito Processual Civil – processo coletivo*. 4.ª ed. Salvador: Jus Podivm, 2009, p. 405-406.

[141] Entre outros, ver: STF, Pleno, RE 193.503/SP, rel. p/o acórdão Min. Joaquim Barbosa, j. 12/06/2006, e TRF 4, 2.ª Seção, EI em AR n.º 95.04.33984-0, Rel. Des. Federal Amaury Chaves de Athayde, j. 10/06/2012.

1. O DIREITO PROCESSUAL CIVIL NA SOCIEDADE DE MASSAS

Sobre os outros fundamentos trazidos pela doutrina, há neles grande grau de abstração, de modo que a justificação da ação coletiva passiva, de *lege lata*, exige notório esforço hermenêutico. Contudo, na prática forense já se manifestam tentativas de concretização do instituto, o que nos motiva a abordar alguns casos práticos no tópico seguinte.

1.4.4 Casuística

Neste momento iremos discorrer sobre casos concretos (alguns até mesmo inusitados), enquadráveis dentro do gênero "ação coletiva passiva" ou "ação duplamente coletiva passiva".

No Brasil o direito tradicionalmente é estudado a partir da lei, para só então, após a citação de jurisprudência, ser estudada a casuística. Nesse expediente, a análise de casos tem caráter residual – dá-se pouco valor à perspectiva judicial do sistema. Porém, nas palavras de Luciano de Camargo Penteado: (....) "muitas vezes, é preciso inverter a ordem para pensar o direito a partir do caso concreto, para dele extrair as generalizações necessárias ao conhecimento científico."[142]

Aqui não se cogitou a realização de uma pesquisa empírica propriamente dita, com análises de ordem quantitativa. Via de regra, as ações coletivas passivas existentes na prática não se autodenominam dessa forma, o que dificulta em muito a pesquisa (some-se a isso o fato de o Brasil não ter a tradição de manter bancos de dados confiáveis). Também não ficamos restritos à pesquisa de acórdãos. Com o desiderato de fomentar o debate, optamos por fazer menção a casos que sequer obtiveram uma decisão de mérito – não se pretende provar que mesmo sem regulamentação legal as ações coletivas são amplamente admitidas pela jurisprudência; pelo contrário, somente são permitidas em circunstâncias pontuais. Em verdade, quer-se demonstrar que a vasta gama de situações existentes na vida em sociedade, além de uma dose de pragmatismo, motivam a busca de soluções inéditas para novos e velhos problemas.

---

[142] PENTEADO, Luciano de Camargo. *Direito das Coisas*. 2.ª ed. São Paulo: Revista dos Tribunais, 2012, p. 35.

PROCESSO COLETIVO PASSIVO

Primeiramente trazemos uma ação coletiva passiva "derivada", que redundou em acórdão de lavra do Tribunal Regional Federal da 4.ª Região.[143] A demanda originária foi movida pelo "Sindicato dos Trabalhadores no Serviço Público Federal de Santa Catarina" ("SINTRAFESC") em face do "Instituto Brasileiro do Meio Ambiente e dos Recursos Renováveis" ("IBAMA"), na condição de substituto processual dos integrantes da categoria, buscando a condenação da autarquia ao pagamento aos seus servidores de diferenças de vencimentos e outras verbas devidas.

Sobreveio julgamento de procedência, e os integrantes da classe representados em juízo auferiram benefícios concretos. Ato contínuo, o IBAMA ajuizou ação rescisória com vistas à desconstituição daquele julgado. No mérito, a rescisória foi julgada procedente; contudo, em sede de preliminar, houve voto vencido, que sustentou a nulidade do processo desde o despacho saneador, pois a autarquia ambiental deveria ter citado todos os servidores beneficiados na condição de litisconsortes passivos necessários.

O voto vencido motivou a oposição de embargos infringentes por parte do sindicato, rejeitados de forma unânime. Conforme o voto condutor do julgamento dos embargos, caso prevalecesse a tese vencida (exigência da citação de todos os beneficiados), na prática a utilização da ação rescisória restaria inviabilizada, pois o polo passivo da demanda seria alargado ao ponto de contemplar contingentes imensuráveis de réus – a marcha processual seria obstada. Destacou-se também que, na ação rescisória, devem participar as mesmas partes formais da demanda originária. Além do mais, os efeitos patrimoniais decorrentes da rescisão do acórdão não serão sofridos pela entidade sindical, mas sim pelos integrantes da categoria, de forma individual.[144]

---

[143] TRF 4, 2.ª Seção, EI em AR n.º 95.04.33984-0, Rel. Des. Federal Amaury Chaves de Athayde, j. 10/06/2012.

[144] Conforme se extrai do voto do rel. Des. Federal Amaury Chaves de Athayde: "Não é por isso, no entanto, se há de concluir que a entidade sindical, no sucesso da rescisória terá de responder patrimonialmente pelo proveito prático consumado em favor de seus substituídos pela projeção dos efeitos de uma exitosa atuação na ação coletiva de origem. O julgado rescindindo, se bem agasalhada a postulação do sindicado na titularidade de seu pessoal direito, fê-lo não em favor de sua individual economia, mas sim em favor da economia de seus substituídos. A efetividade da ação rescisória na equação, enquanto procedente, refletirá apenas na via pela qual se fará cessar a produção do *decisum* aos favorecidos que dela auferem. É o mesmo dizer, assim como em função da ação do sindicato adveio proveito em favor de seus substituídos,

1. O DIREITO PROCESSUAL CIVIL NA SOCIEDADE DE MASSAS

Já em Minas Gerais, uma empresa de transporte de passageiros da região de Betim processou um indivíduo identificado e todos os condutores de veículos automotores que prestavam serviços de transporte coletivo de passageiros na região sem autorização do poder público, buscando a cessação das atividades desautorizadas.

O pedido foi julgado procedente em relação ao réu identificado e a inicial foi indeferida em relação aos demais. A autora interpôs recurso, alegando que os outros réus, ainda que inominados, concorrem publicamente com ela na prestação do serviço de transporte e, em razão da alta rotatividade, não seria viável individualizar todas as pessoas praticantes de transporte clandestino na região.

No julgamento colegiado observou-se que, de fato, é impossível individualizar a totalidade dos prestadores de transporte ilegal. Outrossim, não seria razoável que a concessionária, sempre que tivesse acesso à qualificação de um novo condutor, fosse obrigada a mover nova demanda. Considerando o interesse da sociedade na prestação de serviços seguros e fiscalizados, a sentença, por maioria, foi reformada para julgar procedentes os pedidos também em relação aos réus citados por edital.[145-146]

---

também em função da rescisória em face do mesmo ente sindical é que cabe proceder-se à cessão do aludido proveito."

[145] TJMG, 12.º CC, AC 1.0301.01.003880-2/001, Rel. Des. Domingos Coelho, Dj. 16/02/2009.

[146] Tomamos a liberdade de transcrever parte do voto do relator: "com efeito, tenho por inviável exigir da parte autora a identificação de todos aqueles que estão a executar o transporte público de passageiros em concorrência desleal e de forma ilegal e irregular, uma vez que o universo das pessoas que realizam tal atividade é de todo indeterminado, sem olvidar das alterações diárias no quadro desses transportadores. Ademais, a exigência de qualificação dos réus acabaria frustrando a procedência da demanda, cuja sentença se restringiu àqueles que participaram do processo, não valendo, portanto, para os demais exploradores de transporte coletivo de passageiros que dele não participaram exatamente por não serem conhecidos pela requerente. O resultado disso seria o ajuizamento de novas demandas pela concessionária sempre que tivesse acesso à qualificação de um transportador ilegal, o que foge ao princípio da economia processual. Ao contrário, a manutenção de todos aqueles que porventura realizam transporte irregular de passageiros evitaria uma enxurrada de ações judiciais em torno do mesmo tema, possibilitando ao juiz solucionar uma série de litígios individuais da mesma ordem por meio de uma única sentença, inexistindo risco de prolação de decisões conflitantes. Apenas por amor ao debate, vale ressaltar que não se desconhece a exigência de se indicar na petição inicial, 'os nomes, pronomes, estado civil, profissão, domicílio e residência do autor e do réu', conforme dispõe o art. 282, II, do CPC. Contudo, não se pode ignorar que, em casos especiais, a qualificação precisa dos réus mostra-se impossível, o que autoriza a sua qualificação

Em relação ao último caso citado, é interessante notar que um indivíduo foi considerado como parte passiva legítima para representar em juízo os interesses do grupo. Todavia, ao que parece, a eleição do representante do grupo deu-se de forma aleatória, não é possível afirmar que ele tinha as melhores condições de promover a adequada defesa da coletividade ré.

Solução similar foi adotada no Ceará, onde o "IBAMA" e outros órgãos públicos ajuizaram ação civil pública em face de alguns réus individualizados e de todos os possuidores de imóveis situados em manguezais e terrenos da Marinha na área de proteção permanente da Praia de Maceió, no Município de Camocim, pleiteando a suspensão das atividades e demolição das construções efetuadas, com a consequente recomposição da vegetação.[147]

A sentença proferida julgou parcialmente procedentes os pedidos, mas tão somente em relação aos réus identificados. Ademais, consignou expressamente em sua fundamentação que as ações coletivas passivas não são admitidas no direito brasileiro.[148]

Todavia, ao julgar o recurso de apelação interposto, o Tribunal Regional Federal da 5.ª Região, acolhendo o parecer de lavra do Ministério Público

---

genérica, sob pena de denegação de justiça. (...) Deste modo, não se pode perder de vista que o processo deve servir como instrumento de realização da justiça e não com fonte de entraves burocráticos. Não se pode olvidar que há também interesse da coletividade na prestação de um serviço público efetivo e seguro. Sendo dever dos poderes constituídos reprimir a prática de atos que atentam contra as garantias dos cidadãos, haja vista que a titularidade do serviço, embora exercida por particular, é do Estado."

[147] Ação Civil Pública n.º 0006101-51.2005.4.05.8100, em trâmite na 18.ª Vara Federal do Ceará.

[148] Conforme se extrai da fundamentação da decisão: "embora se creia decorrer mais de atecnia do que de deliberada escolha dos autores, o teor da petição inicial leva à constatação de caracterização de 'ação coletiva passiva', pela qual haveria o ajuizamento da ação em face de interessados difusos ou coletivos. Entretanto, embora tal hipótese seja viável no direito estrangeiro – notadamente no norte-americano – a doutrina nacional mais abalizada rejeita tal hipótese no ordenamento brasileiro. (...) Por consequência, os pedidos a serem examinados restringem-se àqueles referenciáveis aos réus devidamente identificados na petição inicial e àqueles cuja documentação consta das f. 397-433, cuja legitimidade passiva é ali destacada por 'terem imóveis construídos irregularmente' na área de relevância ambiental (f. 9). Caso contrário, ter-sei-a verdadeira impossibilidade de defesa dos indivíduos indefinidos na petição inicial, sem falar na absoluta inviabilidade prática de execução do julgado, qualquer que fosse o seu teor. Logo, o julgamento da presente lide deve ter limites *inter partes*, abrangendo apenas e tão somente os réus devidamente qualificados nos autos e os pedidos que a eles se referem."

Federal, assentou que o interesse público na demanda não justifica a apreciação dos pedidos somente em relação a alguns degradadores, pois isso implicaria perpetuação do dano ambiental. Além do mais, no caso concreto, é inviável a identificação pormenorizada de todos os membros da coletividade ré.[149] Diante disso, o recurso foi provido, para anular a sentença, com a consequente citação por edital e nomeação de curador especial para apresentar a defesa dos réus ausentes.[150]

Novamente em Minas Gerais, cita-se a ação civil pública movida pelo Ministério Público contra as repúblicas estudantis de Diamantina.[151] Atendendo a pedido da promotoria, para coibir a ocorrência de danos ao patrimônio histórico da cidade durante o Carnaval de 2012, o magistrado responsável pelo caso deferiu liminar ordenando que os foliões desocupassem os imóveis, desmobilizassem os aparelhos sonoros e abstivessem-se da comercialização de novos pacotes de estadia.

No caso narrado, o MPMG recomentou que os sujeitos envolvidos na comercialização de pacotes de estadia para Carnaval obtivessem alvará expedido pela municipalidade e laudo de vistoria do corpo de bombeiros. A recomendação não foi atendida e a venda dos pacotes foi um sucesso. Logo, a promotoria, antevendo a ocupação desordenada de prédios tombados por contingentes incomensuráveis de foliões, preocupou-se com o real risco de danos irreparáveis ao patrimônio histórico e cultural da cidade.

Ato contínuo, como os prédios históricos são utilizados por inúmeros estudantes e seria muito difícil individualizar os responsáveis pela venda dos pacotes, optou-se pelo ajuizamento da ação em face das repúblicas estudantis,

---

[149] Atento aos problemas verificados em casos com o ora descrito, aduz Rodolfo de Camargo Mancuso: "a legitimidade nas ações civis públicas engendra certas dificuldades decorrentes, por um lado, da própria natureza metaindividual dos interesses judicializados e, por outro lado, da aferição de quem possa se apresentar como representante idôneo da comunidade de sujeitos imputados ao polo passivo. Assim, *v.g.*, a questão da identificação de todos os poluidores de um rio, ou de todos os devastadores de uma floresta considerada área de preservação ecológica, ou de todos os degradadores do pantanal mato-grossense ou da floresta amazônica." (MANCUSO, Rodolfo de Camargo. *Ação civil pública*. 12.ª ed. São Paulo: Revista dos Tribunais, 2011, p. 127).

[150] TRF 5, 3.ª T, AC 554476/CF, Rel. Des. Federal Raimundo Alves de Campos Jr., j. 16/01//2014.

[151] Ação Civil Pública n.º 0009909-46.2012.8.13.0216, em trâmite na 1.º Vara Cível, VEC da Comarca de Dimantina-MG.

entes desprovidos de personalidade jurídica, que foram consideradas o núcleo dos interesses envolvidos.[152]

Em outra ação civil pública, essa ajuizada pelo Ministério Público Federal em desfavor da União[153] e da "Federação Brasil de Bancos" ("FEBRABAN"), buscou-se a concessão de ordem para que as instituições financeiras filiadas à associação ré, desprovidas de via de trânsito exclusiva para vigilantes e carros fortes, abstivessem-se de efetuar a atividade de transporte de valores em via pública durante o horário de atendimento.[154] Destacou-se que tal expediente é feito por pessoas armadas ostensivamente, o que coloca em perigo a segurança dos transeuntes e clientes.

Essa ação enquadra-se em um dos já citados exemplos de ação coletiva passiva trazidos por Ricardo de Barros Leonel ("ação movida pelo Ministério Público ou associação de defesa dos consumidores contra a associação de bancos ou de prestadores de serviços de saúde ou seguros, buscando a imposição de padrões de conduta às entidades associadas").[155]

---

[152] Segundo trecho de matéria veiculada sobre o caso: "para propor as ações, o MPMG esbarrou na dificuldade de individualizar os responsáveis pelas vendas dos pacotes, uma vez que as repúblicas são usadas por diversos estudantes. Assim o promotor de justiça Enéias Xavier Gomes optou pelo uso das ações coletivas passivas. Ele explica que esse instrumento jurídico é originário do sistema norte-americano ('defendant class action'), sendo ainda pouco conhecido no Brasil. A ação coletiva passiva foi o instrumento encontrado, já que o titular do polo passivo é formado por um aglomerado de pessoas que vivem na república, sem personalidade jurídica, mas dotada de personalidade de fato, define Enéias Xavier. Segundo o promotor, casos como o presente, em que os réus são uma coletividade indeterminada de pessoas, estão se tornando cotidianos em um mundo globalizado, em que a realidade fática caminha a passos muito mais largos que a jurídica." MINISTÉRIO PÚBLICO DE MINAS GERAIS. *Justiça acata ações coletivas passivas para impedir degradação do patrimônio histórico de Diamantina.* Disponível em: [www.mp.mg.gob.br/portal/public/noticia/índex/id/32631]. Acesso em 21.05.2012.

[153] A União também foi incluída no polo passivo diante da incumbência do "Departamento da Polícia Federal" de analisar, aprovar e fiscalizar o sistema de segurança de estabelecimentos financeiros. A Polícia Federal não teria acatado a recomendação do MPF no sentido de que, como condição para concessão ou renovação de alvarás de funcionamento, fosse exigida a cessação do transporte de valores em espaço público.

[154] Ação Civil Pública n.º 0011774-60.2012.4.05.8300, em trâmite na 1.ª Vara Federal de Pernambuco.

[155] LEONEL, Ricardo de Barros. *Manual do processo coletivo.* 2.ª ed. São Paulo: Revista dos Tribunais, 2011, p. 205-206.

1. O DIREITO PROCESSUAL CIVIL NA SOCIEDADE DE MASSAS

É interessante destacar que a associação acionada possui previsão estatutária para a defesa em juízo dos interesses dos associados. Aliás, caso o autor demandasse individualmente cada um dos bancos, provavelmente os resultados sociais pretendidos não seriam alcançados, além da possibilidade de prolação de decisões contraditórias – algumas instituições financeiras poderiam ser autorizadas a transportar valores em público, outras não.

Já o Tribunal de Justiça do Estado de São Paulo admitiu ação cautelar de protesto ajuizada pelo Município de Guarulhos em face de todos os contribuintes do Município – somente um deles foi individualizado –, com o desiderato de interromper o prazo prescricional para a cobrança de tributos no exercício de 2001.[156]

O magistrado singular entendeu que todos os contribuintes deveriam, em litisconsórcio, integrar o polo passivo. Já Corte paulista reconheceu ter o Município tardado em tomar as providências para a cobrança dos créditos tributários de 2001 (somente ajuizou a medida cautelar em 28 de dezembro de 2006); mas, como o procedimento em questão é de jurisdição voluntária e não permite a apresentação de defesa pelos requeridos, além de ser inviável a formação do litisconsórcio passivo multitudinário, reformou a decisão de primeiro grau, para que a interrupção da prescrição operasse efeitos inclusive em relação aos demais contribuintes citados por edital.

Essa decisão, ainda que pragmática, pode ser questionada do ponto de vista da proporcionalidade, quando se considera que a Fazenda Pública, ao buscar seus créditos, pode fazer uso das várias prerrogativas processuais que lhe são conferidas.

Também no Estado de São Paulo, citamos os processos envolvendo o movimento dos "rolezinhos" (encontros de centenas, por vezes milhares, de pessoas organizados pela Internet e marcados para shopping centers ou parques). Deixando de lado a rica abordagem sociológica que perpassa tal fenômeno, é certo que os proprietários dos estabelecimentos afetados, preocupados com eventuais danos e outros fatos indesejados que pudessem ocorrer nesses eventos, passaram a ajuizar demandas contra esses movimentos.

---

[156] TJSP, 14.ª Câmara de Direito Público, AC 9144938-57.2008.26.0000, Rel. Des. Geraldo Xavier, j. 08/11/2012.

Tem-se notícia de várias ações discutindo o tema, a título exemplificativo, mencionamos a movida pelo "Shopping Campo Limpo" contra o "Movimento Rolezinho no Shopping Campo Limpo II"[157], em que foi deferida ordem liminar para que os réus, seus representantes ou indivíduos a serem identificados no momento do cumprimento da decisão, abstivessem-se da prática de atos que ameaçassem o patrimônio e a segurança dos frequentadores dos empreendimentos, tais como tumultos e utilização de equipamentos de som em altos volumes, sob pena de multa diária de R$ 10.000,00 (dez mil reais).

O processo em questão foi encerrado sem resolução de mérito após a desistência do autor motivada pelo fato de a liminar concedida ter esgotado o objeto da ação. Todavia, indubitavelmente a situação traz tormentosas questões de ordem processual, nota-se que os organizadores do evento foram considerados representantes do grupo na lide.

Por fim, fazemos menção ainda à ação civil pública movida pelo Ministério Público após os atos de violência praticados na partida entre Vasco da Gama e Atlético Paranaense, na última rodada do campeonato brasileiro de 2013. O Juízo da 1.ª Vara Empresarial do Rio de Janeiro proibiu a "Força Jovem do Vasco" ("FJV") de frequentar qualquer evento esportivo. Pela decisão, com base no "Estatuto do Torcedor" (Lei 10.671/03), os indiciados em função dos acontecimentos ocorridos em Santa Catarina, além dos demais integrantes da torcida, devem comparecer à delegacia mais próxima ou em outro local indicado pelo "Grupo Especial de Policiamento de Estádios" ("GEPE") em 15 min. antes do início dos jogos, e só podem se retirar após 30 min. do encerramento das partidas.[158]

1.5 Conclusões parciais (1)

Optamos por não fazer maiores considerações em relação aos casos citados, pois os problemas de ordem processual que permeiam o tema da coletivização passiva serão esmiuçados no decorrer desta dissertação.

---

[157] Autos n.º 1000656-46.2014.8.26.0002, em trâmite na 5.ª Vara Cível do Foro Regional II (Santo Amaro), da Comarca de São Paulo.

[158] Ação Civil Pública n.º 0430046-45.2013.8.19.0001, em trâmite na 1.ª Vara Empresarial da Comarca do Rio de Janeiro.

1. O DIREITO PROCESSUAL CIVIL NA SOCIEDADE DE MASSAS

Mas, por ora, é possível perceber que nem sempre as hipóteses de ação coletiva passiva serão regidas pela legislação que compõe o microssistema brasileiro de tutela coletiva. Por exemplo, em uma ação de reintegração de posse ajuizada pelo proprietário em face dos esbulhadores integrantes de determinada ocupação, ainda que haja verdadeira coletivização no polo passivo, o procedimento é regrado pelo CPC. Isso também ocorre, entre outras, na penúltima demanda citada no tópico anterior, ajuizada pelo shopping center contra os integrantes do movimento do "rolezinho".

Nesses casos, um direito individual é lesionado ou ameaçado de lesão de forma homogênea, e, para o titular do direito, é impossível a identificação de todos os potenciais réus, o que leva a jurisprudência, pela real inviabilidade da formação do litisconsórcio passivo, a aceitar que apenas um ou alguns integrantes do grupo componham o polo passivo na defesa dos interesses dos demais.[159]

Já em outros processos "psedo-individuais", em que se busca uma sentença de natureza declaratória ou constitutiva, por mais que isso não fique claro em um primeiro momento, certamente há interesses de natureza transindividual no polo passivo – *v.g.*, as ações movidas contra o poder público objetivando obtenção de licença ambiental ou de autorização para a comercialização de medicamento negada na esfera administrativa.

Caso o Ministério Público, ou outro legitimado coletivo, ajuíze ação civil pública contra determinada empresa almejando a cessação de atividade poluidora ou da comercialização de medicamento cuja utilização acarrete em riscos à saúde do usurário, ninguém duvidará de que se trata de ação de coletiva para a tutela de interesses metadindividuais. Na situação inversa, quando a empresa interessada aciona o Poder Público com vistas ao reconhecimento da regularidade de suas práticas, cujo espectro de atuação atinge uma multiplicidade

---

[159] Por todos, ver: STJ, 4.ª T., REsp 154.906/MG, rel. Min. Barros Monteiro, Dj. 02/08/2004. Registre-se a seguinte passagem elucidativa do julgado em questão: "também assiste razão aos recorrentes quanto à exigência de qualificação de cada um dos ocupantes do imóvel. Escorreita afigura-se, em razão da situação peculiar deste feito, a observação inserta no decisório ora combatido: 'É que foram regularmente citados e compareceram ao processo os líderes dos invasores do *imóvel da autora, os quais respondem pelo esbulho praticado. Deferida a reintegração liminar de posse contra os agravantes, a decisão vale em relação a todos os outros invasores que, sob proteção daqueles, e sem que seja possível sua identificação, permanecem no imóvel anonimamente'* (fls. 174)."

de sujeitos, o ente estatal (parte formal na relação jurídica processual) passa a defender em juízo interesses coletivos.

Além do mais, como já abordado, na sociedade contemporânea o associativismo voltou a ter um papel de destaque. Se a LACP e o CDC conferiram legitimidade ativa às associações na defesa de direitos coletivos e individuais de massa relacionados às suas finalidades institucionais, não é desarrazoado cogitar que elas possam funcionar como legitimados coletivos passivos em demandas duplamente coletivas em que se busca a imposição de deveres ou padrões de conduta aos seus membros – tal como ação movida pelo Ministério Público em face de associação de estabelecimentos de ensino particular, para que as entidades filiadas abstenham-se da prática de aumentos abusivos em mensalidades. Nesse exemplo, a ação coletiva passiva desponta como um poderoso instrumento de defesa social.

Por tudo isso, defende-se ser a coletivização passiva (conquanto assegurada a adequada representatividade dos interesses em jogo), de acordo com o postulado da proporcionalidade pan-processual, uma ferramenta capaz de conferir maior eficiência à prestação jurisdicional, isso mediante a consolidação de defesas relativas a questões de fato ou de direito comuns. Tal expediente incrementa o acesso à justiça e mitiga o risco de decisões contraditórias. Além do mais, nos casos em que o polo passivo há um interesse difuso ou coletivo *stricto sensu*, ela é a única solução imaginável.

Ato contínuo, para que a figura se consolide no cenário nacional, com a ampliação do seu espectro de atuação, ainda é necessário grande desenvolvimento teórico. Buscando contribuir com tal desiderato, a partir de agora passaremos a estudar a experiência do direito estrangeiro, para, em um segundo momento, problematizar os institutos idôneos à viabilização da coletivização passiva no Brasil e, ao final, tentar sintetizar algumas das hipóteses de aplicação da figura.

2. As Ações Coletivas Passivas no Direito Comparado

Na lição de Roldofo Sacco, o estudo, e mesmo a importação de institutos jurídicos alienígenas, quando operados mediante sólida metodologia comparação, são capazes de acelerar o desenvolvimento do direito.[160] Registrem-se aqui também as advertências de Remo Caponi, para quem os trabalhos sobre tutela coletiva devem seguir uma tríplice perspectiva: (i) "direito material"; (ii) "direito processual" e (iii) "direito comparado".[161]

Nesses termos, tomando como ponto de partida a premissa de que a análise da experiência estrangeira é capaz de auxiliar o aprimoramento do processo coletivo brasileiro, buscaremos descrever aspectos de alguns sistemas, os quais, ainda que em hipóteses circunstanciais, admitem formas de coletivização passiva.

O maior desenvolvimento do processo coletivo nos ordenamentos de "common law" em geral (especialmente nos Estados Unidos), faz com que eles sejam a primeira fonte de estudo para os interessados no tema.

---

[160] SACCO, Rodolfo. *Introdução ao Direito Comparado*. São Paulo: Revista dos Tribunais, 2001, p.42-43.

[161] Sobre o estudo do direito comparado pelos interessados em tutela coletiva, disserta Caponi: "studioso ideale di questa materia è infine il comparatista che si prefigga pure di contribuire, con le proprie ricerche, alla migliore conoscenza del proprio ordinamento e quindi interroghi le fonti straniere sulla base di una determinata griglia e nei problemi sollecitati da un attento sguardo preliminare all'ordinamento di provenienza." (CAPONI, Remo. Modelli europei di tutela collettiva nel processo civile: esperienze tedesca e italiana a confronto. In: MENCHINI, Sergio (coord.). *Le azioni seriali*. Napoli: Edizioni Scientifiche Italiane, 2008, p. 108).

Já no âmbito na "civil law", são poucos os países que apresentam sistemas de tutela coletiva desenvolvidos, logo, é muito difícil encontrar nesses ordenamentos formas de coletivização passiva.

Contudo, a inexistência de um sistema consolidado de tutela coletiva não pode, por si só, ser considerada um fator negativo, especialmente em países onde problemas próprios à sociedade de massas costumam ser resolvidos na esfera administrativa – por exemplo, pela atuação de agências reguladoras, consolidadas em países europeus como França e Alemanha.[162]

Acerca da ausência do estudo no presente capítulo de alguns ordenamentos jurídicos relevantes, justificamos: em relação à Itália, ao ser indagado sobre o assunto, Remo Caponi (uma das maiores autoridades mundiais em tutela coletiva) foi categórico ao responder que seu país desconhece as ações coletivas passivas; na França, a previsão dessas ações foi propositadamente afastada nos projetos de lei em trâmite[163]; sobre a Alemanha e a Inglaterra, as principais técnicas destinadas ao trato de litígios de massa existentes nesses países ("Musterverfahren" e "Group Litigation Order" "GLO", respectivamente, que, apesar de não serem de formas propriamente ditas de tutela coletiva, permitem que um "grupo de réus" seja submetido ao resultado da causa piloto) foram dissecadas no capítulo antecedente; no Chile, a doutrina associa as ações coletivas passivas à figura da "responsabilidade civil coletiva", tema que será estudado no próximo capítulo; por fim, quanto à Colômbia – país que ostenta desenvolvido sistema de tutela coletiva –, em nossas pesquisas bibliográficas, encontramos afirmação doutrinária no sentido de que, malgrado a ausência de previsão legal, inexistem óbices ao manejo das ações coletivas

---

[162] Em relação a esse tema, Antonio Gidi preconiza que, nos Estados Unidos: "em vista da natural limitação do Estado e da desconfiança na atuação competente e desinteressada dos funcionários públicos, a iniciativa privada é vista como um importante e desejável complemento à atuação estatal. Ao contrário da concepção estatista europeia, que privilegia a atividade pública regulamentar do Estado, nos Estados Unidos o processo civil em geral e as ações coletivas em particular são considerados instrumentos centrais no processo regulatório da sociedade (*regulatory process*), tanto através das ações injuntivas como das ações indenizatórias." (GIDI, Antonio. *A class action como instrumento de tutela coletiva dos direitos*. São Paulo: Revista dos Tribunais, 2007, p. 35).

[163] GRINOVER, Ada Pellegrini. Novas tendências em matéria de legitimação e coisa julgada nas ações coletivas. In: GRINOVER, Ada Pellegrini; WATANABE, Kazuo; MULLENIX, Linda. (coords.) *Os processos coletivos nos países de civil law e common law: uma análise de direito comparado*. 2.ª ed. São Paulo: Revista dos Tribunais, 2011, p. 237.

passivas naquele país[164], contudo, ante à generalidade da informação, bem como à ausência de textos colombianos específicos sobre o tema, optamos por não pormenorizar o estudo de tal sistema jurídico.

A seguir passamos a investigar, com certo aprofundamento, o processo coletivo no direito norte-americano.

2.1. Estados Unidos

2.1.1 O sistema das "class actions"

A doutrina que defende a admissão das ações coletivas passivas no Brasil, via de regra, inspira-se na experiência norte-americana das "defendant class actions". Com razão, o direito norte-americano, que há muito tempo admite expressamente ações em face de grupos, é uma referência para o Brasil neste assunto. Mas não se descuida que tal influência não pode ser supervalorizada, sobretudo em razão das notórias diferenças entre os sistemas, seja em virtude das dessemelhanças existentes entre "common law" e "civil law", ou de outros aspectos culturais e estruturais em jogo.[165]

---

[164] *In verbis*: "No existe en Colombia regulación constitucional ni legal sobre las acciones colectivas pasivas, en la forma que están concebidas en el CMPCI. Empero, señala el relator nacional que si en Colombia fuese necesario formular una acción popular o de grupo contra un grupo, categoría o clase, ello sería viable en ambos os casos, siempre que se cumplan las exigencias de la Ley 472 de 1998, para incoar una u otra acción. Es decir, aunque en derecho colombiano no existe la acción colectiva pasiva, si es posible a través de las acciones populares y de grupo formularlas contra un grupo, clase o categoría de personas, en cuyo caso la acción se somete a las reglas de la acción popular o la de grupo, dependiendo de la que sea necesario formular. Dicho de otra manera, de presentarse una acción popular o de grupo contra una clase, categoría o grupo, ella no sería diferente de cualquiera otra acción popular o de grupo." (GUZMÁN, Ramiro Bejaro. Relatório Nacional: Colômbia. In: GRINOVER, Ada Pellegrini; WATANABE, Kazuo; MULLENIX, Linda. (coords.) *Os processos coletivos nos países de civil law e common law: uma análise de direito comparado*. 2.ª ed. São Paulo: Revista dos Tribunais, 2011, p. 55).

[165] ZUFELATO, Camilo. Ação coletiva passiva no direito brasileiro: necessidade de regulamentação legal. In: GOZZOLI, Maria Clara; CIANCI, Mirna; CALMON, Petrônio; QUARTIERI, Rita (coords.). *Em defesa de um novo sistema de processos coletivos: estudos em homenagem a Ada Pellegrini Grinover*. São Paulo: Saraiva, 2010, p. 114-115.

Ademais, as "class actions" não são a única forma processual existente nos Estados Unidos destinada ao trato de interesses de massa. Entre outras, há também a chamada "multidistrict litigation",[166] a qual permite que várias demandas similares sejam provisoriamente transferidas ao juiz com melhores condições de presidir a fase instrutória – após a consolidação desse procedimento, as causas são devolvidas ao magistrado originário. Esse expediente é de grande utilidade, por exemplo, em lides que envolvem indenizações relativas a acidentes aéreos, nas quais o magistrado da localidade onde ocorreu o fato tem maior contato com o substrato probatório.

Conforme apontam os professores Geoffrey C. Hazzard Jr. e Michele Taruffo, diante do modelo federalista norte-americano, cada estado, além de possuir governo e legislação próprios, apresenta um singular sistema de direito processual.[167]

Tal como ocorre no Brasil, e diferentemente do modelo de contencioso administrativo adotado por vários países europeus, nos Estados Unidos o âmbito de atuação do processo civil não está restrito a controvérsias de ordem privada – como contratos, propriedade ou responsabilidade civil –, mas também é vocacionado à resolução de lides que envolvem questões de direito público, tais como a constitucionalidade de determinada legislação, a legalidade da conduta de agentes públicos, atos praticados por agências reguladoras etc.[168]

O processo civil norte-americano é caracterizado pela grande flexibilidade procedimental, norteada pelo pragmatismo. Nesse contexto a atuação o magistrado merece destaque.[169]

Análise pormenorizada do percurso histórico das "class actions" escapa das pretensões deste trabalho, contudo, a mencionada flexibilidade procedimental foi um fator central no desenvolvimento deste sistema, que, atualmente, encontra seu fundamento legal na "Rule 23"da "Federal Rules of Civil

---

[166] SILVER, E. Courtney. Procedural hassles in multidistrict litigation: a call for reform of 28 U.S.C. §147 and the Lexecon result. *Ohio State Law Journal*. n.º 70. Columbus: Ohio State University, 2009, p. 455.

[167] HAZZARD JR, Geoffrey; TARUFFO, Michele. *American civil procedure: an introduction*. New Haven: Yale University Press, 1995, p. 4.

[168] HAZZARD JR, Geoffrey; TARUFFO, Michele. *American civil procedure: an introduction*. New Haven: Yale University Press, 1995, p. 29-33.

[169] GIDI, Antonio. Class actions in Brazil: a model for civil law countries. *The America Journal of Comparative Law*. Michigan: University of Michigan, 2003, p. 316.

2. AS AÇÕES COLETIVAS PASSIVAS NO DIREITO COMPARADO

Procedure" – ainda que o modelo federativo estadunidense confira aos estados competência para legislar sobre direito processual, via de regra, eles adotam a normatividade própria à Rule 23.[170]

Uma das principais alterações promovidas pela citada reforma de 1966 foi a previsão de que, em todas as categorias de "class actions", a decisão prolatada sempre vinculará os membros da classe que foram representados em juízo, salvo os que tenham exercido o direito de auto-exclusão ("opt out") nas hipóteses em que ele é admitido.[171] Para Owen Fiss, o fato de a coisa julgada nas "class actions" atingir indistintamente todos os membros do grupo reside na necessária simetria dos riscos, tanto para o autor como para o réu.[172]

Na década de 2000, foram promulgadas leis que, sem desnaturar a essência das ações coletivas norte-americanas, trouxeram algumas alterações pontuais. Em 2003 a Rule 23 foi emendada para, entre outras, incrementar o poder da corte na fiscalização do ressarcimento dos danos – Rule 23(e) –, e da escolha e pagamento do advogado da classe – Rule 23(g) e (h). Já o "Class Action Fairness Act" ("CAFA"), de 2005, alargou a competência das cortes federais no julgamento de ações coletivas, especialmente nos casos em que o grupo representado em juízo é demasiadamente extenso ou formado por pessoas de diversos estados. Em síntese, a competência será federal se o valor total envolvido no litígio for superior a cinco milhões de dólares, ou o número de integrantes do grupo for superior a 100, conquanto ao menos um deles resida em outra nação ou estado diverso daquele em que foi proposta a demanda. Nada obstante, a corte federal tem a discricionariedade de abdicar de sua competência para julgamento do caso, devolvendo-o à jurisdição estadual.[173]

Segundo o discurso oficial, essas alterações foram feitas com o objetivo de evitar abusos que vinham sendo observados no manejo das ações de classe. A ampliação da competência federal explica-se pelo fato dos magistrados

---

[170] MENDES, Aluisio Gonçalves de Castro. *Ações coletivas no direito comparado e nacional.* São Paulo: Revista dos Tribunais, 2002, p. 73.

[171] ROQUE, Andre Vasconcelos. *Class actions – ações coletivas nos Estados Unidos: o que podemos aprender com eles?* Salvador: Jus Podivm, 2013, p. 62.

[172] FISS, Owen. *Um novo processo civil: estudos norte-americanos sobre jurisdição, constituição e sociedade.* São Paulo: Revista dos Tribunais, 2004, p. 239-240.

[173] GIORGETTI, Alessandro; VALLEFUOCCO, Valerio. *Il contenzioso di massa in Italia, in Europa e nel mondo.* Milano: Giuffrè, 2008, p. 379-385.

que integram essas cortes não serem eleitos, diferente do que ocorre, em regra, na justiça dos estados – cujos juízes são mais permeáveis à influência de interesses escusos.

Já sob outra ótica, a promulgação do CAFA decorreu de manobra do Partido Republicano, que buscou dificultar a certificação das ações coletivas, que constantemente atormentam os interesses dos detentores de grandes concentrações de capital.[174]

Há também legislações especiais que tratam da litigância em massa em assuntos setoriais, como ações e valores mobiliários ("Private Securities Act"); normas de trabalho ("Age Discrimination in Employment Act") e consumo ("Magnuson-Moss Consumer Product Warranty Act").[175]

No âmbito do processo coletivo, a doutrina norte-americana reconhece três "categorias" de ações: "plaintiff class actions" (o grupo encontra-se no polo ativo da demanda); "defendant class actions" (o grupo compõe o polo passivo) e "bilateral class actions" (modalidade em que existem grupos no polo ativo e no passivo).

O conceito de "classe" é controvertido no direito norte-americano. Segundo David L. Shapiro, há duas correntes principais sobre o assunto – uma que enxerga a classe como uma "agregação de indivíduos", e outra que a considera uma "entidade". Pela primeira, a "class action" é essencialmente uma técnica criada para facilitar que indivíduos obtenham recursos econômicos de um adversário comum – aqui a autonomia dos membros da coletividade representada em juízo é assegurada ao máximo, existindo grande margem de liberdade para o exercício do direito de auto-execlusão. Já pelo modelo da entidade, a autonomia do indivíduo e o espaço para o "opt out" são reduzidos – os membros do grupo devem respeitar as escolhas adotadas pelo representante adequado na condução da demanda.[176] Em consonância com a segunda corrente, cita-se o pensamento de Stephen C. Yeazell, para

---

[174] GIDI, Antonio. *A class action como instrumento de tutela coletaiva dos direitos*. São Paulo: Revista dos Tribunais, 2007, p. 63.

[175] GIORGETTI, Alessandro; VALLEFUOCCO, Valerio. *Il contenzioso di massa in Italia, in Europa e nel mondo*. Milano: Giuffrè, 2008, p. 375.

[176] SHAPIRO, David L. Class actions: the class as party and client. *Notre Dame Law Review*. n.º 73. Notre Dame: University of Notre Dame, 1998, p. 918-919.

2. AS AÇÕES COLETIVAS PASSIVAS NO DIREITO COMPARADO

quem a classe é "uma entidade litigante temporária".[177] Registre-se, porém, que os modelos da "agregação de indivíduos" e da "entidade" são tipos ideais criados pela doutrina, e não são observados de forma pura em nenhuma das modalidades de "class action".

Arthur R. Miller traz exemplos do que não pode ser considerando como classe, tais como "todas as pessoas que participam de movimentos pela paz"; "todas as pessoas que foram, ou virão a ser, assediadas pela polícia"; ou ainda "todas as pessoas com sobrenomes latinos". Essas delimitações são demasiadamente genéricas, e impedem que demanda seja bem administrada, mormente diante da dificuldade de identificação dos indivíduos que satisfaçam a essas condições.[178]

De acordo com as circunstâncias do caso, é perfeitamente possível que a classe originária seja subdividida em "subclasses", quando então cada uma delas passará a receber tratamento processual autônomo.[179]

Sobre o esse tema, David L. Shapiro traz um exemplo didático: em uma "class action" contra determinada montadora que colocou no mercado veículos com defeitos, o interesse daqueles que adquiriram apenas um automóvel, para uso pessoal, terá intensidade diversa do interesse dos empresários que compraram inúmeras unidades para posterior revenda. Logo, é racional a divisão do grupo em duas subclasses, uma composta por compradores do varejo, e outra por adquirentes atacadistas.[180]

Tecidas essas considerações, passamos a analisar os requisitos das "class actions".

2.1.2 Requisitos

Para que sejam admitidas, as "class actions" impreterivelmente devem passar por uma fase de "certificação", quando, após aferir a presença de quatro

---

[177] YEAZELL, Stephen C. *From medieval group litigation to the modern class action*. New Heaven: Yale University Press, 1987, p.1.

[178] MILLER, Arthur R. *An overview of federal class actions: past, present and future*. Washington: Federal Judicial Center, 1977, p. 15-16.

[179] GIORGETTI, Alessandro; VALLEFUOCCO, Valerio. *Il contenzioso di massa in Italia, in Europa e nel mondo*. Milano: Giuffrè, 2008, p. 400.

[180] SHAPIRO, David L. Class actions: the class as party and client. *Notre Dame Law Review*. n.º 73. Notre Dame: University of Notre Dame, 1998, p. 922.

requisitos, a corte decidirá se a classe será dissolvida ou certificada – nesta hipótese a demanda prosseguirá.[181] Os requisitos para a admissão das "class actions" estão previstos na alínea (a) da Rule 23.[182] Destaque-se, desde logo, ser possível, conforme o caso, a "sobreposição" ou mesmo a "confusão" entre os requisitos a seguir examinados.[183]

Pelo primeiro requisito, conhecido como "numerosity", a "class action" somente poderá admitida se número de indivíduos integrantes da classe for numeroso a ponto de tornar impraticável a formação de um litisconsórcio entre todos eles.[184]

Mas a expressão "impraticável" não se confunde com "impossível". Já foram admitidas classes com apenas 23 membros e inadmitidas classes com mais de 350 membros. Há outros fatores que devem ser considerados, como a expressão econômica das pretensões dos membros da coletividade. Se elas forem de pequena monta, possivelmente os lesados não terão interesse em ingressar com demandas individuais, razão pela qual há maiores chances de admissão da demanda coletiva. Por outro lado, se elas tiverem grande repercussão econômica, há maior probabilidade que as vítimas do dano prefiram a via individual.[185]

Ainda sobre a inviabilidade da formação do litisconsórcio, deve-se considerar também a dispersão territorial dos integrantes do grupo. Caso eles estejam situados na mesma cidade, a formação do litisconsórcio será muito

---

[181] MULLENIX, Linda. General report – common law. In: GRINOVER, Ada Pellegrini; WATANABE, Kazuo; MULLENIX, Linda. (coords.). *Os processos coletivos nos países de civil law e common law: uma análise de direito comparado*. 2.ª ed. São Paulo: Revista dos Tribunais, 2011, p. 272.

[182] Rule 23 (a): "Prerequisites. One or more members of a class may sue or be sued as representative parties on behalf of all members only if: (1) the class is so numerous that joinder of all members is impracticable, (2) there are questions of law of fact common to the class, (3) the claims of defenses of the representative parties are typical of the claims or defenses of the class, and (4) the representative parties will fairly and adequately protect the interests of the class."

[183] GIDI, Antonio. *A class action como instrumento de tutela coletiva dos direitos*. São Paulo: Revista dos Tribunais, 2007, p. 71.

[184] ROQUE, Andre Vasconcelos. *Class actions – ações coletivas nos Estados Unidos: o que podemos aprender com eles?* Salvador: Jus Podivm, 2013, p. 111.

[185] MILLER, Arthur R. *An overview of federal class actions: past, present and future*. Washington: Federal Judicial Center, 1977, p. 23.

2. AS AÇÕES COLETIVAS PASSIVAS NO DIREITO COMPARADO

mais simples; caso eles estejam localizados em diversos estados da federação, ou mesmo em países diferentes, sob o prisma da eficiência, a coletivização será o mecanismo mais adequado.[186]

Já pelo segundo requisito ("commonality"), exige-se a presença de questões de fato ou de direito comuns aos membros da classe.

Ainda que a dicção legal utilize o termo no plural ("questões"), doutrina e jurisprudência concordam bastar a presença de apenas uma questão de fato ou de direito comuns para que a demanda coletiva seja admitida.[187] As questões comuns não necessariamente devem se fazer presentes nas pretensões formuladas pelos autores, pois também podem dizer respeito às defesas trazidas pelo réu. Aliás, sequer é exigido que a questão comum predomine sobre as individuais, basta que a resolução dela de forma coletiva implique ganhos do ponto de vista da eficiência – as questões individuais podem ser tranquilamente resolvidas em outro momento, seja um uma segunda etapa da "class action" ou por ações individuais.[188]

A inexistência da questão comum não necessariamente deve redundar na extinção do processo coletivo. Nas palavras de Antonio Gidi, o juiz deve tentar "salvar" o processo coletivo, fazendo uso de expedientes tais como: (i) a redefinição do grupo, restringindo-o aos sujeitos realmente ligados pela questão comum; (ii) limitar o objeto da ação coletiva à questão comum ou (iii) dividir o grupo em "subclasses" com pretensões mais homogêneas.[189]

Pelo terceiro requisito ("typicality"), as pretensões ou defesas deduzidas em juízo devem ser típicas da classe. Afirma-se que, para o preenchimento do requisito, a pretensão ou defesa formulada pelo representante da classe deve ter como origem os mesmos eventos, práticas, ou decorrer do mesmo fundamento jurídico pertinente aos demais integrantes do grupo. Mas as teses apresentadas pelo representante não precisam ser substancialmente idênticas

---

[186] MILLER, Arthur R. *An overview of federal class actions: past, present and future.* Washington: Federal Judicial Center, 1977, p. 23.

[187] MILLER, Arthur R. *An overview of federal class actions: past, present and future.* Washington: Federal Judicial Center, 1977, p.25.

[188] ROQUE, Andre Vasconcelos. *Class actions – ações coletivas nos Estados Unidos: o que podemos aprender com eles?* Salvador: Jus Podivm, 2013, p. 119-129.

[189] GIDI, Antonio. *A class action como instrumento de tutela coletiva dos direitos.* São Paulo: Revista dos Tribunais, 2007, p. 87-88.

àquelas que poderiam ser trazidas pelos membros ausentes, conquanto sejam razoavelmente extensíveis a eles.[190]

Pela tipicidade, almeja-se garantir que o pedido formulado individualmente pelo representante da classe também tutele os interesses do grupo que ele representa. Esta exigência relaciona-se com o fato de o representante adequado dever ser um membro do grupo representado em juízo.[191]

Contudo, como destaca Arthur R. Miller, é difícil identificar a tipicidade como um requisito independente, mormente quando se leva em conta a exigência da ocorrência de questões comuns e da representatividade adequada (quarto requisito, que será estudado adiante), as quais, implicitamente, abarcariam o requisito da tipicidade.[192]

Por fim, o último requisito ("adequacy of representation") é o mais importante, pois – ao assegurar um contraditório adequado ainda que nem todos os membros da classe participem individualmente do processo – fundamenta a vinculação dos membros ausentes ao resultado da demanda, seja de procedência ou de improcedência.

Conforme Linda Mullenix, a adequação da representação é um tema constantemente desenvolvido pela doutrina norte-americana. Trata-se de conceito umbilicalmente ligado ao devido processo legal e à defesa dos interesses dos membros ausentes da classe. Fala-se no princípio fundamental segundo o qual o julgamento tomado na "class action" não terá nenhum efeito vinculante caso não esteja presente o requisito da "adequacy of representation".[193-194]

---

[190] SUMIDA, Matthew K. K. Defendant class actions and patent infringement litigation. *UCLA Law Review*. n.º 844. Los Angeles: University of California, 2011, p. 863.

[191] GIDI, Antonio. *A class action como instrumento de tutela coletiva dos direitos*. São Paulo: Revista dos Tribunais, 2007, p. 88-89.

[192] MILLER, Arthur R. *An overview of federal class actions: past, present and future*. Washington: Federal Judicial Center, 1977, p. 26.

[193] MULLENIX, Linda. General report – common law. In: GRINOVER, Ada Pellegrini; WATANABE, Kazuo; MULLENIX, Linda. (coords.). *Os processos coletivos nos países de civil law e common law: uma análise de direito comparado*. 2.ª ed. São Paulo: Revista dos Tribunais, 2011, p. 282.

[194] Sobre o tema, ensina Gidi: "Nos casos em que o grupo ou alguns membros não foram adequadamente representados na ação coletiva, os tribunais, em processo posterior, não reconhecem o efeito vinculante da coisa julgada coletiva e podem decidir novamente a questão (*collateral attack*). Assim, o requisito da adequação do representante possui um duplo aspecto. Por um lado, é o direito de todos os membros ausentes de terem seus interesses adequadamente representados na ação coletiva. Por outro, é o direito de não serem atingidos pela coisa

2. AS AÇÕES COLETIVAS PASSIVAS NO DIREITO COMPARADO

As "class actions" são ações representativas, nas quais cabe a um integrante da classe representar em juízo os interesses dos demais. A adequação da representação será aferida pela corte antes da certificação, mas sua ausência pode ser declarada a qualquer momento.[195]

Ademais, o advogado contratado pelo representante da classe também é submetido ao crivo judicial da adequação da representação. São avaliados, entre outros fatores, a ética, as condições financeiras, a disponibilidade de tempo e estrutura material à disposição do causídico.[196] Em razão dessas exigências, admite-se até mesmo que o juiz possa convidar outros profissionais para auxiliar ou mesmo substituir o advogado contratado pelo grupo.[197]

Já o representante será inadequado caso não seja capaz de defender os interesses de todos os integrantes do grupo de forma completa e imparcial. Não devem existir antagonismos e conflitos entre os interesses do representante e os membros da classe. Ou seja, ele deve demonstrar vigor na condução do feito – ações movidas por razões de vingança pessoal ou concorrência desleal não serão aceitas.[198] Além disso, a capacidade financeira e a disponibilidade de tempo também são fatores que podem ser levados em conta.[199]

Em relação ao advogado, leva-se em consideração sua experiência no patrocínio do contencioso de massa, o conhecimento acerca do direito substancial objeto da lide, a presença de recursos para a condução de um processo de tal magnitude etc.[200]

---

julgada dada em uma ação em que seus interesses não foram adequadamente representados." (GIDI, Antonio. *A class action como instrumento de tutela coletiva dos direitos*. São Paulo: Revista dos Tribunais, 2007, p. 101).

[195] MULLENIX, Linda. General report – common law. In: GRINOVER, Ada Pellegrini; WATANABE, Kazuo; MULLENIX, Linda. (coords.). *Os processos coletivos nos países de civil law e common law: uma análise de direito comparado*. 2.ª. São Paulo: Revista dos Tribunais, 2011, p. 282.

[196] GIDI, Antonio. *A class action como instrumento de tutela coletiva dos direitos*. São Paulo: Revista dos Tribunais, 2007, p. 111.

[197] GIDI, Antonio. *A class action como instrumento de tutela coletiva dos direitos*. São Paulo: Revista dos Tribunais, 2007, p. 128.

[198] SCARPINELLA BUENO, Cássio. As class actions norte-americanas e as ações coletivas brasileiras: pontos para uma reflexão conjunta. *Revista de Processo*. n.º 82. São Paulo: Revista dos Tribunais, 1996, p. 104.

[199] MENDES, Aluisio Gonçalves de Castro. *Ações coletivas no direito comparado e nacional*. São Paulo: Revista dos Tribunais, 2002, p. 82.

[200] GIORGETTI, Alessandro; VALLEFUOCCO, Valerio. *Il contenzioso di massa in Italia, in Europa e nel mondo*. Milano: Giuffrè, 2008, p. 392.

PROCESSO COLETIVO PASSIVO

Nos Estados Unidos há uma grande preocupação em relação aos incentivos conferidos ao advogado para a propositura de uma ação coletiva. Naquele sistema não são concedidos honorários advocatícios ao vencedor, de modo que os valores devidos ao patrono devem ser subtraídos da indenização paga aos membros da classe, em caso de procedência da demanda. Ademais, em decorrência da chamada "american rule", a parte sucumbente não tem a obrigação de reembolsar as despesas realizadas pela parte vencedora.[201] Nesses termos, é comum que os advogados, vislumbrando a possibilidade de sucesso de uma "class action", atuem como verdadeiros empreendedores, custeando o processo, mormente em relação à produção probatória (via de regra, muito cara em demandas coletivas), na esperança da obtenção de vultosas quantias quando do desfecho da lide.[202]

As ações coletivas relativizam o princípio tradicional de que a todos os litigantes é assegurando "um dia na corte", umbilicalmente relacionado à participação individual no processo. Ora, a representatividade aquedada não garante que cada indivíduo terá o seu dia na corte, mas assegura a representação idônea de seus interesses em juízo.[203]

Como se percebe, ao contrário do direito brasileiro, que prevê um rol taxativo e legalmente estabelecido de legitimados para agir em juízo na defesa de interesses transindividuais ou individuais de massa, o sistema norte-americano confere maior margem de atuação ao magistrado, o qual, mediante o cotejo de vários fatores, no caso concreto verifica se aquele que se apresentou em juízo em nome dos interesses do grupo é ou não um representante adequado. Por isso é possível dizer que, enquanto nosso sistema opera com a "representatividade adequada ficta", o direito estadunidense trabalha com a "representatividade adequada real".

---

[201] HAMDANI, Assaf; KLEMENT, Alon. The class defense. *California Law Review*. n.º 93. Ockland: University of California, 2005, p. 715.

[202] FISS, Owen. *Um novo processo civil: estudos norte-americanos sobre jurisdição, constituição e sociedade*. São Paulo: Revista dos Tribunais, 2004, p. 237.

[203] Conforme assevera Fiss: "If an individual's interest has been adequately represented then he or she has no further claim against the decree. The right of representation is a collective, rather than an individual right, because it belongs to a group of persons classed together by virtue of their shared interests." (FISS, Owen. The allure of individualism. *Iowa Law Review*. n.º 78. Iowa City: Iowa Law Review, 1983, p. 972).

2.1.3 Hipóteses de cabimento

Além de atender simultaneamente aos requisitos anteriormente menciona-dos, para que seja admitido o processamento de determinado conflito sob a moldura das "class actions", é preciso que ele se enquadre em alguma das hipóteses de cabimento previstas no Rule 23(b), que podem ser consideradas "categorias" ou "tipos" de ações coletivas.[204-205]

Sinteticamente, os critérios utilizados para a definição das hipóteses de cabimento das ações de classe são os seguintes: (i) possibilidade de decisões conflitantes em face de membros do mesmo grupo – Rule 23(b)(1)(a); (ii) pos-sibilidade de que decisões proferidas em processos individuais prejudiquem outros membros da classe – Rule 23(b)(1)(b); (iii) negativa da parte ré em agir uniformemente em relação a determinado grupo, de acordo com um dever legal – Rule 23(b)(2); e, finalmente, (iv) quando, segundo o entendimento do juiz, existirem questões comuns aos membros da classe superiores às questões individuais – Rule 23(b)(3).[206]

As ações previstas nas alíneas (b)(1) e (b)(2), conhecidas como "manda-tory class actions", não permitem o direito de auto-execlusão ("opt out");

---

[204] ROQUE, Andre Vasconcelos. *Class actions – ações coletivas nos Estados Unidos: o que podemos aprender com eles?* Salvador: Jus Podivm, 2013, p. 158.

[205] Rule 23 (b): "Types of Class Actions: a class action may be maintained if Rule (a) is satisfied and if: (1) prosecuting separate actions by or against individual class members would create a risk of: (A) inconsistent or varying adjudications with respect to individual class members that would establish incompatible standards of conduct for the party opposing the class, or (B) adjudications with respect to individual class members that, as practical matter, would be dispositive of the interests of the other members not parties to the individual adjudications or would substantially impair or impede their ability to protect their interests; (2) the party opposing the class has acted or refused to act on grounds that apply generally to the class, so that final injunctive relief or corresponding declaratory relief is appropriate respecting the class as a whole, or (3) the court finds that the questions of law or fact common to class members predominate over any questions affecting only individual members, and that a class action is superior to other available methods for fairly and efficiently adjudicating the controversy. The matters pertinent to these findings include: (A) the class members interests in individually controlling the prosecution or defense of separate actions; (B) the extent and nature of any litigation concerning the controversy already begun by or against class mem-bers; (C) the desirability or undesirability of concentrating the litigation of the claims in the particular forum; and (D) the likely difficulties in managing a class action."

[206] GIDI, Antonio. *A class action como instrumento de tutela coletiva dos direitos.* São Paulo: Revista dos Tribunais, 2007, p. 141-161.

ao contrário do que ocorre nas ações elencadas na alínea (b)(3), chamadas de "non mandatory class actions".[207] Outrossim, somente estas exigem a identificação e notificação dos membros do grupo, justamente para possam se retirar, caso assim desejem.[208]

Hodiernamente predominam as "class actions" reguladas pela Rule 23 (b) (3), pois permitem a tutela molecularizada de pretensões de modesta repercussão econômica decorrentes de fatos similares.[209] Sobre as ações previas na alínea (b)(2), elas viveram seu apogeu nas décadas de 1960 e 1970, no contexto dos esforços pela efetivação dos direitos civis, contudo, aos poucos estão sendo esquecidas, mormente diante da constante integração social das minorias nos Estados Unidos. Já as ações da alínea (b)(1) são ainda mais rarefeitas na prática.[210]

Existe posicionamento no sentido de que seria possível traçar um paralelo entre as "class actions" das duas primeiras alíneas da Rule 23(b) e a tutela dos direitos difusos e coletivos *stricto sensu*, já a terceira alínea equivaleria à tutela dos direitos individuais e homogêneos, tal com concebidos no Brasil.[211] Porém, para Gidi, a comparação mencionada é temerária. O sistema norte-americano não faz uso de conceitos abstratos tais como a tripartição dos interesses, fruto do pensamento italiano e acolhida em nosso diploma consumerista.[212-213]

---

[207] GIDI, Antonio. *A class action como instrumento de tutela coletiva dos direitos*. São Paulo: Revista dos Tribunais, 2007, p. 143.

[208] ROQUE, Andre Vasconcelos. *Class actions – ações coletivas nos Estados Unidos: o que podemos aprender com eles?* Salvador: Jus Podivm, 2013, p. 159.

[209] MULLENIX, Linda. General report – common law. In: GRINOVER, Ada Pellegrini; WATANABE, Kazuo; MULLENIX, Linda. (coords.). *Os processos coletivos nos países de civil law e common law: uma análise de direito comparado*. 2.ª ed. São Paulo: Revista dos Tribunais, 2011, p. 268.

[210] GIDI, Antonio. *A class action como instrumento de tutela coletiva dos direitos*. São Paulo: Revista dos Tribunais, 2007, p. 142.

[211] MULLENIX, Linda. General report – common law. In: GRINOVER, Ada Pellegrini; WATANABE, Kazuo; MULLENIX, Linda. (coords.). *Os processos coletivos nos países de civil law e common law: uma análise de direito comparado*. 2.ª ed. São Paulo: Revista dos Tribunais, 2011, p. 267.

[212] GIDI, Antonio. *A class action como instrumento de tutela coletiva dos direitos*. São Paulo: Revista dos Tribunais, 2007, p. 141.

[213] Sobre o tema, ensina Francisco Verbi: "Ahora bien, si en línea de principio resulta lícito considerar el pragmatismo como una nota diferencial del proceso judicial norteamericano, las *class actions* configuran tal vez el escenario donde esta característica puede observarse en su mayor esplendor. El principal reflejo de la influencia de la tradición del *common law* en este aspecto puede verse en el hecho que, a diferencia de lo ocurrido en Brasil, los redactores de

2. AS AÇÕES COLETIVAS PASSIVAS NO DIREITO COMPARADO

Via de regra, as ações previstas na alínea (b)(1)(a), "incompatible standards class actions", são admitidas quando se busca uma tutela declaratória ou mandamental em casos nos quais há o risco prolação de decisões conflitantes – por exemplo, uma decisão "A" pode determinar que o réu pratique um ato; e outra decisão "B" pode ordenar que ele deixe de praticar esse mesmo ato.[214] Essa situação inconveniente pode ser evitada pela aglutinação das pretensões individuais em um único processo.

Em relação às "class actions" previstas nas alíneas (b)(1)(b), "limited fund class actions", elas são utilizadas quando o mesmo réu for alvo de inúmeras ações individuais, havendo receio de que os primeiros demandantes esgotem todos os recursos disponíveis, e os demais fiquem desprovidos de qualquer indenização. Nesses casos, para que os recursos existentes sejam partilhados de forma equânime, prefere-se a via coletiva.[215]

Sobre a alínea (b)(2), ela abarca as chamadas "injunctive class actions" ou "declaratory class actions", as quais são intentadas em consequência da recusa da parte ré em agir de forma uniforme em relação a classe como um todo,[216] especialmente em casos que envolvem discriminação de funcionários, alunos, presidiários etc. O manejo das "class actions" nesses casos permite que uma única sentença coletiva determine a licitude ou ilicitude do comportamento da parte ré em relação ao grupo (a coisa julgada é *erga omnes*).[217]

---

la *FRCP 23* (así como todos sus antecesores) evitaron introducir especies o categorías abstractas de intereses o derechos subjetivos para ser tutelados. Lejos de un enfoque del género, el sistema prevé que una acción colectiva puede ser iniciada cuando, además de encontrarse reunidos ciertos prerrequisitos, es posible subsumir el conflicto en alguna de las situaciones previstas en las subdivisiones *(b)(1), (b)(2) y (b)(3)* de la norma. De este modo, el objeto y la admisibilidad misma de una pretensión colectiva se configuran por la presencia de determinada situación de hecho o de derecho, coyuntural y merituable en cada caso." (VERBIC, Francisco. ¿Por qué es necesario regular los procesos colectivos? Propuesta de justificación de la tutela procesal diferenciada: alejarse de las "esencias" y acercarse a los conflictos. *Revista de Processo*. n.º 182. São Paulo: Revista dos Tribunais, 2010, p. 298).

[214] ROQUE, Andre Vasconcelos. *Class actions – ações coletivas nos Estados Unidos: o que podemos aprender com eles?* Salvador: Jus Podivm, 2013, p. 164.

[215] BRONSTEEN, John; FISS, Owen. The class action rule. *Notre Dame Law Review*. n.º 78, Notre Dame: University of Notre Dame, 2002, p. 1429-1430.

[216] ROQUE, Andre Vasconcelos. *Class actions – ações coletivas nos Estados Unidos: o que podemos aprender com eles?* Salvador: Jus Podivm, 2013, p. 175.

[217] GIDI, Antonio. *A class action como instrumento de tutela coletiva dos direitos*. São Paulo: Revista dos Tribunais, 2007, p. 154.

Já as "class actions" da alínea (b)(3), "damage class actions", assumem caráter residual, são manejadas quando a lide não se enquadrar nas outras hipóteses. De acordo com a linguagem legal, para que a ação seja certificada nessa subdivisão, devem existir questões de direito ou de fato comuns à classe predominantes sobre as questões individuais. Além disso, a corte deve verificar se, no caso concreto, a ação coletiva é superior do ponto de vista da eficiência em relação às outras soluções possíveis.[218] Via de regra, as pretensões aglutinadas poderiam ser perfeitamente deduzidas em ações individuais, porém, por razões pragmáticas e em homenagem ao acesso à justiça, elas são levadas a juízo coletivamente, especialmente quando se busca indenização decorrente de danos repetitivos de pequena expressão econômica.

Diferente da Rule 23(a)(2), que traz como requisito de toda "class action" a mera existência de questões comuns, as ações da Rule 23(b)(3) exigem que essas questões comuns predominem sobre as individuais.[219]

É interessante destacar que o procedimento de apuração das indenizações devidas difere em muito do padrão "sentença de condenação genérica" adotado no Brasil. Nas "class actions", na apuração das questões individuais, o magistrado pode contar com o apoio de "special masters" (auxiliares da justiça); mediante casos-pilito, avaliar, por amostragem, os danos individuais causados; fazer uso de uma "prova global dos danos" (ao invés da prova individualizada) ou ainda realizar a distribuição da indenização com base na doutrina do "cy press".[220-221]

Finalmente, em relação às outras alíneas da Rule 23, na síntese de Nelson Rodrigues Netto, a "(c)" disciplina o momento e os requisitos da decisão pela

---

[218] MILLER, Arthur R. *An overview of federal class actions: past, present and future.* Washington: Federal Judicial Center, 1977, p. 49.

[219] SUMIDA, Matthew K. K. Defendant class actions and patent infringement litigation. *UCLA Law Review.* n.º 844. Los Angeles: University of California, 2011, p. 878.

[220] GIDI, Antonio. *A class action como instrumento de tutela coletiva dos direitos.* São Paulo: Revista dos Tribunais, 2007, p. 170.

[221] Pela doutrina do "cy press" os valores obtidos a título de indenização não são repassados diretamente aos indivíduos lesados, mas distribuídos em expedientes relacionados ao evento danoso. Por exemplo, se uma concessionária de transporte público, em uma "class action", for condenada pela prática de preços abusivos, como é não é possível individualizar quais pessoas foram lesadas, pode-se determinar que a concessionária reduza as tarifas cobradas durante certo período. (LAHAV, Alexandra. Two views of the class action. *Fordham Law Review.* vol. 79. New York: Fordham University, 2011, p. 1956-1957).

qual a classe é certificada; a "(d)" regula as ordens proferidas na condução do processo; a "(e)" trata da transação e da desistência; a "(f)" disciplina os recursos e a "(h)" os honorários advocatícios.[222]

2.1.4 As "defendant class actions"

Vencido o estudo das "plaintiff class actions", passamos a abordar as "defendant class actions", admitidas pela Suprema Corte como uma ferramenta processual válida desde 1853, em decisões baseadas na "equity".[223]

Como visto, ao contrário das class actions tradicionais, as "defendant class actions" não são ajuizadas em nome da coletividade, mas contra ela – admite-se também as "bilateral class actions", ações movidas por um grupo contra outro.

No quadro atual, ainda que a Rule 23 faça menção expressa à ação movida em face da classe ("one or more members of class may sue or be sued as representative parties on behalf of the class"), esse diploma não especifica os requisitos, o procedimento ou as hipóteses de cabimento desse tipo de demanda coletiva. Aqui é necessário "adaptar" as disposições criadas com vistas à regulamentação das "plaintiff class actions".[224]

Pela sinceridade que deve nortear as investigações acadêmicas, é preciso mencionar que, em geral, os autores norte-americanos dedicados ao estudo do processo coletivo dão pouca atenção às ações coletivas passivas. Além disso, na prática, muitas vezes essas demandas têm seu prosseguimento obstado na fase de certificação.[225]

Para ilustrar tal afirmação, trazemos ao presente trabalho "gráfico" formulado por Shen, que contrasta o número de "ações coletivas ativas" e "ações coletivas passivas" cadastradas na base de dados "LexisNexis" entre os anos

---

[222] RODRIGUES NETTO, Nelson. Subsídios para a ação coletiva passiva brasileira. *Revista de Processo*. n.º 149. São Paulo: Revista dos Tribunais, 2007, p. 92.

[223] SUMIDA, Matthew K. K. Defendant class actions and patent infringement litigation. *UCLA Law Review*. n.º 844. Los Angeles: University of California, 2011, p. 844.

[224] GIDI, Antonio. *A class action como instrumento de tutela coletiva dos direitos*. São Paulo: Revista dos Tribunais, 2007, p. 393.

[225] Para mais informações sobre esse quadro, consultar: SHEN, Francis Xavier. The overlooked utility of the defendant class action. *Denver University Law Review*. n.º 88. Denver: Denver University, 2010, p. 77-78.

de 1960 a 2007. Ainda que nem todas as demandas ajuizadas nesse período constem no banco de dados, os números comprovam a absoluta predominância das "plaintiff class actions":

Figura 1 – número de "ações coletivas ativas" e "ações coletivas passivas" mencionadas em casos federais e estaduais entre 1960-2007[226]:

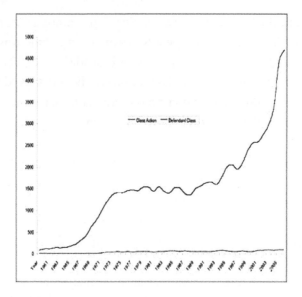

Destarte, em posicionamento contrário às "defendant class actions", John Bronsteen e Owen Fiss chegam ao ponto de afirmar que a Rule 23 deveria ser alterada para vedá-las expressamente, pois o interesse social nessas demandas seria inferior ao risco de julgamentos injustos.[227]

Nada obstante, ainda que existam vicissitudes, as "defendant class actions" são uma realidade no direito estadunidense, e, quando cabíveis, mostram-se capazes de promover a economia de recursos judiciais e evitar a prolação de decisões incompatíveis em situações similares, além de dissuadirem os integrantes de classe da prática de futuras ilegalidades.[228]

---

[226] SHEN, Francis Xavier. The overlooked utility of the defendant class action. *Denver University Law Review*. n.º 88. Denver: Denver University, 2010, p. 80.
[227] BRONSTEEN, John; FISS, Owen. The class action rule. *Notre Dame Law Review*. n.º 78, Notre Dame: University of Notre Dame, 2002, p. 1422.
[228] SHEN, Francis Xavier. The overlooked utility of the defendant class action. *Denver University Law Review*. n.º 88. Denver: Denver University, 2010, p. 76.

2. AS AÇÕES COLETIVAS PASSIVAS NO DIREITO COMPARADO

Entre outras vantagens, as ações em desfavor da classe do direito norte-americano evitam a repetição da fase investigatória das provas ("discovery"), muito custosa naquele sistema, a rediscussão das mesmas questões e também são idôneas à promoção da interrupção simultânea da prescrição em relação a todos os integrantes da classe ré.[229-230]

As "defendant class actions" podem ser certificadas em várias situações, como, por exemplo, quando vários réus praticaram condutas idênticas ou similares ou quando eles integram determinada entidade associativa. Hipóteses típicas de coletivização passiva ocorrem em ações relativas a seguros, violações de patentes ou contra agentes públicos para a interpretação de certa lei ou ato normativo. Via de regra, essas ações são utilizadas com vistas à obtenção de um provimento de natureza declaratória ou injuntiva.[231]

Por meio das "defendant class actions", é possível impor padrões uniformes de condutas a escolas, penitenciárias, municípios, planos de saúde, violadores de patentes, entre tantos outros.[232]

---

[229] ROQUE, Andre Vasconcelos. *Class actions – ações coletivas nos Estados Unidos: o que podemos aprender com eles?* Salvador: Jus Podivm, 2013, p. 478-481

[230] Matthew K. K. Sumida sintetizou os benefícios trazidos pelas "denfendant class actions", para o autor: "defendant class actions mechanism possesses three distinct procedural advantages. First, defendant class actions serve economic goals by conserving judicial resources and private litigation costs. From the plaintiff's perspective, the need to relitigate the same question in multiple suits is avoided by consolidating a large number of parties and defenses in a single proceeding; without the defendant class action tool, a plaintiff would be compelled to sue each defendant individually. In addition, from the defendant's perspective, a defendant class action confers economy of scale benefits for the litigation. Second, defendant class actions enforce the substantive policy behind the law. From the plaintiff's perspective, defendant class actions make it economically feasible to prosecute low-stakes claims that would otherwise be cost prohibitive. Similarly, the cost of defending a law suit in the absence of a defendant class action might lead defendants with legitimate defenses to default or to settle. In both cases, the failure to litigate undermines the goals of justice and deterrence. Third, defendant class actions ensure consistency in adjudication by extending the scope of collateral estoppel to absent class members." (SUMIDA, Matthew K. K. Defendant class actions and patent infringement litigation. *UCLA Law Review.* n.º 844. Los Angeles: University of California, 2011, p. 844-845).

[231] MULLENIX, Linda. Complex litigation: defendant classes. *The National Law Journal.* n.º 22. Washington: The Nacional Law Journal, 2000, p. 11.

[232] GIDI, Antonio. *A class action como instrumento de tutela coletiva dos direitos.* São Paulo: Revista dos Tribunais, 2007, p. 391.

PROCESSO COLETIVO PASSIVO

Também é possível a veiculação de pretensões indenizatórias nas "defendant class actions". Mas, na grande maioria dos casos, por meio da ação coletiva passiva norte-americana, obtêm-se, primeiramente, a declaração da responsabilidade e a condenação genérica do grupo e, em uma segunda etapa, que poderá ser realizada na própria "defendant class action" ou em processos individuais, admite-se a apresentação de defesas por parte dos integrantes da coletividade ré. Caso sejam rejeitadas as teses defensivas oferecidas, os integrantes da classe serão condenados a indenizar o demandante.[233]

A obtenção das respectivas indenizações, evidentemente, será mais simples ou complexa conforme o grau de identificação dos específicos membros da classe ré que causaram os danos, além das contribuições individuais de cada um deles.

A delimintação das contribuições individuais é mais fácil em grupos menores e bem delimitados. Neste expediente adota-se também a técnica da divisão da classe em "subclasses". Por exemplo, no caso "Hobson v. Pow", no qual foi certificada uma classe passiva composta por todos os cartórios do Estado do Alabama (investigados por fraude em uma eleição), a corte percebeu que em alguns municípios o dano havia sido maior do que em outros, dado que a motivou a subdividir a classe ré, objetivando a adequada apuração das respectivas responsabilidades.[234]

Acerca dos benefícios trazidos pelas ações coletivas passivas em litígios sobre patentes, Matthew K. K. Sumida ressalta que, nos Estados Unidos, os custos dessas demandas variam entre 650 dólares (patentes de pequeno valor) a 4,5 milhões de dólares (patentes de grande valor). Por ano, cerca de 2 bilhões de dólares são despendidos nesses processos. Além do mais, na fase de produção probatória, há o risco de vazamento de segredos empresariais. Como se não bastasse, a constante litigância a respeito desses direitos impacta diretamente nas relações entre o titular da propriedade industrial e os potenciais investidores.[235-236]

---

[233] ROQUE, Andre Vasconcelos. *Class actions – ações coletivas nos Estados Unidos: o que podemos aprender com eles?* Salvador: Jus Podivm, 2013, p. 472.

[234] SHEN, Francis Xavier. The overlooked utility of the defendant class action. *Denver University Law Review*. n.º 88. Denver: Denver University, 2010, p. 155.

[235] SUMIDA, Matthew K. K. Defendant class actions and patent infringement litigation. *UCLA Law Review*. n.º 844. Los Angeles: University of California, 2011, p. 845-848.

[236] Acerca dos direitos de propriedade industrial, dentre os quais estão incluídas as patentes, disserta Paula Forgioni: "Os direitos de propriedade industrial corporificam *privilégios* que

2. AS AÇÕES COLETIVAS PASSIVAS NO DIREITO COMPARADO

Os riscos ao detentor de uma patente acentuam-se quando se considera o precedente criado no caso "Blonder-Tongue Laboratories, Inc. v. University of Illinois Foundation". Conforme narra Sumida, a Universidade de Illinois detinha uma patente de antena para rádio e televisão contestada em inúmeras demandas. Em uma primeira ação, em que foram partes a universidade e a empresa "Winegard Company", os magistrados do "Southern District of Iowa" reconheceram a invalidade do registro, por carecer de originalidade. Nada obstante, a universidade intentou outra demanda, perante o "Northern District of Iowa", agora contra o réu "Blonder-Tongue Laboratories, Inc.". O segundo julgamento reconheceu a regularidade da patente, com a ordem para que a empresa ré não utilizasse aquela tecnologia.

Ato contínuo, a discussão chegou até a Suprema Corte, que decidiu que o suposto titular de certa patente, cuja invalidade foi reconhecida em processo anterior, não pode tentar ver reconhecida sua regularidade em outra ação, mesmo que contra réu diverso. Todavia, a recíproca não é verdadeira, ainda que o titular da patente obtenha julgamento favorável em demanda intentada contra determinado contrafator, será obrigado a rediscutir a questão individualmente contra todos os outros violadores – e, caso saia vencido em alguma dessas demandas, não poderá mais defender em juízo seu direito.[237]

Logo, a coletivização passiva desponta como ferramenta capaz de contornar esses entraves. O titular da patente registrada pode mover apenas uma demanda em face de todos os supostos contrafatores (aglutinados no polo passivo), evitando a rediscussão da mesma questão em processos individuais. Considerando o alto custo da produção probatória em lides sobre propriedade industrial, também é racional que ela seja realizada uma única vez, dentro da ação coletiva.

Em termos de economia de escala, mesmo do ponto de vista dos integrantes da classe ré a coletivização passiva pode trazer benefícios, especialmente

---

tendem a diminuir o grau de concorrência em determinado setor da economia, restringindo a livre iniciativa e a livre concorrência de forma a *recompensar* o criador por seu esforço de inovação e, desta feita, incentivar o desenvolvimento de produtos e tecnologias. A justificativa desse pressuposto é de fácil intelecção: sem a perspectiva de auferição de lucros por conta do investimento, o agente econômico tende a não o realizar." (FORGIONI, Paula A. *Os fundamentos do antitruste*. 7.ª ed. São Paulo: Revista dos Tribunais, 2014, p. 316).

[237] SUMIDA, Matthew K. K. Defendant class actions and patent infringement litigation. *UCLA Law Review*. n.º 844. Los Angeles: University of California, 2011, p. 854-855.

quando suas pretensões tenham pouca expressão econômica. Caso eles sejam acionados individualmente, se os custos para litigar forem maiores do que os benefícios trazidos com a vitória na ação, possivelmente eles farão um acordo, ou deixarão contestar. Com a concentração das defesas, os custos do processo são pulverizados e será muito mais fácil encontrar um advogado que tenha interesse em defender a classe – em função dos altos valores envolvidos globalmente na lide.[238]

2.1.5 Requisitos das "defendant class actions"

As "defendant class actions" devem atender aos já estudados requisitos da Rule 23(a) e se enquadrarem numa das hipóteses de cabimento da Rule 23(b).

Sobre os requisitos, como já visto, a classe deve ser numerosa ao ponto de impedir a formação do litisconsórcio, é necessário haver ao menos uma questão comum de fato ou de direito, as defesas devem ser típicas da classe e o representante deve defender adequadamente os interesses do grupo.

Quanto à aferição destes requisitos, as "defendat class actions" não apresentam diferenças substanciais em relação às "plaintiff class actions", salvo no que concerne à representatividade adequada.[239]

O primeiro problema existente reside na circunstância de o representante do grupo réu ser escolhido pelo autor da demanda, pois existe o risco de que ele empregue esforços para eleger alguém como pouca capacidade de resguardar os interesses dos membros ausentes.[240]

Há relatos de abusos, nessa linha, Elizabeth Barker Brandt descreve caso ocorrido na primeira metade do século XX, em que um administrador de empresas em fase falimentar moveu ação coletiva contra todos os membros de uma associação de seguros (composta por mais de 3.000 integrantes), nomeando 190 representantes adequados. Todavia, após verificar o vigor e a qualidade das defesas apresentadas pelos representantes, o autor

[238] HAMDANI, Assaf; KLEMENT, Alon. The class defense. *California Law Review*. n.º 93. Ockland: University of California, 2005, p. 711-712.
[239] ANCHETA, Angelo N. Defendant class actions and federal civil rights litigation. *UCLA Law Review*. n.º 33. Los Angeles: University of California, 1985, p. 289.
[240] BRONSTEEN, John; FISS, Owen. The class action rule. *Notre Dame Law Review*. n.º 78, Notre Dame: University of Notre Dame, 2002, p. 1422.

2. AS AÇÕES COLETIVAS PASSIVAS NO DIREITO COMPARADO

voluntariamente desistiu do processo, e, pouco tempo depois, demandou novamente a mesma classe, indicando agora apenas 28 representantes. Dessa vez não foram eleitos como representantes adequados nenhum daqueles membros do grupo que haviam contestado a demanda anterior. Outrossim, ainda que existissem indivíduos na classe ré com pretensões superiores a 16.000 dólares, nenhum dos escolhidos na segunda oportunidade possuía pretensões maiores que 850 dólares. Ato contínuo, dos 28 defensores eleitos, apenas cinco compareceram à instrução – dentre os quais, dois não se manifestaram nessa etapa, dois realizaram acordos e o último, cuja pretensão envolvida na lide correspondia a 18 dólares, não apresentou recurso do julgamento desfavorável à classe.[241]

Vê-se que no caso concreto não houve cuidado no controle da representatividade adequada. Todavia, neste aspecto, hoje a jurisprudência tende a ser mais rigorosa nas ações coletivas passivas do que nas ativas.[242] Lembre-se também que o juiz possui amplos poderes para, mesmo de ofício, controlar a adequação do representante selecionado.

Conforme relata Antonio Gidi, os representantes eleitos para defender os interesses da classe ré, ainda que sejam dotados de condições para o exercício dessa função, com frequência alegam que, como não desejam representá-la em juízo, são inadequados ("unwlling class representatives"). Todavia, desde o precedente criado no caso "Marcera v. Chilund", entende-se que a ausência de voluntariedade não surte efeitos na adequação do representante do grupo.[243]

Já no caso "Research Corp. v. Pfister Associated Growers", o vigor demonstrado pelo membro escolhido para representar o grupo réu ao questionar sua adequação, levou a corte a concluir que ele teria totais condições de defender os interesses da classe.[244]

Via de regra, nas "defendant class actions" os grupos não são tão numerosos, muitas vezes são formados por empresas ou por agentes públicos com

---

[241] BRANDT, Elizabeth Barker. Fairness to the absent members of a defendant class: a proposed revision of rule 23. *BYU L. Review*. Provo: Brigham Young University, 1990, p. 917-918.

[242] ROQUE, Andre Vasconcelos. *Class actions – ações coletivas nos Estados Unidos: o que podemos apreender com eles?* Salvador: Jus Podivm, 2013, p. 490.

[243] GIDI, Antonio. *A class action como instrumento de tutela coletiva dos direitos.* São Paulo: Revista dos Tribunais, 2007, p. 407.

[244] SUMIDA, Matthew K. K. Defendant class actions and patent infringement litigation. *UCLA Law Review*. n.º 844. Los Angeles: University of California, 2011, p. 865.

considerável capacitação, o que diminui o risco de conluio em face da classe.[245] A menor extensão dos grupos facilita a expedição de notificações aos membros ausentes. Ainda que tal expediente não seja legalmente exigido em todos os tipos de ações previstas na Rule 23(b), a manifestação de alguns dos integrantes da classe pode fornecer melhores subsídios para a decisão da corte acerca da adequação do representante.[246]

O grau de dificuldade enfrentado no momento da certificação da "defendant class action" é variável de acordo com a situação litigiosa em análise. Para Shen, existindo uma liderança identificada ou um liame legal entre os componentes da classe, a representatividade adequada estará "virtualmente garantida".[247]

Como visto, no processo civil norte-americano não existem honorários de sucumbência e as custas adiantadas pela parte vencedora não são ressarcidas pelo vencido, ou seja, a disponibilidade financeira do represente da classe ré é fundamental. Logo, para equilibrar a situação, o juiz pode atribuir a outros integrantes do grupo a condição de partes formais (em litisconsórcio com o representante inicial), repartindo o ônus da representação e, por consequência, os custos envolvidos.[248]

2.1.6 Hipóteses de cabimento das "defendant class actions"

Presentes os requisitos da Rule 23(a), a "defendant class action" deverá ser enquadrada em uma das hipóteses da Rule 23(b) – em tese, é possível que a demanda coletiva passiva seja certificada em qualquer uma delas.

Como já abordado, a Rule 23(b)(1)(a) admite a "class actions" quando o ajuizamento de ações individuais possa ocasionar o risco de prolação de decisões conflitantes. As ações coletivas passivas poderão ser certificadas nessa alínea se houver a possibilidade de que, em várias demandas propostas contra

[245] ROQUE, Andre Vasconcelos. *Class actions – ações coletivas nos Estados Unidos: o que podemos apreender com eles?* Salvador: Jus Podivm, 2013, p. 490.

[246] ANCHETA, Angelo N. Defendant class actions and federal civil rights litigation. *UCLA Law Review.* n.º 33. Los Angeles: University of California, 1985, p. 302.

[247] SHEN, Francis Xavier. The overlooked utility of the defendant class action. *Denver University Law Review.* n.º 88. Denver: Denver University, 2010, p. 85.

[248] GIDI, Antonio. *A class action como instrumento de tutela coletiva dos direitos.* São Paulo: Revista dos Tribunais, 2007, p. 409-416.

2. AS AÇÕES COLETIVAS PASSIVAS NO DIREITO COMPARADO

réus diferentes, em que se discutam questões similares, sejam proferidas decisões diversas, ou mesmo antagônicas – via de regra, isso ocorre em litígios sobre violação de patentes ou em matéria de seguros.[249]

Tem-se notícia de "defendant class action" certificada nessa alínea na oportunidade em que um grupo formado por subscritores foi acusado de violação ao "Securities Act" de 1933, em razão da emissão de debentures baseadas em declarações de registro e prospectos falsos. A corte consignou que, como cada um dos subscritores poderia ser alvo de ações individuais pelos lesados, haveria grande risco de decisões inconsistentes – algumas delas poderiam reconhecer a validade dos registros e prospectos, e outras não. Percebeu-se então que, caso a validade desses documentos fosse aferida em uma "class action", seria anulada a possibilidade de futuras decisões conflitantes decorrentes da mesma causa de pedir.[250]

Por sua vez, a Rule 23(b)(1)(b) é invocada quando decisões proferidas em processos individuais possam prejudicar outros membros da classe – há correlação entre os interesses do grupo e um objeto comum. Mediante algumas adaptações, ela pode ser utilizada para fundamentar ações movidas em detrimento de agentes públicos nas quais se desafia a validade de um estatuto. No caso "Pennylvania Association for Retarded Children v. Pennylsvania", questionou-se a constitucionalidade de estatuto que excluía crianças com deficiências mentais da educação pública. Naquela oportunidade a corte certificou uma classe passiva composta por todas as escolas da região em ação movida com vistas a obrigá-las a incluir essas crianças no sistema educacional. Todas as escolas mantinham interesse comum na legalidade do ato impugnado e não faria sentido que ele fosse declarado válido ou inválido apenas em face de uma ou algumas delas.[251]

Sobre a possibilidade de certificação das "defendant class actions" na Rule 23(b)(2), existe controvérsia doutrinária, isso em razão da redação do dispositivo: "recusa da parte ré em se comportar de forma uniforme em relação à

---

[249] ANCHETA, Angelo N. Defendant class actions and federal civil rights litigation. *UCLA Law Review.* n.º 33. Los Angeles: University of California, 1985, p.308.

[250] ANCHETA, Angelo N. Defendant class actions and federal civil rights litigation. *UCLA Law Review.* n.º 33. Los Angeles: University of California, 1985, p.309.

[251] ANCHETA, Angelo N. Defendant class actions and federal civil rights litigation. *UCLA Law Review.* n.º 33. Los Angeles: University of California, 1985, p.311.

classe como um todo". Em uma interpretação literal, por buscar a imposição de um padrão de conduta à parte demandada, essa disposição só poderia ser aplicada às "plantiff class actions". Nada obstante, em uma acepção instrumental, essa alínea é invocada na certificação de ações coletivas bilaterais que envolvem discussões sobre direitos civis. Por exemplo, no caso "United States v. Trucking Employers Inc.", foi certificada uma "bilateral class action" cujo polo passivo foi composto por empregadores e sindicatos que participaram de um acordo coletivo de trabalho de abrangência nacional que supostamente promovia a discriminação racial de empregados. Nessa lide, discutiu-se a obrigação de uma classe (empregadores) de se comportar de forma uniforme em relação à outra (empregados).[252]

Solução parecida foi utilizada no famoso caso "Marcera v. Chinlund", em que se questionou a negação de visitas a presos provisórios, prática disseminada no Estado de Nova York. Para assegurar o direito de visitação, foi certificada uma "bilateral class action", na qual alguns xerifes regionais atuaram, no polo passivo, como representantes adequados de todas as autoridades que perpetravam a prática questionada – ainda que a classe ré fosse composta por apenas 35 xerifes, número, em princípio, incapaz de inviabilizar a formação do litisconsórcio, como eles estavam dispersos ao longo do território do Estado, entendeu-se que o requisito da "numerosity" fora atendido.[253]

Finalizando o estudo das hipóteses de cabimento das "defendant class actions", cumpre investigar a possibilidade de certificação dessas ações na Rule 23(b)(c).

Não há maiores entraves para que uma ação coletiva passiva enquadre-se nos requisitos dessa alínea, basta a presença de questões de direito ou de fato comuns a classe que predominem sobre as individuais, bem como que a tutela coletiva seja a via mais eficiente entre as existentes.

Todavia, como visto, as ações da Rule (b)(3) são as únicas que admitem o exercício do "opt out". Essa circunstância, em uma primeira abordagem, leva a crer que a alínea (b)(3) é inadequada às "defendant class actions", pois o exercício massivo do direito de auto-exclusão inelutavelmente frustrará os

---

[252] ANCHETA, Angelo N. Defendant class actions and federal civil rights litigation. *UCLA Law Review*. n.º 33. Los Angeles: University of California, 1985, p.312-313.

[253] SUMIDA, Matthew K. K. Defendant class actions and patent infringement litigation. *UCLA Law Review*. n.º 844. Los Angeles: University of California, 2011, p. 875.

2. AS AÇÕES COLETIVAS PASSIVAS NO DIREITO COMPARADO

benefícios trazidos pela coletivização passiva. Ora, em uma "plaintiff class action" os membros ausentes, em caso de derrota da classe, somente deixarão de obter ganhos; já em uma "defendant class actions", eles terão prejuízos, logo, há razões para que evitem o litígio.[254]

Indubitavelmente, a Rule (b)(3) será a última opção em se tratando de ação coletiva passiva; porém, não pode ser em absoluto excluída. Segundo preconiza Sumida, em alguns casos há incentivos econômicos e estratégicos para que os membros da classe ré certificada na alínea (b)(3) não se retirem, especialmente quando eles não possuem recursos suficientes para litigar individualmente[255] ou quando estiver claro que o autor da ação coletiva passiva tem interesse e condições de litigar individualmente contra cada um dos membros do grupo acionado.[256]

Feitas essas considerações, encerramos nosso estudo sobre o processo coletivo norte-americano e passamos a investigar, ainda que com menor aprofundamento, outros ordenamentos que admitem formas de coletivização passiva.

2.2 CANADÁ

O Canadá é um país bilíngue. Nas províncias e territórios cujo idioma oficial é o inglês, em razão da influência da Grã-Bretanha ao tempo da colonização, segue-se a "common law". Já em Quebec, onde prevalece o idioma francês, adota-se a matriz da "civil law". Nada obstante, na área do processo civil, mesmo em Quebec predominam características inerentes ao modelo adversarial, tanto na tutela individual, como na coletiva.[257]

---

[254] SUMIDA, Matthew K. K. Defendant class actions and patent infringement litigation. *UCLA Law Review*. n.º 844. Los Angeles: University of California, 2011, p. 879.

[255] SUMIDA, Matthew K. K. Defendant class actions and patent infringement litigation. *UCLA Law Review*. n.º 844. Los Angeles: University of California, 2011, p. 880.

[256] GIDI, Antonio. *A class action como instrumento de tutela coletiva dos direitos*. São Paulo: Revista dos Tribunais, 2007, p. 403.

[257] BOGART, W.A.; KALAJDIZ, Jaminka; MATTHEWS, Ian. *Class actions in Canada: a national procedure in a multi-jurisdictional society? – a report prepared for the Globalization of Class action conference*. Disponível em: [globalclassactions.stanford.edu/sites/default/files/documents/Canada_National_Report.pdf]. Acesso em 07.02.2015, p.1

Neste país há uma corte federal bilíngue, com jurisdição em todo o território nacional. Contudo, seu âmbito de atuação restringe-se a um rol de assuntos específicos, tais como ações movidas contra o governo federal, direito marítimo e certas matérias relativas à propriedade intelectual.[258]

Quebec, por meio do "Act Respecting Class Actions", de 1978, foi a primeira província a promulgar disposições acerca da tutela coletiva – trata-se de diploma fortemente influenciado pela Rule 23 das "Federal Rules of Civil Procedure" norte-americanas.[259]

Em 1992, a Província de Ontário promulgou o "Class Proceedings Act", que, por sua vez, inspirou a legislação de British Columbia, de 1992. Na década de 2000, a tendência de regulação da tutela coletiva foi seguida pelas províncias de Saskatchewan; Newfoundland; Labrador; Manitoba; Alberta e New-Brunswick.[260]

Hodiernamente, apenas três províncias canadenses (que concentram apenas 7% da população do país) carecem de legislação do assunto. Todavia, desde 2001, a Suprema Corte admite a utilização das "class actions" mesmo nas localidades onde elas não estão expressamente previstas.[261]

Já as "class actions" nos procedimentos de competência federal são governadas pelos arts. 299.1 a 299.42 da "Federal Court Rules", adicionados pela emenda de 2002.[262]

Um traço característico do processo coletivo canadense, quando comparado com o sistema norte-americano, é a maior flexibilidade na fase de certificação (especialmente em relação aos requisitos da "numerosity" e da

---

[258] BOGART, W.A.; KALAJDIZ, Jaminka; MATTHEWS, Ian. *Class actions in Canada: a national procedure in a multi-jurisdictional society? – a report prepared for the Globalization of Class action conference.* Disponível em: [globalclassactions.stanford.edu/sites/default/files/documents/Canada_National_Report.pdf]. Acesso em 07.02.2015, p.1-2.

[259] GIORGETTI, Alessandro; VALLEFUOCCO, Valerio. *Il contenzioso di massa in Italia, in Europa e nel mondo.* Milano: Giuffrè, 2008, p. 294.

[260] GIORGETTI, Alessandro; VALLEFUOCCO, Valerio. *Il contenzioso di massa in Italia, in Europa e nel mondo.* Milano: Giuffrè, 2008, p. 296.

[261] MULLENIX, Linda. General report – common law. In: GRINOVER, Ada Pellegrini; WATANABE, Kazuo; MULLENIX, Linda. (coords.). *Os processos coletivos nos países de civil law e common law: uma análise de direito comparado.* 2.ª ed. São Paulo: Revista dos Tribunais, 2011, p. 257.

[262] MORABITO, Vince. Defendant class actions and the right to opt out: lessons for Canada from the United States. *Duke Journal of Comparative and International Law.* n.º 14:2. Durham: Duke University, 2004, p. 219.

2. AS AÇÕES COLETIVAS PASSIVAS NO DIREITO COMPARADO

"commonality"). Vários casos em que a tutela coletiva é obstada nos Estados Unidos possivelmente encontrariam maior sucesso no Canadá.[263]

Tanto na legislação federal quando nas leis locais, adota-se o sistema do "opt out" – há grande abertura para que os integrantes da classe representados em juízo exerçam o direito de auto-exclusão.[264]

Sobre as ações coletivas passivas, desde 2002 elas são expressamente admitidas no âmbito das "Federal Court Rules". De acordo com a dicção da Rule 299.15: "a party to an action against two or more defendants may, at any time, bring a motion for the certification of the action as a class action and the appointment of a representative defendant". Por sua vez, a Rule 299.16(2) estabelece que as previsões sobre as "plantiff class actions", com as devidas adaptações, são aplicáveis às "defendant class actions". Contudo, a doutrina canadense critica a vagueza da Rule 299.16(2) – que não especifica minimamente qual seria o teor de tais adaptações.[265]

No âmbito da legislação local, Ontário é a única província que possui regras sobre a certificação e processamento das ações coletivas passivas. Essas disposições serão esmiuçadas no tópico seguinte.

2.2.1 Província de Ontário

Como visto, em 1992 a Província de Ontário promulgou o "Class Proceedings Act".

Os requisitos para a certificação das ações coletivas estão previstos na seção 5(1), que exige: (i) a menção aos fatos que embasam o direito afirmado, "cause of action"; (ii) a presença de uma classe identificável composta por duas ou mais pessoas, que possam ser representadas no polo ativo ou no passivo; (iii) a existência de pedidos ou defesas decorrentes de questões comuns; (iv) a superioridade da via coletiva do ponto de vista da eficiência; (v) a presença

---

[263] MULLENIX, Linda. General report – common law. In: GRINOVER, Ada Pellegrini; WATANABE, Kazuo; MULLENIX, Linda. (coords.). *Os processos coletivos nos países de civil law e common law: uma análise de direito comparado.* 2.ª ed. São Paulo: Revista dos Tribunais, 2011, p. 257.

[264] GIORGETTI, Alessandro; VALLEFUOCCO, Valerio. *Il contenzioso di massa in Italia, in Europa e nel mondo.* Milano: Giuffrè, 2008, p. 311.

[265] MORABITO, Vince. Defendant class actions and the right to opt out: lessons for Canada from the United States. *Duke Journal of Comparative and International Law.* n.º 14:2. Durham: Duke University, 2004, p. 210-220.

de um representante capaz de defender os interesses da classe de forma justa e adequada; (vi) a apresentação de um plano para o processamento da "class action", que deverá estabelecer a forma pela qual os membros da classe serão notificados da demanda; (vii) a inexistência de conflito de interesses entre os membros do grupo.

No diploma em estudo há duas formas de coletivização "ativa", o "plaintiff's class proceeding", previsto na seção 2(1) e o "defendant's class proceeding", regrado pela seção 3.

Pela primeira figura, uma ou mais pessoas podem iniciar um procedimento em nome dos demais integrantes de uma classe. Já pela segunda figura, aquele que for réu em dois ou mais procedimentos, a qualquer momento, pode requerer à corte o processamento dessas ações na forma coletiva, com a consequente indicação de um representante adequado para a classe demandante.

Ora, só terão interesse na segunda forma de coletivização réus que tenham absoluta segurança acerca da regularidade de suas práticas, questionadas em inúmeros processos individuais. Desse modo, ao resolverem todas as potenciais disputas de uma única vez, poderão minimizar custos, mitigar o risco de decisões contraditórias e reduzir a especulação no mercado.[266]

No âmbito da coletivização passiva, há o "classing defedants" (seção 4), por meio do qual uma pessoa que deseje processar dois ou mais indivíduos, mediante a indicação de um representante para o grupo réu, pode requerer à corte que o conflito seja processado da forma coletiva.

Frise-se que, conforme preconiza Vince Morabito, possivelmente o maior entrave à eficiência das ações contra classes em Ontário e, em geral, no Canadá, é a irrestrita faculdade do exercício do "opt out", o que leva esse autor a propor a alteração do "Class Proceedings Act", bem como das "Federal Court Rules", com a consequente vedação da possibilidade de auto-exclusão nas hipóteses de coletivização passiva.[267]

[266] LEACH, Ian F. *Canada: defendant class proceedings – the class action joshua tree*. Disponível em: [www.mondaq.com/Canada/x/160212/Class+Actions/Defendant+Class+Proceedings+The+Class+Action_Joshua+Tree]. Acesso em 08.02.2015.

[267] MORABITO, Vince. Defendant class actions and the right to opt out: lessons for Canada from the United States. *Duke Journal of Comparative and International Law*. n.º 14:2. Durham: Duke University, 2004, p. 247-248

2.3 Noruega

O ordenamento jurídico norueguês integra a família dos sistemas de direito civil, mas, em alguns aspectos, aproxima-se do direito consuetudinário. O número de leis existente na Noruega é relativamente pequeno, de modo que os princípios e os precedentes da Suprema Corte assumem posição de destaque.[268]

No ano de 2008, o antigo Código de Processo Civil norueguês foi substituído pelo "The Dispute Act" ("DA"), que passou a permitir a utilização das ações coletivas nas mais variadas áreas.[269]

Mesmo antes da promulgação do "DA", em função de precedente da Suprema Corte, desde 1914 são admitidas as chamadas "ações representativas". Essas ações são vocacionadas à tutela de direitos transindividuais, em especial do meio ambiente, e podem ser propostas por associações cuja finalidade institucional guarde pertinência temática com o assunto discutido da demanda.[270]

Já pelo "Act on Orverdue Rate", admite-se que uma associação, representando pequenos e médios empresários, ajuíze ação discutindo a legitimidade de disposições relativas ao tempo de pagamento e às consequências do atraso previstas em contratos padronizados. A decisão prolatada nesse procedimento faz coisa julgada em relação a todos aqueles que foram partes do acordo questionado.[271]

Há também formas de coletivização no "Private Limited Companies Act" e no "Public Limited Companies Act". Esses diplomas trazem disposições no sentido de que determinada decisão judicial anulatória de uma deliberação

---

[268] GIORGETTI, Alessandro; VALLEFUOCCO, Valerio. *Il contenzioso di massa in Italia, in Europa e nel mondo*. Milano: Giuffrè, 2008, p. 182.

[269] SCHEI, Tore. Norwegian national report. In: GRINOVER, Ada Pellegrini; WATANABE, Kazuo; MULLENIX, Linda. (coords.). *Os processos coletivos nos países de civil law e common law: uma análise de direito comparado*. 2.ª ed. São Paulo: Revista dos Tribunais, 2011, p. 65-67.

[270] GIORGETTI, Alessandro; VALLEFUOCCO, Valerio. *Il contenzioso di massa in Italia, in Europa e nel mondo*. Milano: Giuffrè, 2008, p. 183-185.

[271] SCHEI, Tore. Norwegian national report. In: GRINOVER, Ada Pellegrini; WATANABE, Kazuo; MULLENIX, Linda. (coords.). *Os processos coletivos nos países de civil law e common law: uma análise de direito comparado*. 2.ª ed. São Paulo: Revista dos Tribunais, 2011, p. 67.

societária torna-se indiscutível para todos os acionistas, administradores, empregados e sindicatos que tenham interesse no assunto.[272]

Sobre o "DA", em sua seção "35-1", ele contém a seguinte previsão: "a class action is an action that is brought by or directed against a class on an identical or substantially similar factual and legal basis, and with is approved by the court as a class action."[273]

A seção 35-2 previu as condições de admissão da ação coletiva, quais sejam: (i) a presença de indivíduos com reivindicações ou deveres com idêntica ou substancialmente similar base fática ou legal; (ii) às causas aglutinadas devem ser aplicadas as mesmas regras processuais, e o mesmo juiz deve ter competência para o julgamento de todas elas; (iii) a superioridade da via coletiva; (iv) a possibilidade de nomeação de um representante adequado para o grupo.

Via de regra, adota-se o sistema do "opt in", ou seja, as partes interessadas, por vontade própria, devem se registrar como integrantes do grupo. Em hipóteses restritas será utilizado o regime do "opt out", isso nos casos nos quais restar demonstrado que os danos cuja reparação é buscada possuem pequena expressão econômica.[274]

Nas ações coletivas previstas no "DA", a legitimidade ativa é conferida a indivíduos integrantes da classe, a associações ou a órgãos públicos, conquanto presente a pertinência temática. Ademais, inexistem restrições à coisa julgada, que se forma *pro et contra* independentemente do desfecho da demanda.[275]

Retomando a análise da redação da seção "35-1" daquele diploma, vê-se que ela não apenas permite que a ação coletiva seja proposta pela classe; mas também em face dela. O permissivo para a coletivização passiva é corroborado

---

[272] SCHEI, Tore. Norwegian national report. In: GRINOVER, Ada Pellegrini; WATANABE, Kazuo; MULLENIX, Linda. (coords.). *Os processos coletivos nos países de civil law e common law: uma análise de direito comparado.* 2.ª ed. São Paulo: Revista dos Tribunais, 2011, p. 67.

[273] BERNT-HAMRE, Camilla. *Class actions, group litigation & other forms of collective litigation in the Norwegian courts.* Disponível em: [www.globalclassactions.stanford.edu/default/files/documents/Norway_National_Report.pdf]. Acesso em 04.02.2015, p. 10.

[274] GIORGETTI, Alessandro; VALLEFUOCCO, Valerio. *Il contenzioso di massa in Italia, in Europa e nel mondo.* Milano: Giuffrè, 2008, 1998, p. 192.

[275] SCHEI, Tore. Norwegian national report. In: GRINOVER, Ada Pellegrini; WATANABE, Kazuo; MULLENIX, Linda. (coords.). *Os processos coletivos nos países de civil law e common law: uma análise de direito comparado.* 2.ª ed. São Paulo: Revista dos Tribunais, 2011, p. 68.

2. AS AÇÕES COLETIVAS PASSIVAS NO DIREITO COMPARADO

pela alínea "a" da seção 35-2, que colocada como requisito de admissão da demanda coletiva a existência de reivindicações ou "deveres" coletivos.

Nesse sistema, mesmo em se tratando de ação coletiva passiva, em regra será aplicado o sistema do "opt in", ou seja, os integrantes da classe ré devem acordar em se defender por essa via.

2.4 ISRAEL

O processo civil israelense historicamente foi influenciado pelo inglês; todavia, a partir da década de 1970, sob a inspiração do modelo continental europeu, iniciou-se um gradual processo de codificação da matéria, que culminou na edição do Código de Processo Civil de 1984.[276]

Conforme se extrai do estudo de direito comparado de autoria de Aluisio de Castro Mendes e Gustavo Osna, em 2006, o Congresso Israelense ("Knesset"), editou a chamada "Class Actions Law", que passou a regular as ações de classe em 45 artigos. Os objetivos que motivaram a edição da lei são os seguintes: (i) a uniformização das normas acerca da tutela coletiva; (ii) a viabilização do acesso à justiça, especialmente às camadas desfavorecidas; (iii) a dissuasão do descumprimento das leis; (iv) a promoção da justa e eficiente gestão de processos.[277]

A legitimidade ativa, primeiramente, é conferida ao indivíduo e a autoridades públicas, de forma concorrente, e – de forma subsidiária, caso o julgador entenda que indivíduo terá dificuldades na condução do feito – a organizações com atuação no âmbito da matéria objeto do litígio.[278]

Os requisitos para a admissão das ações coletivas, nos termos do art. 8.º, são os seguintes: (i) presença de questões de fato ou de direito comuns aos integrantes da classe, de modo que a resolução na via coletiva beneficie o grupo;

---

[276] GIORGETTI, Alessandro; VALLEFUOCCO, Valerio. *Il contenzioso di massa in Italia, in Europa e nel mondo.* Milano: Giuffrè, 2008, 1998, p. 357.

[277] MENDES, Aluisio Gonçalves de Castro; OSNA, Gustavo. A lei das ações de classe em Israel. *Revista de Processo.* n.º 214. São Paulo: Revista dos Tribunais, 2012, p. 177.

[278] MENDES, Aluisio Gonçalves de Castro; OSNA, Gustavo. A lei das ações de classe em Israel. *Revista de Processo.* n.º 214. São Paulo: Revista dos Tribunais, 2012, p. 177.

(ii) primazia da tutela coletiva, sob o prisma da eficiência; (iii) representação adequada dos interesses da coletividade.[279]

Contudo, as normas mencionadas não são aplicadas às ações coletivas passivas, cujo permissivo legal é o art. 29 do Código de Processo Civil de Israel. De acordo com o dispositivo, quando o número de interessados em uma causa for amplo, alguns deles – mediante requisição do autor (caso eles sejam os réus) ou do réu (caso eles sejam os autores), com a autorização da corte, poderão representar em juízo todos os interessados, que serão notificados mediante envio de correspondências ou, se tal expediente for inviável, por publicações.[280]

O referido artigo 29, antes da "Class Actions Law", era considerado o único dispositivo no direito israelense capaz de lidar com a litigância em série, ainda que em casos pontuais.[281]

Segundo Stephan Goldstein, em Israel, as ações coletivas passivas são movidas contra entidades desprovidas de personalidade jurídica, hipóteses nas quais os líderes do grupo defendem em juízo os interesses dos demais. Outrossim, a jurisprudência é firme no sentido de que a coisa julgada vincula todos integrantes da classe, aos quais é conferida a possibilidade de requisitar à corte a respectiva inclusão como litisconsortes, com o desiderato de auxiliar o representante eleito.[282]

---

[279] MENDES, Aluisio Gonçalves de Castro; OSNA, Gustavo. A lei das ações de classe em Israel. *Revista de Processo*. n.º 214. São Paulo: Revista dos Tribunais, 2012, p. 178.

[280] GOLDSTEIN, Stephan. Israel national report. GRINOVER, Ada Pellegrini; WATANABE, Kazuo; MULLENIX, Linda. (coords.). *Os processos coletivos nos países de civil law e common law: uma análise de direito comparado*. 2.ª ed. São Paulo: Revista dos Tribunais, 2011, p. 72.

[281] GIORGETTI, Alessandro; VALLEFUOCCO, Valerio. *Il contenzioso di massa in Italia, in Europa e nel mondo*. Milano: Giuffrè, 2008, 1998, p. 357.

[282] GOLDSTEIN, Stephan. Israel national report. GRINOVER, Ada Pellegrini; WATANABE, Kazuo; MULLENIX, Linda. (coords.). *Os processos coletivos nos países de civil law e common law: uma análise de direito comparado*. 2.ª ed. São Paulo: Revista dos Tribunais, 2011, p. 76-77.

2.5 Conclusões Parciais (2)

Com base no material utilizado como fonte de pesquisa para a redação do presente capítulo, percebe-se que as ações coletivas passivas, quando permitidas, mesmo sendo menos frequentes que as ativas, são úteis em várias situações.

Sobre as lições que os ordenamentos estudados podem ensinar ao Brasil, primeiramente, destaca-se a preocupação com a "representatividade adequada". Trata-se de instituto central em sede de tutela coletiva, pois fundamenta a extensão da coisa julgada aos integrantes do grupo representado em juízo.

Cumpre destacar também a maior flexibilidade desses sistemas na admissão da coletivização de pretensões ou defesas. Ao invés de conceitos abstratos como "interesses ou direitos difusos, coletivos *stricto sensu* ou individuais e homogêneos", são empregados critérios dotados de maior operabilidade, tais como a "existência de questões comuns", a "inviabilidade da formação do litisconsórcio" ou a "superioridade da via coletiva sob o prisma da eficiência"[283]. É plausível afirmar que a transposição desses critérios para o contexto brasileiro possa ampliar o leque de hipóteses nas quais a tutela coletiva – ativa ou passiva – é admitida, propiciando uma maior racionalização no emprego dos recursos postos à disposição do Poder Judiciário.[284]

A experiência estrangeira também demonstra que futura alteração legislativa que pretenda regular expressamente as ações coletivas passivas no Brasil não deve assegurar irrestritamente o direito de "auto-exclusão". Isso porque esse instituto pode ser utilizado de forma oportunista por membros

---

[283] Para alguns, o requisito da superioridade da via coletiva só faz sentido em sistemas processuais que, tal como o dos Estados Unidos, dispõem de variadas e criativas técnicas vocacionadas ao trato de conflitos de massa. Dentro desse raciocínio, no caso brasileiro (pela falta de outras alternativas), afirma-se que invariavelmente a via coletiva será sempre superior (GIDI, Antonio. *A class action como instrumento de tutela coletiva dos direitos*. São Paulo: Revista dos Tribunais, 2007, p. 171). Contudo, na investigação desse requisito, podemos cogitar, ao menos, o cotejo entre a eficiência das ações coletivas em relação a outras técnicas processuais de massa criadas recentemente, tais o como o julgamento por amostragem de recursos repetitivos ou o incidente de resolução de demandas repetitivas.

[284] Nesse sentido, ver a opinião defendida por Sérgio Cruz Arenhart (ARENHART, Sérgio Cruz. *A tutela coletiva de interesses individuais: para além da proteção dos interesses individuais e homogêneos*. São Paulo: Revista dos Tribunais, 2013, p. 145).

da classe ré, os quais, obviamente, farão o possível para escapar do comando jurisdicional.[285] O intuito da ação coletiva passiva é justamente possibilitar uma solução única e uniforme para questões comuns, logo, permitir que a decisão seja "partilhada", não atingindo os integrantes do grupo que exerceram o "opt out", acabaria por aniquilar os benefícios trazidos por esta forma de aglutinação.

---

[285] Nas palavras de Gidi: "o direito de auto-exclusão não deve ser permitido aos membros do grupo-réu, sob pena de esvaziar o processo coletivo passivo. É natural que ninguém goste de ser acionado em juízo. Se os membros do grupo-réu tiverem a faculdade de se excluírem da demanda coletiva, todos o farão." (GIDI, Antonio. *Rumo a um código de processo civil coletivo: a codificação das ações coletivas no Brasil*. Rio de Janeiro: Forense, 2008, p. 345).

3. Propostas para a Operacionalização das Ações Coletivas Passivas no Cenário Nacional

Os assuntos tratados neste capítulo são centrais no presente estudo. Com vistas à viabilização das ações coletivas passivas no país, objetiva-se abordar e problematizar certos institutos tradicionais do processo civil, ou mesmo a forma pela qual alguns deles (especialmente a coisa julgada e a legitimidade para agir em juízo) são regrados no âmbito do microssistema brasileiro de tutela coletiva.

De início, investigaremos a possibilidade de a técnica da coletivização ser empregada como alternativa em casos nos quais a formação do litisconsórcio é de difícil operacionalização. Este expediente não terá aplicação nas ações coletivas passivas movidas em face de interesses coletivos ou difusos, mas será útil quando se busca a tutela de direitos (individuais ou coletivos) repetidamente lesionados ou ameaçados de lesão de forma idêntica ou similar.

Em seguida, trataremos da coisa julgada sob a ótica do processo coletivo passivo, depois, da "representatividade adequada" – instituto com grandes imbricações no tema objeto deste trabalho –, do saneamento para, após isso, adentramos no tortuoso tema dos provimentos possíveis na ação coletiva passiva. No final deste capítulo ainda investigaremos a fixação da competência nessas demandas.

3.1 A coletivização como alternativa ao litisconsórcio

Como visto no capítulo anterior, em vários ordenamentos alienígenas, a inviabilidade da formação do litisconsórcio (somada a outros fatores, como a afinidade de questões e a superioridade da via coletiva sob o viés da eficiência) é um dos requisitos para a admissão da coletivização de pretensões ou defesas.

A transposição dessas noções para o direito brasileiro pode aprimorar a tutela coletiva, tanto a ativa como a passiva (em relação a esta, no tocante à tutela dos direitos homogeneamente lesionados ou ameaçados de lesão).

A análise dos casos concretos mencionados no primeiro capítulo desta obra demonstra que, mesmo que as balizas conceituais citadas não estejam previstas na legislação nacional, por vezes acabam sendo intuitivamente utilizadas na prática, de modo a permitir a coletivização em circunstâncias variadas.

Sob a inspiração proveniente da análise dos casos concretos, bem como das lições oferecidas pelos ordenamentos estrangeiros estudados, é plausível afirmar que em várias hipóteses nas quais a formação do litisconsórcio passivo é problemática, a tutela molecularizada pode ser a solução. Nesse expediente, de início, abordemos brevemente o instituto do litisconsórcio no processo civil.

3.1.1 Litisconsórcio (noções gerais)

A figura do litisconsórcio é pertinente ao processo civil individual, relaciona-se à presença de duas ou mais partes no polo ativo, no passivo, ou em ambos. Todavia, ele não pode ser confundido com a chamada "cumulação subjetiva", que também se caracteriza pela existência de mais de um sujeito em um dos extremos da relação jurídica processual – para que essa cumulação seja definida como litisconsórcio, faz-se necessária a existência de certa afinidade entre os integrantes do polo em que há pluralidade de componentes. Conforme ponderam Luiz Guilherme Marinoni e Sérgio Cruz Arenhart: "assim, não seria possível considerar como litisconsórcio a ação de consignação em pagamento proposta por 'A' em face de dois supostos credores da dívida, fundada na dúvida sobre qual deles deverá legitimamente receber o crédito."[286]

---

[286] MARINONI, Luiz Guilherme; ARENHART, Sérgio Cruz. *Curso de Processo Civil. v.2: processo de conhecimento*. 9.ª ed. São Paulo: Revista dos Tribunais, 2011, p. 166.

3. PROPOSTAS PARA A OPERACIONALIZAÇÃO DAS AÇÕES COLETIVAS PASSIVAS...

No litisconsórcio pode ocorrer, ou não, a cumulação de demandas. Há cumulação, por exemplo, quando o litisconsórcio decorre da reunião, em um mesmo processo, de várias ações de autores diversos – que poderiam ter sido ajuizadas em separado – contra o mesmo réu (é o que se verifica quando vítimas de um acidente agregam no mesmo processo as respectivas pretensões indenizatórias dirigidas contra o suposto responsável pelo evento).[287] Destarte, não existirá cumulação de demandas no litisconsórcio unitário formado em processo no qual se discute relação jurídica incindível pertinente a mais de um sujeito (*v.g.*, a necessária presença de ambos os cônjuges no polo passivo da ação anulatória de casamento intentada pelo Ministério Público).[288]

A existência do litisconsórcio explica-se pela busca da harmonia dos julgamentos e da economia processual. Por um lado, almeja-se evitar a prolação de decisões díspares; por outro, deseja-se economizar recursos pela resolução, em um único processo, de disputas que poderiam ter sido travadas em demandas autônomas.[289]

Os valores da harmonia e da economia fazem-se presentes em maior ou menor grau de acordo com a modalidade de litisconsórcio. Por exemplo, no "litisconsórcio necessário unitário" não estão em jogo razões de economia, mas sim a impossibilidade de se conferir tratamento diverso a dois ou mais autores ou réus titulares de situações jurídicas incindíveis. Por sua vez, no chamado "litisconsórcio facultativo impróprio" prevalecem razões econômicas.[290]

Nos termos do art. 46 do CPC/73, duas ou mais pessoas podem litigar conjuntamente no mesmo processo, ativa ou passivamente, quando entre elas houver comunhão de direitos ou de obrigações relativamente à lide (inc. I); os direitos ou as obrigações derivarem do mesmo fundamento de fato ou de direito (inc. II); entre as causas houver conexão pelo objeto ou pela causa de pedir (inc. III) ou ocorrer afinidade de questões por um ponto comum de

---

[287] BARBI, Celso Agrícola. *Comentários ao Código de Processo Civil. v.1: artigos 1.º a 153*. 10.ª ed. Rio de Janeiro: Forense, 1998, 191.

[288] DIDIER JR., Fredie. Litisconsórcio unitário e litisconsórcio necessário. *Revista de Processo*. n.º 208. São Paulo: Revista dos Tribunais, 2012, p. 407.

[289] DINAMARCO, Cândido Rangel. *Litisconsórcio*. 8.ª ed. São Paulo: Malheiros, 2009, p. 69.

[290] DINAMARCO, Cândido Rangel. *Litisconsórcio*. 8.ª ed. São Paulo: Malheiros, 2009, p. 71.

PROCESSO COLETIVO PASSIVO

fato ou de direito (inc. IV). O art. 113 do NCPC tem redação similar, porém não contemplou a hipótese prevista no inc. II, do art. 47 do código anterior.[291]

Em verdade, o NCPC buscou corrigir a redundância do legislador de 1973. Ocorre que os casos do inc. II são implicitamente contemplados pelo inc. III – a existência de obrigações derivadas do mesmo fundamento de fato ou de direito é abarcada pela noção de conexão.

Conforme é uníssono na doutrina, os incisos do art. 46 do CPC/73 (por conseguinte, do art. 113 do NCPC), preveem hipóteses de litisconsórcio facultativo. Como pondera Celso Agrícola Barbi, em uma abordagem inicial, surgiram dúvidas quando a redação do art. 47, *caput*, do CPC/73 foi cotejada com o CPC/39, segundo o qual a existência de "comunhão de interesses" era caso de litisconsórcio necessário. Nada obstante, ao passo que o *caput* do art. 46 do CPC/73 diz que "duas ou mais pessoas *podem* litigar...", conclui--se que as previsões do dispositivo dizem sim respeito ao litisconsórcio facultativo.[292]

Em apertada síntese, como exemplo de litisconsórcio facultativo decorrente de comunhão de direitos e obrigações relativamente à lide, vide o art. 1.314 do Código Civil[293], pelo qual qualquer condômino pode, sozinho, reivindicar a totalidade da coisa, como também é possível que alguns ou todos eles reivindiquem-na conjuntamente, em litisconsórcio.[294]

Como exemplo de litisconsórcio facultativo fundado na conexão, cita-se o já mencionado exemplo dos autores vitimados pelo mesmo fato que agregam as respectivas pretensões indenizatórias em um único processo.

Destarte, o litisconsórcio facultativo decorrente da afinidade de questões por ponto comum de fato ou de direito exige a presença de relações menos

---

[291] Art. 113: "duas ou mais pessoas podem litigar, no mesmo processo, ativa ou passivamente, quando: I – entre elas houver comunhão de direitos ou de obrigações relativamente à lide; II – entre as causas houver conexão pelo pedido ou causa de pedir; III – ocorrer afinidade de questões por ponto comum de fato ou de direito."

[292] BARBI, Celso Agrícola. *Comentários ao Código de Processo Civil. v.1: artigos 1.ª a 153.* 10.ª ed. Rio de Janeiro: Forense, 1998, p. 193.

[293] Art. 1.314: "cada condômino pode usar da coisa conforme sua destinação, sobre ela exercer todos os direitos compatíveis com a indivisão, reivindicá-la de terceiro, defender a sua posse e alhear a respectiva parte ideal, ou gravá-la."

[294] BARBI, Celso Agrícola. *Comentários ao Código de Processo Civil. v.1: artigos 1.ª a 153.* 10.ª ed. Rio de Janeiro: Forense, 1998, p. 196-197.

3. PROPOSTAS PARA A OPERACIONALIZAÇÃO DAS AÇÕES COLETIVAS PASSIVAS...

intensas do que aquelas verificadas na conexão. Por "questão", entende-se todo e qualquer "ponto" trazido ao processo sobre o qual pairem controvérsias, sejam elas de fato ou de direito.

A última figura analisada foi batizada pela doutrina tradicional de "litisconsórcio facultativo impróprio".[295] Sobre a razão de ser dessa modalidade de litisconsórcio, responde Guilherme Estellita: "justifica-se a permissão do litisconsórcio neste caso pela simples conveniência do aproveitamento para a instrução e decisão de duas ou mais causas, da atividade judicial despendida na investigação de um fato ou na resolução de uma questão de direito."[296]

Ainda que o desiderato justificador deste tipo de litisconsórcio não seja a busca da redução de decisões conflitantes sobre a mesma questão de fato ou de direito, por via obliqua, a agregação e resolução conjunta das relações jurídicas nas quais se discutem tais questões acabam por contribuir com tal finalidade.[297]

Entre os vários exemplos possíveis de litisconsórcio facultativo impróprio, cita-se a demanda intentada pelo titular de uma patente contra os diversos contrafatores que, mediante atos distintos, porém análogos, violaram o direito de sua titularidade.[298]

Ato contínuo, para que o litisconsórcio seja necessário, deve estar presente alguma das circunstâncias do art. 113 do NCPC (art. 46 do CPC/73) e, por disposição de lei (inclusive de lei processual) ou pela natureza da relação jurídica controvertida, a eficácia da sentença dependa da citação de todos os litisconsortes (art. 114 do NCPC e art. 47 do CPC/73).

Essa figura será destrinchada no tópico seguinte.

---

[295] ARENHART, Sérgio Cruz. *A tutela coletiva de interesses individuais: para além da proteção dos interesses individuais e homogêneos*. São Paulo: Revista dos Tribunais, 2013, p. 149.

[296] ESTELLITA, Guilherme. *Do litisconsórcio no direito brasileiro*. Rio de Janeiro: Oficina Gráfica da Universidade do Brasil, 1955, p. 182-183.

[297] ESTELLITA, Guilherme. *Do litisconsórcio no direito brasileiro*. Rio de Janeiro: Oficina Gráfica da Universidade do Brasil, 1955, p. 182.

[298] BARBI, Celso Agrícola. *Comentários ao Código de Processo Civil. v.1: artigos 1.º a 153.* 10.ª ed. Rio de Janeiro: Forense, 1998, p. 200.

3.1.2 Litisconsórcio necessário

O art. 47, *caput*, do CPC/73 disciplinava a figura do litisconsórcio necessário. Conforme esse dispositivo: "há litisconsórcio necessário quando, por disposição de lei ou pela natureza da relação jurídica, o juiz tiver de decidir a lide de modo uniforme para todas as partes; caso em que a eficácia da sentença dependerá da citação de todos os litisconsortes no processo".

Desde logo, vê-se que o dispositivo misturava as figuras do litisconsórcio necessário com o unitário. No âmbito da doutrina italiana, questionou-se se o termo "litisconsórcio necessário" trata da obrigatória presença de mais de um indivíduo em juízo, ou se está relacionado com a necessária prolação de uma decisão uniforme em relação aos litisconsortes. Após algumas discussões, prevaleceu a primeira alternativa, como discorre Giorgio Costantino: "la necessità del litisconsorzio implica soltanto la necessità della partecipazione di più parti al processo, non anche quella che si decida unitariamente rispetto a tutti i litisconsorti o che costoro tengano, nel processo, una condotta comune".[299]

Acerca dos defeitos da fórmula esboçada no CPC/73, basta lembrar que, em uma ação movida por dois acionistas buscando a anulação da assembleia geral de determinada sociedade, a decisão deverá ser uniforme – a deliberação não pode ser declarada válida em relação a um dos acionistas e inválida em relação ao outro. Nada obstante, não se está diante de um litisconsórcio necessário, trata-se de caso de colegitimação, a formação ou não do litisconsórcio ativo depende exclusivamente da vontade dos autores.[300]

O caráter unitário do litisconsórcio decorre da natureza da relação jurídica substancial em debate. Conforme ensina Fredie Didier Jr.: "somente se pode verificar se o litisconsórcio é ou não unitário após examinar-se o objeto litigioso do processo". Nesses termos, o autor citado elenca os pressupostos do litisconsórcio unitário: (i) a relação jurídica deduzida deve ser discutida conjuntamente pelos litisconsortes; (ii) tal discussão deve dizer respeito a apenas uma relação jurídica, caso diga respeito a mais de uma, o

---

[299] COSTANTINO, Giorgio. *Contributo allo studio del litisconsorzio necessario*. Napoli: Jovene, 1979, p. 146.

[300] BARBI, Celso Agrícola. *Comentários ao Código de Processo Civil. v.1: artigos 1.º a 153*. 10.ª ed. Rio de Janeiro: Forense, 1998, p. 203.

3. PROPOSTAS PARA A OPERACIONALIZAÇÃO DAS AÇÕES COLETIVAS PASSIVAS...

litisconsórcio não será unitário; (iii) a única relação jurídica em discussão deve ser incindível.[301]

De fato, na maioria dos casos o litisconsórcio necessário também será unitário; porém, há exceções, tal como na ação de usucapião de terras particulares. Ainda que seja imperiosa a citação de todos os confinantes, é perfeitamente possível que a decisão não seja uniforme para todos eles, isso quando parte da área for excluída em decorrência da impugnação de um dos proprietários lindeiros.[302]

Atento a tais fatores, o NCPC, adequando a redação dúbia do diploma de 1973, trata do litisconsórcio necessário e do unitário em dois artigos distintos. Pelo art. 114 do novo Código: "o litisconsórcio será necessário por disposição de lei ou quando pela natureza da relação jurídica controvertida, a eficácia da sentença depender da citação de todos que devam ser litisconsortes." Já pelo art. 116: "o litisconsórcio será unitário quando, pela natureza da relação jurídica, o juiz tiver de decidir de modo uniforme para todos os litisconsortes".

A parte final do art. 114, ao dizer que o litisconsórcio será necessário quando a eficácia da decisão depender da "citação" de todos os que devam ser litisconsortes, trata apenas do litisconsórcio passivo, pois somente é citado o réu, ou terceiro, jamais o próprio autor.

Ademais, o art. 115 prevê os vícios da sentença proferida sem a formação do litisconsórcio necessário. Pelo inc. I desse artigo, ela será nula se a decisão devesse ser uniforme em relação a todos que deveriam ter integrado a lide (litisconsórcio necessário unitário). De acordo com o inc. II, nos outros casos, ela será ineficaz apenas em relação àqueles que não foram citados (litisconsórcio necessário simples).

A formação do litisconsórcio necessário é caracterizada pela excepcionalidade.[303] Conforme a clássica lição de Guilherme Estellita, quando a lei prever

---

[301] DIDIER JR., Fredie. Litisconsórcio unitário e litisconsórcio necessário. *Revista de Processo*. n.º 208. São Paulo: Revista dos Tribunais, 2012, p. 408.

[302] BARBI, Celso Agrícola. *Comentários ao Código de Processo Civil. v.1: artigos 1.º a 153*. 10.ª ed. Rio de Janeiro: Forense, 1998, p. 207.

[303] De acordo com a lição de Cândido Rangel Dinamarco: "a excepcionalidade da própria figura do litisconsórcio necessário, quer ativo ou passivo, é a consequência natural da restrição, que ele apresenta, ao poder de agir em juízo. Esse poder fica indiscutivelmente comprimido, na medida em que só conjuntamente tenham duas ou várias pessoas a possibilidade de obter

um direito, indicará quem o exercerá e em face de quem ele será exercido. Sendo apontados dois ou mais sujeitos em algum dos polos, há fortes indícios da existência do litisconsórcio necessário quando a pretensão resistida for buscada em juízo.[304-305-306]

Não havendo essa indicação, em uma primeira abordagem, considera-se desnecessária a participação no processo de todos os interessados. Contudo, o legislador somente é capaz de prever os casos mais comuns. A vasta maioria das relações jurídicas integradas por uma pluralidade de sujeitos não está abrangida pela tipificação legal.[307]

No âmbito do direito alienígena, a primeira parte do art. 102 do Código de Processo Civil italiano prevê: "se la decisione non può pronunciarsi che in confronto di più parti, questo debbono agire o essere convenute nello stesso processo." Para Proto Pisani, trata-se norma tautológica, totalmente em branco, havendo uma verdadeira biblioteca de escritos sobre seu âmbito de aplicação.[308]

---

determinado provimento jurisdicional, sendo este negado se postulado sem a participação de todos; ou em que, inversamente, a demanda de um precise ser endereça a uma pluralidade de pessoas, sob pena de ser-lhe negado acesso à tutela jurisdicional que pretende." (DINAMARCO, Cândido Rangel. *Litisconsórcio*. 8.ª ed. São Paulo: Malheiros, 2009, p. 259-260).

[304] ESTELLITA, Guilherme. *Do litisconsórcio no direito brasileiro*. Rio de Janeiro: Oficina Gráfica da Universidade do Brasil, 1955, p. 320-321.

[305] De fato, ainda que a lei indique uma pluralidade de credores ou de devedores, nos casos de "solidariedade" não haverá litisconsórcio necessário. Explica-se: na solidariedade ativa, qualquer um dos credores pode acionar o devedor comum cobrando a totalidade da dívida (art. 267 do CC); já na solidariedade passiva, qualquer um dos coobrigados responde por toda a dívida (art. 275 do CC).

[306] A questão do litisconsórcio necessário ativo é alvo de polêmica histórica, prevalecendo a noção própria ao processo civil individual de que inexiste o dever de litigar. Como esclarece José Miguel Garcia Medina: "nos casos em que deva forma-se litisconsórcio necessário no polo *ativo*, não fica aquele que tem interesse em ajuizar a ação na dependência do consentimento daqueles que deveriam figurar ao seu lado, como litisconsortes. Neste caso, havendo discordância entre os litisconsortes necessários em potencial, deverão estes ser citados para, de duas, uma: ou aderem ao pedido formulado pelo autor, e passam a figurar ao seu lado como litisconsortes, ou, então, caso discordem daquela opção, deverão figurar como réus na ação." (MEDINA, José Miguel Garcia. *Código de Processo Civil comentado: com remissões e notas comparativas ao projeto do novo CPC*. 2.ª ed. São Paulo: Revista dos Tribunais, 2012, p. 48).

[307] ESTELLITA, Guilherme. *Do litisconsórcio no direito brasileiro*. Rio de Janeiro: Oficina Gráfica da Universidade do Brasil, 1955, p. 320-321.

[308] PROTO PISANI, Andrea. *Lezioni di diritto processuale civile*. 6.ª ed. Napoli: Jovene, 2014, p. 296.

3. PROPOSTAS PARA A OPERACIONALIZAÇÃO DAS AÇÕES COLETIVAS PASSIVAS...

Ora, quando não houver previsão legal expressa exigindo a formação do litisconsórcio, incumbe ao juiz investigar mentalmente se a situação litigiosa em análise pode ser dirimida mediante um comando jurisdicional emanado em processo no qual não figuraram como partes todos aqueles cujas esferas jurídicas mantêm, em tese, alguma imbricação com o objeto litigioso. Caso essa análise redunde em uma resposta negativa, haverá litisconsórcio necessário; caso contrário, não.[309]

Ao discorrer sobre o litisconsórcio necessário no direito italiano, Costantino afirma que sua razão de ser não é a tutela dos interesses de terceiros que possam sofrer os efeitos da sentença, mas sim fornecer às partes do processo uma sentença "útil".[310] Logo, convencionou-se afirmar que a sentença pronunciada sem a presença daqueles que deveriam ter sido partes no processo é "inutiliter data" ("dada inutilmente").[311]

De todo modo, o campo de aplicação das afirmações replicadas no parágrafo anterior é o litisconsórcio necessário unitário, dado corroborado pelo NCPC, que, como visto, estabeleceu duas gradações de sanções para a sentença proferida sem a participação dos litisconsortes necessários: (i) "nulidade", se o litisconsórcio necessário passivo for unitário; (ii) "ineficácia" em relação àqueles que não foram citados, se o litisconsórcio necessário passivo for simples.

---

[309] ESTELLITA, Guilherme. *Do litisconsórcio no direito brasileiro*. Rio de Janeiro: Oficina Gráfica da Universidade do Brasil, 1955, p. 331-333.

[310] COSTANTINO, Giorgio. *Contributo allo studio del litisconsorzio necessario*. Napoli: Jovene, 1979, p. 219.

[311] Ainda conforme as lições de Cândido Rangel Dinamarco: "*Inutiliter datur*: é dado inutilmente. Diz-se nos julgamentos proferidos sem a presença do litisconsórcio necessário, em caso de litisconsórcio necessário-unitário. Quando dois ou mais sujeitos são unidos por uma situação jurídica una e indissolúvel (*incindível*), não sendo admissível decidir a respeito da situação de um deles sem decidir também sobre a dos demais, o que ficar decidido sem a presença de todos não poderá ser imposto aos que não vieram ou não foram trazidos ao processo, porque a garantia constitucional do contraditório o impede. Daí a inutilidade do que for decidido, dizendo-se então que, nessas circunstâncias, a sentença *inutiliter datur*." (DINAMARCO, Cândido Rangel. *Vocabulário do Processo Civil*. São Paulo: Malheiros, 2009, p. 349).

3.1.3 Problemas decorrentes do litisconsórcio passivo multitudinário e a via da coletivização

O instituto do litisconsórcio não é adequado a situações em que todos os sujeitos envolvidos não podem ser desde logo identificados, ou mesmo quando eles alteram-se constantemente.

Além disso, o processo civil brasileiro tem dificuldades em lidar com litisconsórcios demasiadamente alargados, tanto é que o art. 113, §1.º, do NCPC (art. 46, p.u., do CPC/73), estabelece que o juiz pode limitar o litisconsórcio facultativo quando o número de litigantes comprometer a rápida solução do litígio ou dificultar a defesa.

A solução adotada pelos códigos está longe de ser a melhor – abre margem para decisões conflitantes e dificulta o aproveitamento de atos processuais.[312]

Como se não bastasse, os obstáculos serão ainda maiores quando se estiver diante de um litisconsórcio passivo necessário de grandes dimensões, circunstância na qual o tempo e os recursos gastos na citação de todos os réus e na formulação de defesas individualizadas (dezenas de contestações, arrolamento de inúmeras testemunhas, eventuais impugnações etc.) podem abalar ou mesmo inviabilizar a marcha processual.[313]

Nessa linha de raciocínio, as palavras de Sergio Menchini: "Il processo litisconsortile, soprattutto quando le parti siano particolarmente numerose, può portare svantaggi superiori ai vantaggi, sia per i privati che per l'amministrazione della giustizia."[314]

Conforme o art. 115, p.u., do NCPC (art. 47, p.u., do CPC/73), caso o autor não promova a citação de todos os litisconsortes passivos necessários no prazo assinalado pelo magistrado, o processo será extinto. Ora, não se descuida que essas disposições, antes de se fundarem em razões de ordem técnica, guardam

---

[312] ARENHART, Sérgio Cruz. *A tutela coletiva de interesses individuais: para além da proteção dos interesses individuais e homogêneos.* São Paulo: Revista dos Tribunais, 2013, p. 147.

[313] ARENHART, Sérgio Cruz. *A tutela coletiva de interesses individuais: para além da proteção dos interesses individuais e homogêneos.* São Paulo: Revista dos Tribunais, 2013, p. 238.

[314] MENCHINI, Sergio. La tutela giurisdizionali dei diritti individuali omogeni: aspetti critici e prospettive ricostruttive. In: MENCHINI, Sergio (coord.). *Le azioni seriali.* Napoli: Edizioni Scientifiche Italiane, 2008, p. 64.

3. PROPOSTAS PARA A OPERACIONALIZAÇÃO DAS AÇÕES COLETIVAS PASSIVAS...

raízes na ideologia da participação individual que tradicionalmente perpassa o processo civil.[315]

Os problemas práticos decorrentes dessa lógica fazem com que surjam, no seio da prática, soluções pragmáticas. O melhor exemplo disso são as ações de reintegração de posse contra ocupações coletivas. Inelutavelmente, trata-se de caso de litisconsórcio passivo necessário (unitário), a decisão a ser tomada é incindível em relação aos esbulhadores; porém, é materialmente impossível ao autor da demanda a individualização dos potenciais réus, algo fomentado pelo fato de a circulação de pessoas neste tipo de ocupação ser constante. Razão pela qual se admite a citação pessoal de um ou de alguns integrantes do grupo, com a consequente citação editalícia dos demais.

Situações parecidas podem ser extraídas de alguns dos casos concretos mencionados no final do primeiro capítulo desta obra. Ora, no interdito proibitório movido pelo shopping center buscando impedir a realização do "rolezinho" no estabelecimento, não se cogitou que todos os membros desse grupo fossem citados pessoalmente, ainda que a relação jurídica discutida lhes dissesse respeito. O mesmo pode ser dito sobre os integrantes da torcida organizada "Força Jovem do Vasco", impedidos de comparecer a eventos esportivos; ou ainda dos indivíduos que se encontravam nas repúblicas estudantis de Diamantina, quando foi determinada a desocupação daqueles locais com vistas à tutela do patrimônio histórico e cultural da cidade.

O problema do litisconsórcio passivo necessário multitudinário pode surgir, inclusive, em sede de ação rescisória de ação civil pública para a tutela de direitos individuais e homogêneos. Seria razoável exigir a citação de todos os titulares dos direitos individuais de massa representados na demanda originária na qual foi pronunciada a decisão que lhes beneficiou, cuja desconstituição é pretendida? Parece claro que o polo passivo da rescisória será ocupado somente pelo legitimado coletivo que ajuizou a ação primitiva.

Em todos esses casos, sob a ótica da proporcionalidade, é adequado e razoável que a necessária formação do litisconsórcio passivo dê lugar à aglutinação passiva de defesas, pela qual os interesses dos membros da coletividade ré

---

[315] COSTANTINO, Giorgio. *Contributo allo studio del litisconsorzio necessario*. Napoli: Jovene, 1979, p. 33.

PROCESSO COLETIVO PASSIVO

são defendidos pela atuação de um ou alguns de seus integrantes ou por um ente exponencial.

Não se descuida que contra tal proposta possam ser levantadas objeções críticas acerca da eventual redução do direito individual de defesa ocasionada pela coletivização passiva. Destarte, como resposta, invocam-se as lições de David L. Shapiro, para quem os valores da escolha e da participação individual, e suas repercussões na garantia do devido processo legal, não são rígidos ao ponto não poderem sofrer restrições em função de argumentos práticos embasados pela natureza da situação em litígio.[316]

A questão deve ser enxergada do ponto de vista global, não apenas os interesses individuais daqueles que litigam em juízo devem ser levados em conta, mas, nas palavras de Shapiro: "but the broader social interests at stake need to be recognized too, since the measure of efficiency and due process does require a balancing of the interest of individual against the other social concerns that are affected."[317]

Em recurso à analogia, vide que um dos critérios empregados pela Suprema Corte norte-americana para fundamentar a certificação das ações coletivas em alíneas que não admitem o exercício do direito de auto-exclusão por parte dos integrantes da classe ré é justamente o interesse público no deslinde coletivo da questão, prática que mitiga os encargos administrativos e financeiros estatais, e permite a otimização do emprego dos recursos disponíveis, considerando a totalidade dos processos em curso.[318]

A proposta neste momento defendida é uma "solução processual". As soluções processuais, de acordo com Vicente de Paula Ataide Júnior, são respostas oferecidas para determinado problema processual de forma empiricamente direcionada, cuja fonte de inspiração não se restringe à lei e à doutrina[319-320]

---

[316] SHAPIRO, David L. Class actions: the class as party and client. *Notre Dame Law Review*. n.º 73. Notre Dame: University of Notre Dame, 1998, p. 925.

[317] SHAPIRO, David L. Class actions: the class as party and client. *Notre Dame Law Review*. n.º 73. Notre Dame: University of Notre Dame, 1998, p. 933.

[318] COTTREAU, Steven T. O. The due process right to opt out of class actions. *New York University Law Review*. n.º 73. New York City: New York University, 1998, p.519.

[319] ATAIDE JUNIOR, Vicente. Processo civil pragmático. Curitiba, 2013, Tese (Doutorado em Direito) - Programa de Pós-Graduação em Direito, Universidade Federal do Paraná, p. 109-111.

[320] Nas palavras de Ataíde Junior: "Não é o caso de baixar a cabeça e aceitar que não é possível resolver o problema, pois no campo jurídico não há determinismo. Talvez a resposta não seja

3. PROPOSTAS PARA A OPERACIONALIZAÇÃO DAS AÇÕES COLETIVAS PASSIVAS...

Como se sabe, a lei, especialmente a lei processual, tende a estar atrasada em relação às situações da vida real sobre as quais pretende atuar. Logo, para que o resguardo de inúmeros direitos não seja obstado, o juiz não pode agir mecanicamente e tão somente de acordo com os procedimentos postos a sua disposição pelo legislador, devendo a técnica processual adequada ao caso ser identificada e moldada mesmo na ausência de estipulações legais expressas.[321]

Ademais, a possibilidade de a via coletiva ser invocada como alternativa ao litisconsórcio passivo não se restringe às hipóteses em que ele é necessário. A coletivização também pode ser uma opção em casos de litisconsórcio facultativo.

Invoca-se aqui o instituto do litisconsórcio facultativo impróprio. Como visto, essa figura exige apenas a presença de um ponto comum de fato ou de direito, vínculo tênue quando contrastado com aquele existente na conexão.

Como base na doutrina de Sérgio Cruz Arenhart, a lógica que preside a tutela agregada de lides individuais no CPC não dista daquela que possibilita a tutela de direitos individuais e homogêneos no CDC. Para o autor citado: "a figura do litisconsórcio por afinidade de questões se assenta nas mesmas premissas da tutela coletiva de interesses individuais: *aproveitar a atividade jurisdicional já realizada e dar tratamento homogêneo à decisão de uma única questão perante o Judiciário*".[322] Ora, ainda que o art. 81, p.u, III, do CDC faça menção à "origem comum", esse termo jamais foi interpretado de forma literal – doutrina e jurisprudência afirmam ser desnecessária a existência de unidade factual ou temporal entre as lesões.[323]

Nessa linha, na busca de uma nova definição de direitos tuteláveis coletivamente, sob os ditames da proporcionalidade pan-processual, Arenhart

---

fácil. Talvez não esteja à vista para um formalista, que procura no sistema lógico a resposta esperada. Mas estará presente para um administrador de processos, que não se limita pela opção lógica e percebe que administrar processos é administrar pessoas." ATAIDE JUNIOR, Vicente. Processo civil pragmático. Curitiba, 2013, Tese (Doutorado em Direito) - Programa de Pós-Graduação em Direito, Universidade Federal do Paraná, p. 111).

[321] Sobre a modulação do procedimento adequado ao caso concreto, consultar: MARINONI, Luiz Guilherme. *Teoria geral do processo*. 5.ª ed. São Paulo: Revista dos Tribunais, 2011, p. 439 e ss.

[322] ARENHART, Sérgio Cruz. *A tutela coletiva de interesses individuais: para além da proteção dos interesses individuais e homogêneos*. São Paulo: Revista dos Tribunais, 2013, p. 150-151.

[323] GRINOVER, Ada Pellegrini; NERY JÚNIOR, Nelson; WATANABE, Kazuo. *Código de Defesa do Consumidor – comentado pelos autores do anteprojeto*. 4.ª ed. Rio de Janeiro: Forense Universitária, 1995, p. 506.

sustenta que a inviabilidade da formação do litisconsórcio, somada à presença de questões afins, é um dos pressupostos justificadores da coletivização.[324]

Se tal raciocínio pode ampliar as hipóteses em que a coletivização do polo ativo é permitida, o mesmo pode ser dito em relação à aglutinação de defesas.

Como visto, um dos clássicos exemplos de litisconsórcio impróprio passivo é o da demanda movida pelo proprietário de uma patente contra os diversos contrafatores que, mediante atos distintos, porém análogos, violaram o direito de sua titularidade. Relembre-se que, no direito norte-americano, esse tipo de situação permite a certificação da "defendant class action" com base na Rule 23(b)(1)(a) – "risco de decisões conflitantes". Logo, entende-se ser possível a importação dessa lógica para o direito brasileiro, pois, em se tratando de direito lesionado de forma homogênea (há afinidade de questões), e, levando--se em consideração os valores da harmonia das decisões e da economia de recursos, a via coletiva é nitidamente superior.

Esta também é a ideia que fundamenta as ações movidas por determinado ente exponencial em face de associação de bancos, de prestadores de serviços de saúde, seguros, etc. buscando a imposição de padrões de conduta às entidades associadas. Pense-se em uma ação civil pública proposta por associação de defesa dos consumidores contra associação que congregue estabelecimentos de ensino particular, requerendo a abstenção da prática de aumentos abusivos nas mensalidades por parte das filiadas. Em tese, seria possível que cada uma das escolas fosse acionada individualmente, mas o risco de decisões conflitantes, somado à existência de questões afins, justificam a opção pela ação duplamente coletiva. Além do mais, o ente exponencial ocupante do polo passivo tem totais condições de trazer toda sorte de argumentos capazes de resguardar os interesses de seus associados.

Dando continuidade aos exemplos, cogite-se determinado direito da personalidade violado reiteradamente por diversos agentes que operam na "mass media". Caso seja obtida uma tutela inibitória, ou reintegratória, conforme o caso, em face de certo indivíduo ou jornal detentor da informação cuja veiculação e propagação buscam-se obstar, possivelmente os resultados obtidos não serão satisfatórios. Inúmeros outros potenciais réus – que não

---

[324] ARENHART, Sérgio Cruz. *A tutela coletiva de interesses individuais: para além da proteção dos interesses individuais e homogêneos*. São Paulo: Revista dos Tribunais, 2013, p. 150 e ss.

3. PROPOSTAS PARA A OPERACIONALIZAÇÃO DAS AÇÕES COLETIVAS PASSIVAS...

foram abarcados pela ordem expedida na lide individual – poderão livremente divulgar e disseminar aquela informação, tornando a lesão ao direito da personalidade irreparável. Para titular do direito fundamental ferido será inviável o ajuizamento de sucessivas demandas individuais, ainda que utilizada a técnica do litisconsórcio passivo, contra todos aqueles que lesam ou ameaçam de lesão seu direito, uma vez que tais sujeitos, em um primeiro momento, são indeterminados e elevam-se quantitativamente de forma exponencial em pouco tempo. Em razão disso, desponta a possibilidade de aglutiná-los no polo passivo de uma demanda coletiva, de modo que uma única decisão tenha efeitos expansivos capazes de atingir e vincular todos os envolvidos, resolvendo a situação.

Pelo exposto, nas hipóteses em que a formação do litisconsórcio passivo necessário for inviável (quando sua imposição obstar o acesso à justiça por parte do autor), bem como quando o litisconsórcio passivo facultativo não for uma alternativa operacional, em razão do grande número de interessados, ou da dispersão territorial destes, acrescido o risco de decisões anti-isonômicas, sob o cânone da proporcionalidade pan-processual, defende-se o emprego da ação coletiva passiva, desde que os interesses em jogo possam ser adequadamente representados em juízo.

Em qualquer espécie de processo coletivo exige-se um juiz mais proativo e dotado de maiores poderes do que no processo civil individual, em razão disso, para que a proposta neste momento defendida possa ser concretizada, é necessária certa margem de abertura para que o magistrado, na fase saneadora, de forma fundamentada, molde a ação coletiva com base em diretrizes operacionais, tais como a inviabilidade da formação do litisconsórcio (considerando, inclusive, a dispersão territorial dos sujeitos interessados); a existência de questões comuns (fala-se em "existência", e não em "predominância") cuja solução coletiva potencialize os resultados buscados; a possibilidade de divisão do grupo em "subclasses"; além do controle da representatividade adequada, que será novamente problematizado adiante.[325]

---

[325] As ideias aqui propostas dialogam com o "Código-modelo de Processo Coletivo para países de direito escrito", de autoria de Antonio Gidi, que, em seu art. 3.º, fixou os seguintes "requisitos da ação coletiva": "a ação somente poderá ser conduzida de forma coletiva se: I – houver questões comuns de fato ou de direito, a permitir o julgamento uniforme da lide coletiva; II – o legitimado coletivo e o advogado do grupo puderem representar adequadamente os

PROCESSO COLETIVO PASSIVO

A presença de questões individuais, por si só, não constitui barreira ao emprego da técnica da coletivização, pois elas podem ser resolvidas em outro momento. Por fim, não pode ser em absoluto descartado o interesse econômico dos potenciais réus em se submeter à técnica de coletivização, na medida que ficam livres da contratação individual de advogados.

Ato contínuo, vencida a discussão atinente aos problemas gerados por litisconsórcios passivos multitudinários, passamos a investigar outro instituto processual central no tema das ações coletivas passivas – a coisa julgada.

3.2 Coisa julgada na ação coletiva passiva

3.2.1 Coisa julgada (conceito, função e limites subjetivos)

De acordo com os ensinamentos de Eduardo Couture, a coisa julgada não é uma "razão natural"; mas uma "exigência prática". A busca pela estabilidade perpassa todos os sistemas jurídicos e acentua-se no específico tema da impugnação da sentença.[326] Logo, é equivocada a tradicional associação entre descoberta da verdade e coisa julgada, uma vez que esta possui a função política de contribuir com a pacificação das relações sociais.[327-328]

---

direitos do grupo e de seus membros; III – a ação coletiva não for uma técnica manifestamente inferior a outras técnicas de tutela viáveis na prática."

[326] COUTURE, Eduardo J. *Fundamentos del derecho procesal civil*. 3.ª ed. Depalma: Buenos Aires, 1993, p. 405-407.

[327] MARINONI, Luiz Guilherme; ARENHART, Sérgio Cruz. *Curso de Processo Civil. v.2: processo de conhecimento*. 9.ª ed. São Paulo: Revista dos Tribunais, 2011, p. 635-636.

[328] Na lição Moacyr Amaral Santos: "A verdadeira finalidade do processo, como instrumento destinado à composição da lide, é fazer justiça, pela atuação da vontade da lei ao caso concreto. Para obviar a possibilidade de injustiças, as sentenças são impugnáveis por via de recursos, que permitem o reexame do litígio e a reforma da decisão. A procura da justiça, entretanto, não pode ser indefinida, mas deve ter um limite, por uma exigência de ordem pública, qual seja a estabilidade dos direitos, que inexistiria se não houvesse um termo além do qual a sentença se tornasse imutável. Não houvesse esse limite, além do qual não se possa arguir a injustiça da sentença, jamais se chegaria à certeza do direito à segurança no gozo dos bens da vida." (SANTOS, Moacyr Amaral. *Comentários ao Código de Processo Civil. v.4: artigos 332 a 475*. 6.ª ed. Rio de Janeiro: Forense, 1994, p. 426).

3. PROPOSTAS PARA A OPERACIONALIZAÇÃO DAS AÇÕES COLETIVAS PASSIVAS...

Por coisa julgada entende-se a imutabilidade decorrente da sentença de mérito, incapaz de ser rediscutida. A impossibilidade de o conteúdo da sentença ser questionado em outro processo recebe o nome de "coisa julgada material". Já o impedimento da rediscussão das questões dentro do mesmo processo é batizado de "coisa julgada formal" – figura mais próxima do instituto da preclusão do que da coisa julgada propriamente dita.[329]

Ainda que o art. 467 do CPC/73 diga ser a coisa julgada material a eficácia que torna imutável e indiscutível a sentença, o melhor entendimento é aquele que afirma ser a coisa julgada uma qualidade da sentença e dos seus efeitos, capaz de tornar alguns deles imutáveis.[330] Por sua vez, o NCPC, no art. 502 prevê: "denomina-se coisa julgada material a autoridade que torna imutável e indiscutível a decisão de mérito não mais sujeita a recurso."

A circunscrição da coisa julgada às partes encontra paralelo histórico na experiência jurídica romana. Sobre o assunto, Moacyr Amaral Santos cita a doutrina de Ulpiano (D. 44.2.1): *cum res inter alios iudicata nullum aliis praeiudicium facient;* a de Mader (D. 44.1.63): *res inter alios iudicata aliis non praeiudicare* e a de Paulo (D. 3.2.21): *non oportet ex sententia sive iusta sive iniusta, pro alio habita alium pregravari.*[331]

Esses brocardos influenciaram as Ordenações, que trouxeram o seguinte princípio: "a sentença não aproveita nem empece mais que às pessoas entre que é dada" (Ord. Livro 3.º, Título 81, pr.).[332]

Seguindo a mesma linha de raciocínio, a primeira parte do art. 472 do CPC/73 tem a seguinte redação: "a sentença faz coisa julgada às partes entre as quais é dada, não beneficiando, nem prejudicando terceiros." Por sua vez, o art. 506 do NCPC apresenta redação similar; todavia, restringe-se a afirmar que a coisa julgada não prejudica terceiros.

Nada obstante, essas máximas não obstam a possibilidade de certos efeitos da sentença atingirem indivíduos que não foram partes do processo.

---

[329] MARINONI, Luiz Guilherme; ARENHART, Sérgio Cruz. *Curso de Processo Civil. v.2: processo de conhecimento.* 9.ª ed. São Paulo: Revista dos Tribunais, 2011, p. 633-634.

[330] CINTRA, Antônio Carlos de Araújo; DINAMARCO, Cândico Rangel; GRINOVER, Ada Pellegrini. *Teoria geral do processo.* 26.ª ed. São Paulo, 2010, p. 333.

[331] SANTOS, Moacyr Amaral. *Comentários ao Código de Processo Civil. v.4: artigos 332 a 475.* 6.ª ed. Rio de Janeiro: Forense, 1994, p. 450.

[332] SANTOS, Moacyr Amaral. *Comentários ao Código de Processo Civil. v.4: artigos 332 a 475.* 6.ª ed. Rio de Janeiro: Forense, 1994, p. 450.

PROCESSO COLETIVO PASSIVO

Dentre as doutrinas que buscaram explicar essa questão, destaca-se a de Enrico Tullio Liebman, para quem, enquanto – via de regra – a autoridade da coisa julgada está restrita às partes e seus sucessores ("limites subjetivos da coisa julgada"), os efeitos da sentença – como consequência da imperatividade do poder estatal – são capazes de atingir terceiros, que os sentirão, em maior ou menor grau, de acordo a intensidade da vinculação de suas respectivas esferas jurídicas com a relação discutida em juízo.[333]

Cumpre destacar que o conceito de "parte" é eminentemente processual. Nas palavras de Andrea Proto Pisani: "la nozioni di parti, por non essendo sconosciuta al diritto sostanziale, ha trovato nel diritto processuale il suo punto principale di emersione".[334]

A condição de parte é adquirida quando alguém se torna titular de situações ativas ou passivas pertinentes ao processo. Essa aquisição pode ocorrer de três maneiras: (i) pela propositura da "demanda" pelo autor ou exequente; (ii) pela "citação" do réu ou executado ou (iii) pela "intervenção" de pessoa externa à relação jurídica processual, que passa a integrá-la.[335]

Nesses termos, todos aqueles que não sejam partes no processo, por via de exclusão, são considerados "terceiros".[336-337]

---

[333] LIEBMAN, Enrico Tullio. *A eficácia e autoridade da sentença e outros escritos sobre a coisa julgada.* 5.ª ed. Rio de Janeiro: Forense, 2006, p. 34.

[334] PROTO PISANI, Andrea. *Lezioni di diritto processuale civile.* 6.ª ed. Napoli: Jovene, 2014, p. 300.

[335] DINAMARCO, Cândido Rangel. *Litisconsórcio.* 8.ª ed. São Paulo: Malheiros, 2009, p. 25.

[336] A chamada "parte em sentido substancial", titular da situação jurídica de direito material debatida, caso não integre formalmente a relação jurídica processual, será considera um terceiro. Neste tema, transcrevemos as lições de Cândido Rangel Dinamarco, para quem, no escólio de Calamandrei: "é da melhor doutrina que as partes como sujeitos da relação processual não devem ser confundidas nem com os sujeitos da relação substancial controvertida nem com os sujeitos da ação: embora frequentemente essas três qualidades coincidam, na medida em que o processo se instaura precisamente entre os sujeitos da relação substancial controvertida (legitimados a agir e a defender-se em relação a esta), pode no entanto acontecer que a demanda seja proposta por quem (ou contra quem) não seja na realidade interessado na relação substancial controvertida ou não legitimado à ação ou à defesa." (DINAMARCO, Cândido Rangel. *Litisconsórcio.* 8.ª ed. São Paulo: Malheiros, 2009, p. 29).

[337] Ainda sobre o assunto, cita-se Giorgio Costantino: "l'impostazione tradizionale in tema di legittimazione ad agire presuppone la possibilità di distinguere le parti del rapporto sostanziale da quelle del processo: questa problematica è affrontata per stabilire quali parti del rapporto sostanziale debbono e/o possono partecipare al processo. Il altre parole, essa presuppone una polivalenza del termine 'parte' e tende a risolvere i rapporti fra le nozione di

3. PROPOSTAS PARA A OPERACIONALIZAÇÃO DAS AÇÕES COLETIVAS PASSIVAS...

Conforme ensina Proto Pisani, é possível falar em: (i) terceiros titulares de situações jurídicas objetivamente e subjetivamente diversas daquela que é objeto imediato da sentença, contudo, ligados por nexos de dependência jurídica a nível de direito substancial, ou seja, terceiros titulares de situações não autônomas e compatíveis com aquela debatida em juízo (os elementos objetivos não são idênticos àquele objeto da sentença, ou não coexistem no mesmo interregno temporal), mas que podem sofrer prejuízos em suas esferas jurídicas – também conhecidos como terceiros juridicamente interessados; (ii) terceiros titulares de direitos que decorrem do mesmo fato histórico do qual depende o direito objeto do processo e (iii) terceiros desinteressados.[338]

Sobre os terceiros desinteressados, como a própria expressão já diz, eles não possuem qualquer interesse na relação jurídica em litígio, logo, não lhes é permitida a intervenção, conquanto devam respeitar o comando emanado do ato estatal. Como exemplo, em uma ação reivindicatória em relação ao imóvel "X", movida por "A" em face de "B", eventual terceiro que não mantenha nenhuma relação jurídica com as partes, desconhecendo-as por completo, será um "terceiro desinteressado". Por óbvio, ele não será atingido pela coisa julgada, mas não poderá negar o que foi decidido na sentença e adentrar no imóvel de "A" sob o argumento de que a coisa julgada não lhe vincula. O direito de propriedade – reconhecido em juízo mediante ato imperativo estatal oponível *erga omnes* – há de ser respeitado.[339]

Em relação aos terceiros titulares de direitos que decorrem do mesmo fato histórico do qual depende o direito objeto do processo (ou, simplesmente, cujos direitos provêm das mesmas questões fáticas ou jurídicas controvertidas), a sentença proferida *inter alios* terá apenas eficácia de precedente jurisprudencial, ainda que razões de economia processual recomendem a agregação das causas.[340]

---

parte in senso sostanziale e quella in senso processuale." (COSTANTINO, Giorgio. *Contributo allo studio del litisconsorzio necessario*. Napoli: Jovene, 1979, p. 29).

[338] PROTO PISANI, Andrea. *Lezioni di diritto processuale civile*. 6.ª ed. Napoli: Jovene, 2014, p. 366 e ss.

[339] GAZZI, Mara Sílvia. Os limites subjetivos da coisa julgada. *Revista de Processo*. n.º 36. São Paulo: Revista dos Tribunais, 1984, p. 84.

[340] PROTO PISANI, Andrea. *Lezioni di diritto processuale civile*. 6.ª ed. Napoli: Jovene, 2014, p. 366.

Já os terceiros que possam sofrer prejuízos em suas esferas jurídicas em razão dos efeitos reflexos da sentença, como visto, são chamados de terceiros juridicamente interessados. Essa classificação corrobora com a delimitação dos casos em que a intervenção de terceiros é permitida. Os terceiros mantenedores de nexos a nível de direito substancial com a relação jurídica decidida em juízo, caso não queiram ser prejudicados, podem fazer uso de meios idôneos à obstrução daqueles efeitos. Por exemplo, o sublocatário que mantém legítima relação com o locatário, consentida pelo locador, pode ser admitido como assistente simples em eventual ação de despejo movida pelo locador contra o locatório. Caso não o faça, poderá ainda interpor recurso da sentença na condição de terceiro prejudicado, ou, em outro momento, opor embargos de terceiro.[341]

Por outro lado, os terceiros juridicamente interessados que forem beneficiados pela decisão prolatada no processo em que eles não atuaram como partes, não terão legitimidade para intervir. Fala-se na eficácia *ultra partes* da coisa julgada – trata-se de tema polêmico. De acordo com José Rogério Cruz e Tucci: "com o trânsito em julgado da sentença e a consequente imutabilidade do comando que dela emerge, não se vislumbra, em relação ao terceiro, qualquer violação, necessidade de modificação ou estado de incerteza atual, que possa gerar-lhe interesse processual para agir contra a coisa julgada que o favorece."[342] Para alguns, essa tese foi adotada pelo art. 506 do NCPC, que, diferente do art. 467 do CPC/73, deixou de afirmar que a coisa julgada não beneficia terceiros.

3.2.2 Efeitos da sentença perante terceiros e a coletivização

Toda a construção teórica abordada no tópico anterior foi engendrada sob a ótica e premissas próprias ao processo civil individual. Contudo, pelo prisma do processo coletivo, o tema dos efeitos reflexos da sentença perante terceiros pode receber nova roupagem.

---

[341] MARINONI, Luiz Guilherme; ARENHART, Sérgio Cruz. *Curso de Processo Civil. v.2: processo de conhecimento*. 9.ª ed. São Paulo: Revista dos Tribunais, 2011, p. 612.

[342] TUCCI, José Rogério Cruz e. Impugnação judicial da deliberação de assembleia societária e projeções da coisa julgada. In: YARSHELL, Flávio Luiz; PEREIRA, Guilherme Setoguti J. (coords.). *Processo societário*. São Paulo: Quartier Latin, 2012, p. 463.

3. PROPOSTAS PARA A OPERACIONALIZAÇÃO DAS AÇÕES COLETIVAS PASSIVAS...

Quando da definição de "processo jurisdicional coletivo" no primeiro capítulo deste trabalho, obtemperou-se que a existência de regimes especiais de legitimidade ou de coisa julgada não são relevantes, ao menos no plano conceitual (o são no plano prático).

Outrossim, na maioria das hipóteses em que são admitidas, de *lege lata*, as ações coletivas passivas, a coisa julgada, em uma primeira abordagem, não se impõe aos integrantes coletividade ré.

Em muitos casos, o problema acaba sendo deslocado para a questão da extensão dos efeitos da sentença perante terceiros. Figure determinada demanda movida por uma empresa contra o sindicato dos trabalhadores que estão em greve, buscando a imediata cessação do movimento paredista e dos piquetes que bloqueiam a entrada da fábrica. A demanda será intentada em face do sindicato e, em uma visão tradicional, somente em relação a ele se formará a coisa julgada; todavia, é certo que todos os trabalhadores sindicalizados serão atingidos pelos efeitos de uma sentença de procedência – a lide envolve um dever ou estado de sujeição de titularidade do grupo. Eventual ordem, com requisição de força policial, para que as instalações sejam desbloqueadas atingirá, no plano fático, os trabalhadores que interditam a área.

Nesses termos, afirmar que o exemplo mencionado se trata de ação individual em que litigam apenas a empresa e o sindicato (partes formais) significa fechar os olhos para realidade, isso em razão do incontestável caráter coletivo do objeto do litígio, qual seja, a legitimidade do direito de greve exercido coletivamente e de forma incindível pelos integrantes da categoria.

Em hipóteses como a mencionada, o ente exponencial, longe de defender apenas seus interesses institucionais, atua na defesa de interesses de titularidade de seus filiados, os quais são diretamente afetados pela decisão.

Raciocínio similar pode ser aplicado às ações movidas contra torcidas organizadas, movimentos sociais, associações (quando se almeja a imposição de padrões de conduta aos seus associados), ou mesmo aos interditos proibitórios manejados em face do "movimento do rolezinho". Destaque-se que vários desses entes exponenciais sequer estão regularmente constituídos.

Nesses casos, surge a necessidade de vinculação da decisão a terceiros, expediente que, aparentemente, não encontra guarida no ordenamento vigente. De acordo com Sérgio Cruz Arenhart, caso a ação coletiva passiva seja julgada improcedente, não surgirão grandes problemas, pois os terceiros beneficiados

PROCESSO COLETIVO PASSIVO

pela decisão têm os respectivos interesses resguardados pela imutabilidade que o comando sentencial exara sobre a pretensão autoral. Por outro lado, sendo o pleito julgado procedente, a decisão torna-se imutável somente em relação às partes formais do processo.[343-344]

Contudo, é certo que em inúmeras ações coletivas passivas será imperioso impor provimentos a "terceiros" (partes em sentido material) que não participaram individualmente do processo, fechando-se as portas para a rediscussão da ordem. Os fundamentos para tal expediente serão trazidos no momento oportuno.

Ato contínuo, considerando a existência de casos práticos de processos coletivos passivos como os mencionados no antepenúltimo parágrafo, além de outros como as ações rescisórias de ações civis públicas, bem como a proposta de ampliação das hipóteses de coletivização passiva (como alternativa ao litisconsórcio), cumpre perquirir acerca do regime jurídico ideal da coisa julgada no processo coletivo passivo.

Nesse expediente, primeiramente abordaremos a coisa julgada coletiva no microssistema de processos coletivos brasileiro, ressaltando as vicissitudes desse modelo, especialmente no tocante às ações para a tutela de direitos individuais e homogêneos, para, em seguida, justificar a inviabilidade da transposição – de forma invertida – desse regime para o âmbito da tutela coletiva passiva.

3.2.3 A coisa julgada coletiva no microssistema brasileiro processos coletivos

O desenvolvimento dos processos coletivos ocasionou a revisão de alguns institutos próprios ao processo civil individual, isso em razão dos princípios, finalidades e características atinentes à tutela de direitos transindividuais e

---

[343] ARENHART, Sérgio Cruz. *A tutela coletiva de interesses individuais: para além da proteção dos interesses individuais e homogêneos.* São Paulo: Revista dos Tribunais, 2013, p. 204.

[344] De *lege ferenda*, para contornar esses entraves, Arenhart sugere que, caso realmente esteja-se diante de questões comuns ao grupo, e tenha havido adequada representação no curso do processo, a aplicação do princípio da isonomina faz com que as futuras ações ajuizadas pelos indivíduos que foram representados no polo passivo tenham o mesmo desfecho da demanda coletiva originária. (ARENHART, Sérgio Cruz. *A tutela coletiva de interesses individuais: para além da proteção dos interesses individuais e homogêneos.* São Paulo: Revista dos Tribunais, 2013, p. 374).

individuais de massa. Entre outros, ganha destaque a criação de um regime próprio de coisa julgada coletiva.[345]

Esse regime é regrado pelo Código de Defesa do Consumidor (art. 81 c/c arts. 103 e 104).

Em caso de ação coletiva para a tutela de interesses difusos, a sentença fará coisa julgada *erga omnes*, ressalvada a hipótese de improcedência do pedido por insuficiência de provas (coisa julgada *secundum eventum probationis*), quando qualquer legitimado, mediante a utilização de prova nova, poderá ajuizar outra ação coletiva com base em idêntico fundamento.

Nos interesses coletivos *stricto sensu*, a coisa julgada se formará *ultra partes*, mas limitada ao grupo ou classe. Tal como ocorre com os direitos difusos, se a demanda coletiva for julgada improcedente por ausência de provas, será facultado a qualquer legitimado coletivo o ajuizamento de outra ação com a mesma causa de pedir, desde que traga prova nova.

Por fim, na ação coletiva para tutela de direitos individuais e homogêneos, a sentença fará coisa julgada *erga omnes* em caso de procedência do pedido; todavia, se ele for julgado improcedente, os interessados que não tiverem intervindo no processo poderão ajuizar ações individuais (coisa julgada *secundum eventum litis*).

A exceção fica por conta do mandado de segurança coletivo (disciplinado na Lei 12.016/09), vocacionado à tutela de interesse coletivos *stricto sensu* e individuais e homogêneos, no qual a formação da coisa julgada independe do resultado do processo, mesmo em se tratando de direitos individuais de massa (art. 22 da LMS).

Retornando à análise da disciplina trazida pelo microssistema de processos coletivos, sabe-se que nos interesses difusos e coletivos, a abrangência dos efeitos da coisa julgada está correlacionada à impossibilidade de fracionamento do objeto em relação aos interessados.[346]

Especificamente sobre a coisa *secundum eventum probationis*, entende-se não ser necessário que o magistrado consigne expressamente "estar julgado improcedente o pedido em razão da insuficiência das provas". Em verdade,

---

[345] MENDES, Aluisio Gonçalves de Castro. *Ações coletivas e meios de resolução coletiva de conflitos no direito comparado e nacional.* 4.ª ed. São Paulo: Revista dos Tribunais, 2014, p. 271.

[346] MENDES, Aluisio Gonçalves de Castro. *Ações coletivas e meios de resolução coletiva de conflitos no direito comparado e nacional.* 4.ª ed. São Paulo: Revista dos Tribunais, 2014, p. 276.

deve-se averiguar se o conteúdo da decisão poderia ter sido outro caso o autor tivesse feito uso de meios idôneos à comprovação dos fatos constitutivos do direito afirmado. Esse regime peculiar de coisa julgada terá amplo âmbito de incidência de demandas coletivas cuja produção probatória esteja correlacionada a fatores tecnológicos, o que pode ocorrer, por exemplo, em lides ambientais ou relativas ao direito à saúde.[347]

Maiores críticas são dirigidas à coisa julgada *secundum eventum litis* na ação coletiva para tutela de direitos individuais e homogêneos. Como já abordado, a razão da existência da coisa julgada é a pacificação das relações sociais, pois não é adequado que as situações litigiosas perpetuem-se no tempo.

Ada Pellegrini Grinover busca justificar a opção adotada pelo CDC sob o argumento de que a realidade brasileira desaconselha a adoção do regime de coisa julgada *pro et contra* nesse tipo de ação, especialmente em razão da baixa escolaridade e do distanciamento da população brasileira em relação ao Poder Judiciário. Pontua também ter a solução escolhida pelo legislador considerado os riscos trazidos pela extensão da coisa julgada a terceiros que não integraram o contraditório, circunstância essa, em seu entender, capaz de ocasionar problemas de ordem constitucional.[348]

Não obstante, sob outro ponto de vista, como nessas demandas a coisa julgada não pode prejudicar os titulares de interesses individuais de massa representados em juízo, o réu nunca sairá vencedor, pois, ainda que logre êxito em convencer o magistrado acerca da improcedência da ação coletiva, correrá o risco de ser demandado em inúmeras ações individuais.

Como demonstra Gustavo Osna, esse peculiar regime gera notáveis custos às corporações, que os revertem aos consumidores.[349]

Com base em Ricardo de Barros Leonel, afirma-se ser a sistemática da coisa julgada nas ações coletivas dirigidas à tutela de direitos individuais de massa um "verdadeiro retrocesso", além de estar relacionada ao superado

---

[347] DIDIER JR., Fredie; ZANETI JR., Hermes. *Curso de Direito Processual Civil – processo coletivo.* 9.ª ed. Salvador: Jus Podivm, 2014, p. 337.

[348] GRINOVER, Ada Pellegrini; NERY JÚNIOR, Nelson; WATANABE, Kazuo. *Código de Defesa do Consumidor – comentado pelos autores do anteprojeto. v.2.* 10.ª ed. Rio de Janeiro: Forense, 2011, p. 178 e ss.

[349] OSNA, Gustavo. *Direitos individuais e homogêneos: pressupostos, fundamentos e aplicação no processo civil.* São Paulo: Revista dos Tribunais, 2014, p. 112.

paradigma de que ninguém pode ser prejudicado por uma decisão tomada em um processo no qual não participou individualmente. Ora, como os interesses do grupo são defendidos em juízo por um ente exponencial capaz de representá-los adequadamente, não há razões para que a coisa julgada não se forme *pro et contra*, motivo pelo qual defende-se a concessão de efeitos *erga omnes* à coisa julgada coletiva inclusive nas hipóteses de improcedência de ação para tutela de direitos individuais e homogêneos.[350]

Relembre-se que o direito norte-americano, desde a reforma de 1966, estabelece que a decisão tomada em uma "class action" sempre vinculará os indivíduos que foram representados no processo, independentemente do resultado de procedência ou de improcedência, isso em razão da necessária simetria dos riscos – tanto para o autor, como para o réu.

3.2.4 Propostas para a coisa julgada nas ações coletivas passivas

Ada Pellegrini Grinover foi umas das primeiras vozes na doutrina brasileira a tratar da coisa julgada nas ações coletivas passivas. Inicialmente, a solução cogitada foi a simples "transposição de forma invertida" do regime previsto no art. 103 do CDC.[351]

Essa sugestão, legatária do dogma da ampla proteção conferida pelo legislador aos integrantes da classe, inspirou o "Código-modelo de Processo Coletivo para Ibero-américa", o qual estabeleceu que a coisa julgada na ação coletiva passiva movida em face de interesses difusos atuará *erga omnes*, vinculando os membros do grupo, categoria ou classe (art. 33). Por sua vez, em se tratando de ação movida em detrimento de direitos individuais de massa, "a coisa julgada atuará *erga omnes* no plano coletivo, mas a sentença de procedência não vinculará os membros do grupo, categoria ou classe, que poderão mover ações próprias ou defender-se no processo de execução para afastar a eficácia da decisão de sua esfera judicial" (art. 34).[352]

---

[350] LEONEL, Ricardo de Barros. *Manual do processo coletivo*. 2.ª ed. São Paulo: Revista dos Tribunais, 2011, p. 281.

[351] GRINOVER, Ada Pellegrini; NERY JÚNIOR, Nelson; WATANABE, Kazuo. *Código de Defesa do Consumidor – comentado pelos autores do anteprojeto*. v.2. 10.ª ed. Rio de Janeiro: Forense, 2011, p. 207.

[352] Note-se que esse código-modelo não opera com a figura dos "direitos coletivos *stricto sensu*".

Tal proposta também é defendida por Pedro Lenza. Para exemplificar seu posicionamento, o autor cita hipotética ação proposta por uma empresa de planos de saúde em face do "Instituto Brasileiro de Defesa do Consumidor" ("IDEC") – na condição de representante dos interesses dos consumidores –, almejando a declaração da validade de certa cláusula padronizada. Caso sobrevenha decisão de procedência, com o consequente reconhecimento de que a cláusula em discussão não é abusiva, a coisa julgada abrangeria todos os legitimados coletivos do art. 82 do CDC, que não mais poderiam mover ações coletivas discutindo a questão. Mas, como, aparentemente, o resultado do processo não beneficia os consumidores, a eles seria facultada a rediscussão da licitude da cláusula em ações individuais.[353]

Eventual vocação do leitor pela defesa dos consumidores pode levá-lo a concordar com a proposta trazida pelo autor citado; porém, mesmo no peculiar exemplo trazido, ela não é a melhor.[354]

Em verdade, essa solução foi alvo de eloquentes críticas. Jordão Violin questiona: "quem, em sã consciência proporia uma ação que só transitará em julgado contra seus próprios interesses? Quem proporia uma ação que, no máximo, não vai lhe prejudicar, mas que em hipótese alguma lhe beneficiará?"[355]

Por sua vez, Diogo Campos Medina afirma que a assimetria na formação da coisa julgada vai contra o acesso à justiça e a inafastabilidade do controle jurisdicional. O referido autor defende, outrossim, a possibilidade de sujeição do indivíduo a um julgamento do qual ele não participou individualmente com base no fato de o ônus probatório ser integralmente imputado ao autor e da coletivização passiva somente ser possível quando estiverem presentes questões verdadeiramente homogêneas (os indivíduos integrantes do grupo réu encontram-se em situação idêntica ou similar), do contrário a aglutinação não se justificaria. Deste modo, conquanto o legitimado coletivo passivo

---

[353] LENZA, Pedro. *Teoria geral da ação civil pública*. 2.ª ed. São Paulo: Revista dos Tribunais, 2005, p. 211.

[354] Como será abordado adiante, o ajuizamento em face da classe de ações em que se busca uma pretensão de natureza declaratória, conquanto perpassado pela adequada representatividade dos interesses em jogo e viabilizada a formação da coisa julgada em caso de procedência do pedido, pode ser uma alternativa pragmática que evitará inúmeras ações individuais futuras, contribuindo com a desobstrução do Poder Judiciário.

[355] VIOLIN, Jordão. *Ação coletiva passiva: fundamentos e perfis*. Salvador: Jus Podivm, 2008, p.141-142.

defenda adequadamente o grupo, não há razões para que a coisa julgada não se forme *pro et contra*.[356]

É interessante destacar que essas críticas foram acolhidas por Grinover, que, em escrito posterior, abandonou a tese da transposição invertida do regime do CDC.[357]

Pelo exposto, como base nos argumentos investigados, concluímos que a melhor solução, seja na ação coletiva ativa ou passiva, é a formação da coisa julgada *pro et contra*, com a consequente vinculação de todos os titulares dos interesses representados em juízo.

Mas como evitar que esse expediente malfira direitos fundamentais, notadamente a ampla defesa e o contraditório? A resposta está na garantia da "representatividade adequada real", cujos desdobramentos no direito brasileiro serão problematizados a seguir.

3.3 O imperativo da representatividade adequada

3.3.1 Notas introdutórias (a questão da legitimidade *ad causam*)

Iniciamos este tópico novamente invocando as lições de Jordão Violin, autor da seguinte indagação: "a primeira dificuldade a ser vencida, quando da propositura de uma ação coletiva passiva, é a legitimidade 'ad causam'. Contra quem se poderá intentar a ação? Quem será o representante da coletividade?"[358]

A busca da resposta para essa pergunta deve ser inaugurada com o estudo da "legitimidade *ad causam*" no processo civil. Sobre o tema, aduz Vincenzo Vigoriti: "(...) cioè Il problema della individuazione dei soggetti che in concreto

---

[356] MAIA, Digo Campos Medina. *Ação coletiva passiva*. Rio de Janeiro: Lumen Juris, 2009, p. 145.

[357] Nas palavras de Grinover: "no entanto, reconhecemos que o regime da coisa julgada *secundum eventum litis*, na ação coletiva passiva em que se discutem direitos individuais homogêneos do grupo, categoria de pessoas que figuraram no polo passivo, esvaziaria de resultados práticos a coisa julgada. E hoje aceitamos a posição de Diogo Campos Medina Maia, que sustenta a viabilidade, neste caso, da coisa julgada *pro et contra* (...)." (GRINOVER, Ada Pellegrini; NERY JÚNIOR, Nelson; WATANABE, Kazuo. *Código de Defesa do Consumidor – comentado pelos autores do anteprojeto*. v.2. 10.ª ed. Rio de Janeiro: Forense, 2011, p. 209).

[358] VIOLIN, Jordão. *Ação coletiva passiva: fundamentos e perfis*. Salvador: Jus Podivm, 2008, p. 127.

possono stimolare e nei confronti dei quali deve essere stimolata, in un determinato caso, la funzione giurisdizionale, costituisce uno dei temi classici della teoria generale del processo (...)".[359]

Em função da ideologia individualista que caracteriza o processo civil moderno, a regra geral no tema é a rígida correlação entre a titularidade do direito substancial afirmado e a legitimidade para estar em juízo.

A corroborar com isso, vide a redação do art. 6.º do CPC/73: "ninguém poderá pleitear, em nome próprio, direito alheio, salvo quando autorizado por lei". Essa máxima é repetida no art. 18 do NCPC, que, no entanto, substituiu a expressão "lei" por "ordenamento jurídico".[360]

De acordo com Proto Pisani, tais adágios decorrem do caráter normalmente disponível dos direitos tutelados pela via do processo. A essência dessa disponibilidade reside na faculdade conferida ao titular do direito subjetivo de exercitá-lo, ou não. Ora, se no plano substancial é dada ao titular da situação jurídica a opção de não exercer os direitos que lhe são conferidos, não seria razoável que, no plano processual, a legitimidade para fazê-los valer em juízo fosse conferida a um terceiro.[361-362]

Nada obstante, invocando o viés cultural que perpassa os sistemas de resolução de litígios, é lídimo afirmar que a opção por determinado modelo de legitimidade, antes de consistir em problema eminentemente técnico, trata-se de escolha de política legislativa. Logo, como tal, assume caráter relativo, podendo variar no tempo e no espaço dentro em uma vasta plêiade de soluções imagináveis.[363]

---

[359] VIGORITI, Vincenzo. *Interessi collettivi e processo: la legittimazione ad agire*. Milão: Giuffrè, 1979, p. 65.

[360] Art. 18: "ninguém poderá pleitear direito alheio em nome próprio, salvo quando autorizado pelo ordenamento jurídico."

[361] PROTO PISANI, Andrea. *Lezioni di diritto processuale civile*. 6.ª ed. Napoli: Jovene, 2014, p. 289.

[362] Para Ricardo Luis Lorenzetti, essa noção, que foi aprimorada em momentos distintos: "(...) tiene sus raíces en el Derecho Romano, en el que hubo una concepción personalista de la obligación, en el que no tenían fácil cabida tanto la cesión como la representación. Se pensaba que la representación era un desdoblamiento de la personalidad, incompatible con el principio de que el hombre libre debía ocupare por sí mismo de sus cosas y no delegarlas." (LORENZETTI, Ricardo Luis. *Justicia colectiva*. Santa-fé: Rubinzal-Culzoni, 2010, p. 109).

[363] VIGORITI, Vincenzo. *Interessi collettivi e processo: la legittimazione ad agire*. Milão: Giuffrè, 1979, p. 66.

3. PROPOSTAS PARA A OPERACIONALIZAÇÃO DAS AÇÕES COLETIVAS PASSIVAS...

Ao perquirir sobre o assunto, Vigoriti concebe dois tipos ideais extremos. O primeiro deles, pertinente ao processo civil liberal, atribui legitimidade única e exclusivamente ao indivíduo; já o segundo, próprio aos ordenamentos de matriz socialista, concentra a *legitimatio ad causam* em entidades estatais.[364]

Destarte, nosso sistema, em hipóteses circunstanciais, permite a chamada "legitimidade extraordinária", na qual não existe correspondência entre a legitimidade para estar em juízo e a titularidade das situações jurídicas debatidas. Em outras palavras, o legitimado extraordinário defenderá, em nome próprio, interesses alheios.

Por escapar à regra geral, a legitimidade extraordinária sempre será uma exceção, caracterizada, em uma abordagem tradicional, pela taxatividade das hipóteses permissivas. Em função disso, veda-se que o titular de determinado direito disponha, mediante ato de vontade, da sua legitimidade para buscá-lo em juízo, atribuindo-a a um terceiro.[365-366]

A intensidade ideológica que marca o resguardo ao titular das posições jurídicas debatidas da respectiva participação individual no processo é a tônica do art. 18, p.u, do NCPC, cuja dicção é a seguinte: "havendo substituição processual, o substituído poderá intervir como assistente litisconsorcial".

Já os casos de legitimidade extraordinária no polo passivo permitidos são ainda mais rarefeitos. De plano, como exemplo, é possível citar ao menos a figura da "alienação da coisa ou do direito litigioso" (art. 109 do NCPC e art. 42 do CPC/73). Pelo conteúdo dessas disposições, a alienação do objeto do processo não é capaz de alterar a legitimidade das partes, de modo que o adquirente ou cessionário somente poderá ingressar no feito, sucedendo o alienante ou cedente, com o consentimento da parte adversa. Caso ela discorde, o

---

[364] VIGORITI, Vincenzo. *Interessi collettivi e processo: la legittimazione ad agire.* Milão: Giuffrè, 1979, p. 67.

[365] VIGORITI, Vincenzo. *Interessi collettivi e processo: la legittimazione ad agire.* Milão: Giuffrè, 1979, p. 98.

[366] Para Fredie Didier Jr., esse expediente, ao menos em relação à legitimidade extraordinária ativa, seria permitido pelo NCPC, mormente, pois, pelo art. 18 do novo Código, a legitimidade extraordinária pode decorrer "do ordenamento jurídico", e o art. 190 traz a atipicidade da negociação processual no tocante a causas sobre direitos disponíveis. (DIDIER JR., Fredie. Fonte normativa da legitimação extraordinária no novo Código de Processo Civil: a legitimação extraordinária de origem negocial. *Revista de Processo.* n.º 232. São Paulo: Revista dos Tribunais, 2014).

processo seguirá entre os litigantes originários, mas ainda sim a coisa julgada vinculará o adquirente/cessionário (cujos interesses foram defendidos em juízo pelo alienante/cedente, na condição de legitimado extraordinário), ao qual é facultada a habilitação como assistente.

É indubitável que esses esquemas tradicionais de legitimidade *ad causam* passaram por adaptações com o desenvolvimento e amadurecimento do processo jurisdicional coletivo, conforme será estudado adiante.

3.3.2 Legitimidade *ad causam* no processo jurisdicional coletivo

A necessária participação dos destinatários do provimento jurisdicional emanado, do ponto de vista prático, somente é viável em relação a situações jurídicas que podem ser titularizadas individualmente, e desde que digam respeito a um número limitado de sujeitos.[367]

Ao fixar os legitimados ativos no processo coletivo, o legislador brasileiro adotou uma postura "mista ou heterogênea", ou seja, conferiu legitimidade a entidades públicas e privadas e, no específico caso da ação popular, ao cidadão.[368]

Acerca da natureza da legitimidade ativa no processo coletivo, a doutrina nacional adotou três teses principais: (i) da legitimação ordinária das formações sociais; (ii) da legitimidade extraordinária por substituição processual; (iii) da autonomia da legitimação coletiva.[369]

A tese da "legitimação ordinária das formações sociais" preconiza que as associações, criadas para a defesa de interesses pertinentes a grupos específicos, ao ajuizarem ações coletivas, agiriam em nome próprio, conforme seus fins estatutários, razão pela qual a legitimidade nesses casos é ordinária. Essa visão é alvo das críticas tecidas por Ricardo de Barros Leonel, para quem, malgrado a tese em questão aplicar-se razoavelmente às associações, não explica a atuação dos partidos políticos e das entidades públicas na tutela coletiva.

---

[367] VIGORITI, Vincenzo. *Interessi collettivi e processo: la legittimazione ad agire*. Milão: Giuffrè, 1979, p. 82.

[368] LEONEL, Ricardo de Barros. *Manual do processo coletivo*. 2.ª ed. São Paulo: Revista dos Tribunais, 2011, p. 148.

[369] DIDIER JR., Fredie; ZANETI JR., Hermes. *Curso de Direito Processual Civil – processo coletivo*. 9.ª ed. Salvador: Jus Podivm, 2014, p. 177.

3. PROPOSTAS PARA A OPERACIONALIZAÇÃO DAS AÇÕES COLETIVAS PASSIVAS...

Ainda em relação às associações, sua atuação é precipuamente instrumental, pois não são as reais titulares dos direitos que defendem.[370]

Defensor da segunda teoria, Pedro da Silva Dinamarco sustenta que, como o interesse tutelado pertence a indivíduos que estão excluídos da relação jurídica processual, a legitimidade na tutela coletiva é extraordinária, bem como "autônoma" (a atuação do legitimado extraordinário independe da concomitante participação dos titulares do objeto litigioso); "concorrente" (legalmente atribuída a mais de um ente) e "disjuntiva" (cada um dos legitimados pode agir independentemente da concordância dos demais).[371]

Por fim, a terceira teoria parte da premissa segundo a qual os institutos próprios ao processo civil individual não servem ao estudo do fenômeno da tutela coletiva. De acordo com Luiz Guilherme Marinoni e Sérgio Cruz Arenhart: "quando se pensa em 'direito alheio', raciocina-se a partir de uma visão individualista, que não norteia a aplicação da tutela coletiva."[372]

Em verdade, as discussões que buscam classificar a legitimidade no processo coletivo como ordinária ou extraordinária estão "desfocadas ou descontextualizadas".[373] Discussões teóricas acerca da "cientificidade" ou da "natureza jurídica" da legitimidade coletiva só desviam a atenção de outros problemas, estes realmente relevantes.[374]

Consequentemente, para os fins deste trabalho, parece-nos mais adequado simplesmente seguir a tese da autonomia. Ato contínuo, como proposta de viabilização das ações coletivas passivas, defende-se a ampliação das hipóteses em que a legitimidade ordinária é afastada. Elas não devem ficar restritas ao estrito rol de situações permissivas taxativamente estabelecidas. Neste ponto, mediante o manejo do instituto da representatividade adequada, é preciso atribuir maiores poderes ao magistrado, para que este possa, com base nas

---

[370] LEONEL, Ricardo de Barros. *Manual do processo coletivo*. 2.ª ed. São Paulo: Revista dos Tribunais, 2011, p. 152.

[371] DINAMARCO, Pedro da Silva. *Ação civil pública*. São Paulo: Saraiva, 2001, p. 205-206.

[372] MARINONI, Luiz Guilherme; ARENHART, Sérgio Cruz. *Curso de Processo Civil. v.5: procedimentos especiais*. 3.ª ed. São Paulo: Revista dos Tribunais, 2012, p. 311.

[373] Nesse sentido: VENTURI, Elton. *Processo Civil Coletivo – a tutela jurisdicional dos direitos difusos, coletivos e individuais e homogêneos no Brasil. Perspectivas de um Código Brasileiro de Processos Coletivos*. São Paulo: Malheiros, 2007, p. 51.

[374] GIDI, Antonio. *Rumo a um código de processo civil coletivo: a codificação das ações coletivas no Brasil*. Rio de Janeiro: Forense, 2008, p. 115.

peculiaridades e fatores envolvidos no caso concreto, controlar a adequação daquele que defende em juízo os interesses de um grupo ou classe.

3.3.3 Representatividade adequada

Como abordado no capítulo anterior, nos ordenamentos que operam com esta figura, a representatividade adequada é um instituto umbilicalmente ligado à possibilidade de a decisão proferida no processo coletivo vincular os membros da coletividade.

Em resumo, a adequação da representação relaciona-se aos princípios do devido processo legal e da ampla defesa; é aferida antes da certificação da demanda como coletiva e é preciso que o representante seja capaz de defender os interesses do grupo de forma completa e imparcial, demonstrando vigor na condução do feito. Além disso, ela é averiguada também em relação ao advogado, que deve ter disponibilidade de tempo e de dinheiro, experiência no contencioso de massa e conhecimento acerca do direito substancial em litígio.

Há posicionamento no sentido de que o emprego dessa figura, nos moldes descritos, em função da significativa dose de discricionariedade conferida ao magistrado, só seria viável nos ordenamentos de "common law". Em países de "civil law", em razão dos esquemas processuais estarem rigidamente fixados pelo legislador, não haveria espaço para tamanha abertura.[375]

Por sua vez, Claudio Meneses Pacheco defende a existência de duas grandes modalidades de representatividade adequada, a primeira, tradicional, é aquela determinada pelo juiz após a análise das peculiaridades do caso concreto ("common law"); já a segunda é prefixada pelo legislador pelo emprego de previsões genéricas e abstratas, as quais elencam previamente os sujeitos e entes capazes de agir em juízo em nome do grupo ("civil law").[376]

É possível afirmar que o modelo brasileiro seguiu a segunda proposta, mas, ao não prever a formação coisa julgada *pro et contra* em todas as situações reguladas, acabou por desnaturar a figura.

---

[375] Sobre o tema, ver: PACHECO, Claudio Meneses. Notas sobre la "representatividad adecuada" en los procesos colectivos. *Revista de Processo*. n.º 175. São Paulo: Revista dos Tribunais, 2009, p. 260.

[376] PACHECO, Claudio Meneses. Notas sobre la "representatividad adecuada" en los procesos colectivos. *Revista de Processo*. n.º 175. São Paulo: Revista dos Tribunais, 2009, p. 262.

3. PROPOSTAS PARA A OPERACIONALIZAÇÃO DAS AÇÕES COLETIVAS PASSIVAS...

Disso também decorre a distinção entre a chamada "representatividade adequada real" e a "representatividade adequada ficta". A primeira, pertinente aos modelos nos quais são conferidos ao juiz poderes para controlar, *in concreto*, a idoneidade do porta-voz do grupo, assegura que os interesses deste estarão realmente resguardados com a adequação devida. Já a "representatividade adequada ficta", por operar mediante ficções, gera uma questionável presunção de adequação dos componentes do rol de legitimados legalmente previsto, portanto, incapaz de dar conta de todas as situações existentes no mundo concreto.[377]

Nessa linha, a jurisprudência pátria vem paulatinamente rechaçando a ideia segundo a qual a representatividade dos legitimados legais seria absoluta, mormente para negar a legitimidade coletiva de associações sem as mínimas condições técnicas e financeiras imprescindíveis à condução de uma demanda vocacionada à tutela de direitos metaindividuais ou individuais e homogêneos, ou que não demonstrem o necessário comprometimento com os interesses cuja tutela é buscada em juízo ("pertinência temática").[378] Em tais casos, deve-se oportunizar a manifestação do Ministério Público, que poderá assumir o polo ativo da demanda, caso assim deseje.[379]

Já em sede de ação coletiva passiva, em função da ausência de regulamentação legal, inexistem previsões acerca dos possíveis legitimados coletivos passivos. Logo, com base nos ensinamentos de Sérgio Cruz Arenhart, a primeira ressalva a ser feita é a de que, em regra, eles não devem ser buscados no rol da LACP e do CDC, "especialmente porque muitos dos ali legitimados têm pouca ou nenhuma ligação com os grupos que poderiam estar sujeitos a demandas coletivas passivas".[380-381]

---

[377] VIOLIN, Jordão. *Ação coletiva passiva: fundamentos e perfis*. Salvador: Jus Podivm, 2008, p.77.

[378] Entre os vários julgados que adotaram esse posicionamento, ver: STJ, 1.ª T, AgRg no REsp 901.936/RJ, Rel. Min. Luiz Fux, Dje 16/03/2009; TJDF, 5.ª Turma Cível, AC 20100110522393APC, Rel. Des. Angelo Passareli, Dj. 13/04/2012; TJSE, 1.ª CC, AI 2009207830 SE, rel.ª Des.ª Clara Leite de Rezende, j. 22/03/2010.

[379] Seguindo essa orientação: STJ, 2.ª T, REsp 1.372.593/SP, rel. Min. Humberto Martins, Dje. 18/09/2009.

[380] ARENHART, Sérgio Cruz. *A tutela coletiva de interesses individuais: para além da proteção dos interesses individuais e homogêneos*. São Paulo: Revista dos Tribunais, 2013, p. 237.

[381] Opinião diversa é adotada por Flávia Batista Viana em dissertação de mestrado sobre as ações coletivas passivas. No entendimento da autora: "defendemos neste trabalho que só poderão figurar no polo passivo de uma relação jurídica processual os entes que estão

Sendo assim, não parece razoável sugerir a fixação de um rol de legitimados coletivos passivos, pois, em função da proposta da ampliação das hipóteses nas quais a coletivização é permita, não é possível prever todas as situações possíveis, de modo que a aferição da qualidade da representação haverá de ser feita no caso concreto.

Nesse expediente não deve prevalecer a regulação rígida própria ao "legalismo lógico", peculiar aos sistemas de organização hierárquica (derivados do modelo continental europeu, na concepção de Mirjan R. Damaška)[382]. A discricionariedade e as cláusulas gerais (diretivas ou invés de impositivas), especialmente em sede de tutela coletiva, não podem ser a *ultima ratio*, invocáveis tão somente quando as regras inflexíveis forem omissas.

No controle da representatividade adequada, ainda que possam ser considerados alguns aspectos objetivos, a inspeção será majoritariamente caracterizada pelo subjetivismo – nunca haverá certeza quanto ao acerto ou erro da solução adotada.[383] Todavia, essa maior margem de atuação conferida ao juiz não pode ser vista como um empecilho à aplicação do instituto, uma vez que não mais subsiste a desconfiança para com a magistratura e a necessidade de calar o juiz, inerentes ao contexto pós-revolucionário, as quais por muito tempo influenciaram nosso direito.[384] Em síntese, hodiernamente não faz mais sentido o juiz "bouche de la loi".

---

previstos no rol de legitimados do microssistema das ações coletivas, pois entendemos que uma coletividade só poderá ser representada pelos entes elencados no artigo 5.º da Lei da Ação Civil Pública e artigo 82 do Código de Defesa do Consumidor, uma vez que esses entes podem se sujeitar ao controle judicial da representatividade adequada. (...) Portanto, só poderão figurar no polo passivo das demandas coletivas aqueles entes que possuem legitimidade prevista no microssistema das ações coletivas." [VIANA, Flávia Batista. Os fundamentos da ação coletiva passiva no ordenamento jurídico brasileiro. São Paulo, 2009, Dissertação (Mestrado em Direito) – Programa de Pós-Graduação da Pontifícia Universidade Católica de São Paulo, p. 189-190].

[382] DAMAŠKA, Mirjan R. *The faces of justice and state authority: a comparative approach to the legal process.* New Haven: Yale University Press, 1986, p. 55.

[383] FORMACIARI, Flávia Hellmeister Clito. A representatividade adequada nos processos coletivos. São Paulo, 2009, Tese (Doutorado em Direito) – Programa de Pós-Graduação em Direito, Universidade de São Paulo, p. 48.

[384] MARINONI, Luiz Guilherme. *O STJ enquanto corte de precedentes.* 2.ª ed. São Paulo: Revista dos Tribunais, 2014, p. 27.

3.3.4 A representação de interesses e suas relações com os princípios da ampla defesa e do contraditório

Como abordado quando do estudo da coletivização como alternativa ao litisconsórcio, os valores da escolha e da participação individual não são tão rígidos ao ponto de não poderem sofrer restrições em determinados casos.

Ainda que o paradigma kantiano tenha concedido ao indivíduo total controle sobre seus direitos, são válidas as palavras de Owen Fiss: "due process does not write into law the ethical theories of Professor Immanuel Kant".[385]

Logo, em se tratando de representação passiva de interesses, é necessário problematizar os princípios da ampla defesa e do contraditório.

Dispõe o art. 5.º, inc. LV, da CF: "aos litigantes, em processo judicial ou administrativo, e aos acusados em geral são assegurados o contraditório e a ampla defesa, com os meios e recursos a ela inerentes".

Na lição de Luiz Guilherme Marinoni, no Estado Constitucional, a legitimidade da função jurisdicional pressupõe a participação, umbilicalmente relacionada à garantia do contraditório.[386] Para Marinoni: "o contraditório é a expressão técnico-jurídica do princípio da participação, isto é, do princípio que afirma que todo poder, para ser legítimo, deve estar aberto à participação, ou que sabe que todo poder, nas democracias, é legitimado pela participação".[387]

O contraditório é essencialmente um método argumentativo dialógico, por meio do qual se busca a justa solução da controvérsia. Preocupa-se com o confronto racional entre tese, antítese, e seus argumentos respectivos.[388]

A ideologia do NCPC é intensamente pautada pela valorização do contraditório ("contraditório estendido"). Isso fica claro logo no art. 10, pelo qual "o juiz não pode decidir, em grau algum de jurisdição, com base em fundamento

---

[385] FISS, Owen. The allure of individualism. *Iowa Law Review*. n.º 78. Iowa City: Iowa Law Review, 1983, p. 979.

[386] MARINONI, Luiz Guilherme. *Teoria geral do processo*. 5.ª ed. São Paulo: Revista dos Tribunais, 2011, p. 419.

[387] MARINONI, Luiz Guilherme. *Teoria geral do processo*. 5.ª ed. São Paulo: Revista dos Tribunais, 2011, p. 319.

[388] GENTILI, Aurelio. Contradittorio e giusta decisione nel processo civile. *Rivista Trimestrale di Diritto e Procedura Civile*. n.º 2. Milão: Giufrrè, 2009, p. 753.

PROCESSO COLETIVO PASSIVO

a respeito do qual não se tenha dado às partes oportunidade de se manifestar, ainda que se trate de matéria sobre a qual deva decidir de ofício".[389]

De grande relevância nesse tema também é o art. 489, §1.º, que, em seus respectivos incisos, contém uma verdadeira teoria da decisão judicial.[390]

Para alguns, as disposições desse artigo (ainda que elogiáveis por buscarem viabilizar a operacionalização de conceitos próprios à teoria dos precedentes, tais como o "distinguinshing"[391], e combater as sentenças alheias às questões

---

[389] Seguindo a mesma lógica, os seguintes dispositivos: art. 484, p.u., segundo o qual, ressalvada a hipótese de improcedência liminar do pedido, a prescrição e a decadência não serão pronunciadas sem que antes seja oportunizada a manifestação das partes; art. 493, p.u., "se constatar de ofício o fato novo, o juiz ouvirá as partes antes de decidir" e art. 921, §5.º, que prevê a necessária oitiva das partes antes de a prescrição intercorrente na execução ser declarada.

[390] *In verbis*: Art. 489, §1.º: "não se considera fundamentada qualquer decisão judicial, seja ela interlocutória, sentença ou acórdão que: I – se limitar à indicação, à reprodução ou à paráfrase de ato normativo, sem explicar sua relação com a causa ou a questão decidida; II – empregar conceitos jurídicos indeterminados, sem explicar o motivo concreto de sua incidência no caso; III – invocar motivos que se prestariam a justificar qualquer outra decisão; IV – não enfrentar todos os argumentos deduzidos no processo capazes de, em tese, infirmar a conclusão adotada pelo julgador; V – se limitar a invocar precedente ou enunciado de súmula, sem identificar seus fundamentos determinantes nem demonstrar que o caso sob julgamento se ajusta àqueles fundamentos; VI – deixar de seguir enunciado de súmula, jurisprudência ou precedente invocado pela parte, sem demonstrar a existência de distinção no caso em julgamento ou a superação do entendimento. Complementando essas regras: §2.º: No caso de colisão entre normas, o juiz deve justificar o objeto e os critérios gerais da ponderação efetuada, enunciando as razões que a autorizam a interferência na norma afastada e as premissas fáticas que fundamentam a conclusão."

[391] Sobre a relação entre a técnica da "distinção" e o art. 489 do NCPC, ensina Clayton Maranhão: "se forem aplicáveis ao caso uma súmula, tese firmada em recurso repetitivo, repercussão geral, decisão do STF proclamando a (in) constitucionalidade de lei ou dando interpretação conforme etc., cabe tanto às partes invocar quanto o juiz aplicar precedente no caso, justificando a eventual preponderância de aspectos do caso que o façam diferente daqueles que serviram de suporte para o precedente, ocasião em que a distinção realizada permita a não aplicação dos motivos determinantes no caso em julgamento. Tem-se que a distinção pode dar-se, por exemplo, mediante as *técnicas interpretativas da dissociação*, por meio da qual se chega a uma *interpretação restritiva*, assim como do uso do argumento *a contrario sensu*. Não havendo essa justificação na decisão há nulidade por falta de motivação. É preciso prévio contraditório substancial entre as partes antes da decisão." [MARANHÃO, Clayton. Sentença. In. CUNHA, José Sebastião Fagundes; BOCHENEK, Antonio César; CAMBI, Eduardo. (coords.). *Código de Processo Civil comentado*. São Paulo: Revista dos Tribunais, 2015, p. 768-769].

3. PROPOSTAS PARA A OPERACIONALIZAÇÃO DAS AÇÕES COLETIVAS PASSIVAS...

trazidas aos autos) caso sejam interpretadas de forma rígida (especialmente o inc. IV), possivelmente obstarão por completo a tarefa do julgador, já atordoado em função do contingente incomensurável e crescente de processos que aguardam sua apreciação.

Afirma-se que o art. 489, §1.º, IV, da nova codificação, ao romper com a tradicional ideia de que o juiz está desobrigado a enfrentar todas as questões suscitadas, caso já tenha encontrado fundamento suficiente à resolução da lide, está totalmente na contramão da duração razoável do processo, pois abrirá margem para a atuação de causídicos mal intencionados, que trarão aos autos toda sorte de teses imagináveis, estando o magistrado obrigado a se manifestar acerca de todas elas, pois, do contrário, serão opostos infindáveis embargos declaratórios, além de existir a possibilidade de anulação da decisão pelo órgão *ad quem*.[392]

Nada obstante, como lembra Clayton Maranhão, o dever de fundamentação é inerente ao Estado Democrático de Direito, onde o círculo de liberdade-discricionariedade do magistrado é reduzido, especialmente pelo dever de prestação de contas aos cidadãos em geral ("controle externo por *quivis de populo*"). O autor ressalta que o CPC/73, ao tratar dos "requisitos da sentença", preocupava-se apenas com aspectos formais, o que fazia algum sentido à época, pois a Constituição Federal então vigente não trazia a garantia da motivação das decisões.[393]

Ato contínuo, o processualista citado ressalva que "isso não significa que o juiz deve rebater teses desconectadas e absolutamente desinfluentes ao desate do litígio posto a julgamento. Daí que o inc. IV do artigo examinado tem como

---

[392] Neste momento começam a surgir teses que buscam delimitar o âmbito de incidência do Art. 489, §1.º, do NCPC. É plausível afirmar que esses requisitos de fundamentação somente encontrarão total aplicação nos chamados "hard cases", decisões tomadas precipuamente com base em princípios, que exigem grande esforço argumentativo. Por outro lado, o controvertido dispositivo pode ser interpretado conjuntamente com o art. 357 do novo Código, que traz as providências a serem tomadas na fase de saneamento. O art. 357, II, prevê que na decisão saneadora serão delimitadas as questões de fato sobre as quais recairá a atividade probatória; já o inc. IV prevê a fixação das questões de direito relevantes para a decisão de mérito. Nesses termos, o magistrado estaria obrigado a se manifestar sobre, e tão somente, as questões de fato e de direito delimitadas naquela oportunidade.

[393] MARANHÃO, Clayton. Sentença. In: CUNHA, José Sebastião Fagundes; BOCHENEK, Antonio César; CAMBI, Eduardo. (coords.). *Código de Processo Civil comentado*. São Paulo: Revista dos Tribunais, 2015, p. 762-769.

não motivada a decisão que não enfrentar *todos* os argumentos deduzidos no processo, *desde que capazes de infirmar* a conclusão adotada no caso".[394]

Abstraídas essas questões, no que concerne ao tema desta obra, por certo o contraditório em sua projeção estendida não inviabilizará a ação coletiva passiva, ou a duplamente coletiva – a única diferença é a de que, ao invés de serem trazidas e debatidas diretamente pela parte, as questões relevantes à lide são levadas a juízo e enfrentadas pelo representante adequado.

Ainda com base nas lições de Marinoni, do direito à participação também decorre o direito de defesa, contraposto ao direito de ação, compreendido como o "conteúdo de defesa necessário" para que o réu possa se opor à pretensão autoral.[395]

Para os fins deste trabalho, entende-se que o direito de defesa não necessariamente precisa ser exercido individualmente por aqueles que sentirão os efeitos da decisão proferida no processo. Na ação coletiva passiva, a resistência à pretensão autoral será conduzida por um representante dos interesses da coletividade demandada.

Sem dúvidas, nesse cenário há o risco de surgirem problemas atinentes à "teoria da agência"[396] – isso quando os interesses do representante ("agente")

---

[394] MARANHÃO, Clayton. Sentença. In: CUNHA, José Sebastião Fagundes; BOCHENEK, Antonio César; CAMBI, Eduardo. (coords.). *Código de Processo Civil comentado*. São Paulo: Revista dos Tribunais, 2015, p. 769.

[395] MARINONI, Luiz Guilherme. *Teoria geral do processo*. 5.ª ed. São Paulo: Revista dos Tribunais, 2011, p. 314-319.

[396] Para explicar o tema da "teoria da agência", exemplifica Francisco Renato Codevila Pinheiro Filho: "analisando, por exemplo, o funcionamento de uma empresa, surge a questão atinente ao relacionamento entre os diversos participantes que atuam no grande jogo da relação corporativa, isto é, proprietários da empresa, administradores, gestores, empregados e terceirizados. Como fazer, por exemplo, para que os administradores, empregados e terceirizados desenvolvam os esforços necessários à maximização das utilidades dos proprietários? É este, justamente, o pano de fundo inicial da Teoria da Agência, que trabalha com os seguintes elementos básicos: a) *principal* – aquele que define o objetivo a ser perseguido (por exemplo as metas da empresa) e os incentivos para que o agente se atenha à busca desse objetivo; b) *o agente* – aquele que deve atender à expectativa do principal; c) as preferências de principal e agente não são convergentes. Em suma, tem-se, de um lado, o principal, um agente racional que tem suas próprias preferências e, de outro, um agente racional contratado para atingir os objetivos definidos pelo principal, mas que também tem as suas próprias preferências." [PINHEIRO FILHO, Francisco Renato Codevila. Teoria da agência (problema agente-principal). In: RIBEIRO, Marcia Carla; KLEIN, Vinícius (coords.). *O que é análise econômica do direito: uma introdução*. Belo Horizonte: Forum, 2011, p. 103].

3. PROPOSTAS PARA A OPERACIONALIZAÇÃO DAS AÇÕES COLETIVAS PASSIVAS...

não convergirem com os do grupo ("principal"). Ao estudar esse tema, Miguel Teixeira de Sousa estabelece dois requisitos para a aferição da adequação do legitimado coletivo. O primeiro deles, de "caráter negativo", liga-se à ausência de conflitos de interesses entre representante e representados; o segundo, "de caráter positivo", preocupa-se com o vigor da atuação do legitimado coletivo no curso do processo, pois, ainda que o primeiro requisito seja preenchido, não necessariamente o representante terá condições de defender os interesses dos membros ausentes com qualidade.[397]

Em função disso, caso não seja possível encontrar um representante adequado para a classe, a utilização da técnica da coletivização estará inviabilizada. Como consequência desse posicionamento, não há de se falar em revelia na ação coletiva passiva, pois, sendo o representante da classe ré revel, ele não será adequado.[398]

Por outro lado, ainda que o "opt out", em tese, seja um recurso passível de utilização pelos membros da classe que não se sentem adequadamente representados, ele é incompatível com a coletivização passiva, pois anula todos os benefícios trazidos pelo instituto, mormente a economia, a isonomia e o acesso à justiça.

De todo modo, na ação coletiva passiva, a notificação de alguns dos membros da classe ("notificar" não se confunde com "citar")[399], para que tomem conhecimento da demanda, questionando, se for o caso, a idoneidade daquele que os representa, é um expediente capaz de fornecer melhores subsídios ao magistrado no controle da representatividade adequada. Também é plausível cogitar que alguns dos membros ausentes possam intervir na condição de

---

[397] TEIXEIRA DE SOUSA, Miguel. *A legitimidade popular na tutela dos interesses difusos*. Lisboa: Lex, 2003, p. 235.

[398] MAIA, Digo Campos Medina. *Ação coletiva passiva*. Rio de Janeiro: Lumen Juris, 2009, p. 151.

[399] Sobre o tema, na ótica do direito norte-americano, ensina Antonio Gidi: "notificação é diferente da citação. Para notificar é suficiente informar, de qualquer maneira efetiva e adequada. Não é preciso oficial de justiça nem carta com aviso de recebimento. Por exemplo, pode ser suficiente enviar uma carta simples ou e-mail, afixar cartazes em local onde o grupo costuma frequentar, publicar anúncios em revistas e jornais, na internet etc. A adequação de cada medida vai depender das peculiaridades do caso concreto, levando em consideração fatores como o tamanho, a dispersão geográfica e o tipo do grupo." (GIDI, Antonio. *Rumo a um código de processo civil coletivo: a codificação das ações coletivas no Brasil*. Rio de Janeiro: Forense, 2008, p. 67).

litisconsortes do legitimado coletivo passivo, todavia, essa intervenção não pode ser irrestrita, sob pena de o polo passivo ser expandido ao ponto de comprometer a marcha processual.

A doutrina norte-americana, com base na teria da "classe como entidade litigante", que reduz a autonomia individual, entende que o direito à notificação deve ser examinado com base em uma equação que leve em conta os custos e benefícios envolvidos.[400] Não há necessidade de que a notificação da existência demanda seja ampla e irrestrita, podendo ser seletiva, veiculada no meio de comunicação mais adequado à situação (televisão, telefone, cartazes rádio ou mesmo pela rede mundial de computadores, seja pelo envio de mensagens ou pela criação de páginas).[401]

Por óbvio, a busca por um representante adequado para o grupo será mais simples ou complexa de acordo com as características da situação litigiosa. Possivelmente não existirão maiores entraves quando os membros da classe demandada estiverem vinculados a uma liderança claramente identificável, ou a um ente exponencial que congregue seus interesses – como uma associação, um sindicato ou mesmo uma torcida organizada.

No próximo tópico investigaremos um rol – não taxativo – de possíveis legitimados coletivos passivos.

3.3.5 Os possíveis legitimados coletivos passivos

De início, deve ser feita a ressalva de que nenhum dos entes ou sujeitos a seguir listados goza de presunção absoluta de representatividade.[402] A adequação de cada um deles, conforme as características da situação em litígio, será

---

[400] SHAPIRO, David L. Class actions: the class as party and client. *Notre Dame Law Review*. n.º 73. Notre Dame: University of Notre Dame, 1998, p. 936.

[401] Acerca das formas de notificação na ação coletiva, o "Código-modelo de Processo Coletivo para países de direito escrito", de autoria de Antonio Gidi, em seu art. 5.2., prevê o seguinte: "o juiz utilizará todas as técnicas disponíveis para uma adequada notificação do grupo, inclusive anúncios na imprensa e na Internet, em instrumentos de circulação compatível com a dimensão e o tipo do grupo."

[402] O questionamento vale inclusive para os legitimados coletivos legalmente previstos. Não é dado ao legislador infraconstitucional, desrespeitando valores constitucionais, criar uma presunção absoluta, e falsa, acerca da adequação da representatividade de certas entidades. Na crítica de Gidi: "não pode ter sido o objetivo do legislador ou constituinte permitir que qualquer associação ou promotor o faça [ajuíze a ação coletiva] de forma incompetente e

3. PROPOSTAS PARA A OPERACIONALIZAÇÃO DAS AÇÕES COLETIVAS PASSIVAS...

submetida ao crivo judicial. Recomenda-se que a decisão que reconhece a presença da representatividade adequada seja inserida entre aquelas atacáveis por agravo de instrumento[403], operando-se a consequente preclusão, pois razões pragmáticas apontam que a incessante rediscussão de uma questão já exaurida malfere a eficiência do serviço público jurisdicional.

Por vezes, a adequação da representatividade será averiguada – inicialmente – em juízo de verossimilhança, isso quando for formulado um pleito liminar. Além do mais, em alguns casos, poderá ocorrer a inadequação superveniente do representante a classe ré, sendo necessária sua substituição. Nessas circunstâncias, deverão ser preservados os atos praticados à época em que o legitimado coletivo anterior atuava de forma vigorosa, inclusive os decisórios.

O primeiro legitimado coletivo passivo a ser lembrado é o sindicato – nas ações que digam respeito a interesses de titularidade da categoria por ele representada. Ainda que, historicamente, a representatividade ostentada pelos sindicatos no Brasil tenha sido utilizada como mecanismo de controle sobre

---

vincule o grupo que representa." (GIDI, Antonio. *Rumo a um código de processo civil coletivo*: *a codificação das ações coletivas no Brasil*. Rio de Janeiro: Forense, 2008, p. 84).

[403] O NCPC extinguiu o agravo retido e, em contrapartida, previu o seguinte: art. 1.009, §1.º: "as questões resolvidas na fase de conhecimento, se a decisão não comportar agravo de instrumento, não são cobertas pela preclusão e devem ser suscitadas em preliminar de apelação, eventualmente interposta contra a decisão final, ou nas contrarrazões". Ou seja, o novo Código de Processual Civil não extinguiu por completo a recorribilidade das decisões interlocutórias, pois aquelas capazes, em tese, de causar danos irreparáveis ou de difícil reparação continuam sendo atacáveis por agravo de instrumento. De acordo com o art. 1015: Art. 1.015: "cabe agravo de instrumento contra as decisões interlocutórias que versarem sobre: I – tutelas provisórias; II – mérito do processo; III – rejeição da alegação de conversão de arbitragem; IV – incidente de desconsideração da personalidade jurídica; V – rejeição do pedido de gratuidade da justiça ou acolhimento do pedido de sua revogação; VI – exibição ou posse de documento ou coisa; VII – exclusão de litisconsorte; VIII – rejeição do pedido de limitação do litisconsórcio; IX – admissão de intervenção de terceiros; X – concessão, modificação ou revogação do efeito suspensivo aos embargos à execução; XI – redistribuição do ônus da prova nos termos do art. 373, §1.º; XII – (VETADO); XIII – outros casos expressamente referidos em lei. Parágrafo único. Também caberá agravo de instrumento contra decisões interlocutórias proferidas na fase de liquidação de sentença ou de cumprimento de sentença, no processo de execução e no processo de inventário." Complementando as previsões transcritas, o art. 354 prevê o cabimento de agravo de instrumento da decisão que julga conforme o estado do processo "parte" da lide; já o art. 356, §5.º, traz o cabimento do agravo de instrumento contra o julgamento antecipado parcial do mérito. A possibilidade do emprego da "interpretação analógica", ampliando o âmbito de incidência deste dispositivo será analisada em breve.

os trabalhadores, hoje, fazendo uso das palavras de Diogo Campos Medina Maia, ela (...) "ultrapassa os limites dos direitos essencialmente trabalhistas, projetando os sindicatos na defesa dos interesses coletivos, em sentido *lato*, da categoria".[404] Essa representatividade ampla encontra guarida no texto constitucional, como prevê o art. 8.º, V, da CF: "ao sindicato cabe a defesa dos direitos e interesses coletivos ou individuais da categoria, inclusive em questões judiciais ou administrativas".

Tais considerações, em linha de princípio, poderiam também ser feitas em relação às associações. O direito de associação na Constituição Federal de 1988 recebeu contornos nunca antes vistos na história deste país. É tratado entre os incs. XVII a XXI do art. 5.º. Em síntese, a liberdade de associação é plena (inc. XVII); é livre a criação e vedada a interferência estatal nessas entidades (inc. XVIII); elas só poderão ser dissolvidas por decisão judicial transitada em julgado (inc. XIX); é livre o direito de se associar e de permanecer associado (inc. XX) e "as entidades associativas, quando expressamente autorizadas, têm legitimidade para representar seus filiados judicial ou extrajudicialmente" (inc. XXI).

Esse maior resguardo à prática associativa gera reflexos no processo civil coletivo, campo no qual esses entes assumem (ou, ao menos, deveriam assumir) posição destacada. Nada obstante, a ânsia de alguns setores em frear o desenvolvimento da tutela coletiva, somada a interpretações equivocadas do inc. XXI do art. 5.º da CF – o qual, ao contrário do que ocorre com os sindicatos, condiciona a legitimidade das associações para a defesa, judicial ou extrajudicial, de seus filiados à existência de "expressa autorização" –, possivelmente aniquilará a, ainda tímida, atuação dessas entidades no campo da tutela coletiva.

Ora, o texto constitucional deve ser interpretado no sentido de que o requisito da autorização expressa é atendido caso a associação tenha previsão estatutária para a defesa dos interesses em discussão, além de estar presente o requisito da representatividade adequada (a ser averiguada pelo juiz, no caso concreto).

---

[404] MAIA, Digo Campos Medina. *Ação coletiva passiva*. Rio de Janeiro: Lumen Juris, 2009, p. 120.

3. PROPOSTAS PARA A OPERACIONALIZAÇÃO DAS AÇÕES COLETIVAS PASSIVAS...

Porém, vem prevalecendo entendimento diverso. Para alguns, a má vontade para com as ações coletivas dirigidas por associações reside na circunstância de que nelas, ao contrário do que acontece nos sindicatos, a filiação é eminentemente facultativa, logo, imagina-se que esses entes não seriam os representantes adequados dos interesses de que se afirmam portadores.[405]

No pacote de ações contra a atuação das associações, além do art. 2.ª-A da Lei 9.494/97, inserido pela Medida Provisória 2.180-35/01 (a sentença proferida em ação coletiva promovida por entidade associativa abrangerá os associados que, quando do ajuizamento da ação, tenham domicílio no âmbito de competência territorial do órgão prolator), cita-se o recente entendimento do Supremo Tribunal Federal adotado no julgamento do RE 573.232/SC[406], afetado à sistemática de julgamento de recursos repetitivos, que levou às últimas consequências a distinção entre "representação" e "substituição".

Por maioria, decidiu-se que somente são beneficiados pela decisão proferida em ação coletiva intentada por associação os associados cuja autorização expressa para o ajuizamento da demanda tenha sido anexada à petição inicial.

Esse entendimento, por converter a ação coletiva em uma espécie de litisconsórcio formado pela via transversa, é criticável do ponto de vista do processo coletivo ativo, e não deverá ser transportado para o âmbito da coletivização passiva. Em sede de ação coletiva passiva (ou duplamente coletiva) na qual uma associação (ré) representa em juízo seus membros, não é razoável que somente sejam vinculados ao resultado do processo aqueles integrantes que concordaram em se defender por essa via – neste tipo de demanda, possivelmente tal concordância jamais será obtida.

Outro ponto central no processo coletivo passivo é a temática das "associações de fato". Muitos dos legitimados na ação coletiva passiva não estão regularmente constituídos – como exemplo, citam-se alguns movimentos sociais (ou melhor, para que não se incorra em uma generalização descabida, "movimentos multitudinários"[407]) ou algumas torcidas organizadas.

---

[405] Sobre as críticas a essa visão reacionária, consultar: MANCUSO, Rodolfo de Camargo. *Interesses difusos: conceito e legitimação para agir.* 6.ª ed. São Paulo: Revista dos Tribunais, 2004, p. 73.

[406] STF, Pleno, RE 573.232/SC, rel. p/o acórdão Min. Marco Aurélio, Dje. 19/09/2014.

[407] Na ressalva de Sonia Sterman: "movimentos populares não se confundem como movimentos multitudinários. (...) Esses movimentos só se tornam movimentos multitudinários quando as pessoas componentes passam a praticar atos de vandalismo contra bens e pessoas."

PROCESSO COLETIVO PASSIVO

Aqui é preciso recorrer às lições de Marcos Bernardes de Mello, para quem existem mais "sujeitos de direito" do que "pessoas". Há entes, não qualificados como pessoas, aos quais são imputados direitos ou deveres, como exemplo, vide a sociedade sem personificação, a sociedade irregular, o espólio, a herança jacente e vacante, a massa falida ou o condomínio. A eles é conferida a capacidade para ser parte (art. 75 do NCPC e art. 12 do CPC/73), logo, podem figurar na relação jurídica processual como autor, réu ou terceiro interessado.[408] Ainda que setores da doutrina tradicional digam que somente os entes despersonalizados previstos em lei podem ostentar a condição de parte, a jurisprudência não pensa dessa forma. Nessa linha, o Superior Tribunal de Justiça admite que a Assembleia Legislativa ou a Câmara Municipal (que não possuem personalidade jurídica) impetrem mandado de segurança na defesa de seus interesses institucionais.[409-410]

Ato contínuo, Medina Maia, interpretando analogicamente as disposições acerca da sociedade de fato, propõe a figura da "associação de fato".[411] Tal ente não necessariamente possui fins econômicos, mas, por atos concertados de seus integrantes, é capaz de lesionar ou ameaçar de lesão direitos coletivos ou individuais.

Logo, é razoável que ações coletivas passivas, ou duplamente coletivas, sejam intentadas em face de entes despersonalizados que congreguem os interesses de certo agrupamento humano.

A próxima questão a ser examinada é a possibilidade de o Ministério Público atuar com legitimado coletivo passivo. Ora, ainda que tal ente não

(STERMAN, Sonia. *Responsabilidade do Estado: movimentos multitudinários, saques, depredações, fatos de guerra, revoluções, atos terroristas*. São Paulo: Revista dos Tribunais, 1992, p. 72).

[408] BERNARDES DE MELLO, Marcos. *Teoria do fato jurídico: plano da eficácia*. 3.ª ed. São Paulo: Saraiva, 2007, p. 101 e ss.

[409] STJ, 2.ª T, REsp 1.429.322/AL, rel. Min. Mauro Campell Marques, Dje. 28/02/2014.

[410] Como pondera Leonardo Carneio da Cunha, isso não significa que esses órgãos tenham legitimidade para figurar no polo passivo de demanda indenizatória movida em face de ato cometido por um de seus servidores. A responsabilidade pelos atos de agentes públicos pertence ao Estado ou ao Município. (CUNHA, Leonardo Carneiro da. *A fazenda pública em juízo*. 12.ª ed. São Paulo: Dialética, 2014, p. 32). Tal entendimento foi recentemente consolidado pelo STJ na Súmula n.º 525, *in verbis*: "a Câmara de Vereadores não possui personalidade jurídica, apenas personalidade judiciária, somente podendo demandar em juízo para defender seus direitos institucionais."

[411] MAIA, Digo Campos Medina. *Ação coletiva passiva*. Rio de Janeiro: Lumen Juris, 2009, p. 131.

esteja acostumado a ocupar o polo passivo da relação jurídica processual, isso poderá ocorrer em ações coletivas derivadas, como na ação rescisória de ação civil pública ajuizada pelo *Parquet* ou em ação anulatória de compromisso de ajustamento de conduta tomado por este órgão.[412]

Não é possível descartar também a viabilidade de o Poder Público figurar como representante adequado de uma classe ré. A título exemplificativo, menciona-se a ação civil pública ajuizada pelo MPPR em face do Estado do Paraná e de centenas de Municípios paranaenses, buscando a efetivação da matrícula em creche de aproximadamente oitenta mil crianças na faixa etária de seis anos incompletos, que estavam indevidamente excluídas da rede municipal de ensino em função do chamado "corte etário". Nessa ocasião, o Estado do Paraná funcionou como representante adequado dos trezentos e noventa Municípios envolvidos. O Estado foi escolhido como legitimado coletivo passivo, pois, mediante normativa expedida pelo Conselho Estadual de Educação, disciplinou o chamado "corte etário", aplicado pelas municipalidades, as quais foram compelidas a cumprir a obrigação de fazer determinada na demanda coletiva. [413]

Por fim, cumpre perscrutar acerca da legitimidade coletiva passiva da pessoa física. Inexistindo um ente exponencial que centralize os interesses da coletividade demandada, uma alternativa é a atuação de um ou alguns integrantes da classe na defesa dos demais (ou seja, a legitimidade passiva do indivíduo deve ser subsidiária). A aplicação dessa solução será mais simples quando determinado indivíduo exercer algum tipo de liderança sobre os demais – possivelmente ele será um representante adequado.

Quando se verificar maior dispersão dos indivíduos que propagam lesões ou ameaças de lesões de forma homogênea, tal como sói ocorrer em ações coletivas passivas movidas pelo titular da propriedade industrial em desfavor de todos os contrafatores, pelo titular de um direito autoral contra aqueles que o desrespeitaram pela realização de "downloads" ilegais, ou ainda, pela transportadora detentora da concessão contra aqueles que realizam atividade

---

[412] Nesse sentido: MAZZIILLI, Hugo Nigro. *A defesa dos interesses difusos em juízo: meio ambiente, consumidor, patrimônio cultural, patrimônio público e outros interesses*. 24.ª ed. São Paulo: Saraiva, 2011, p. 375.

[413] Ação civil pública n.º 402/07, ajuizada na 1.ª Vara da Fazenda Pública do Foro Central da Comarca da Região Metropolitana de Curitiba.

de transporte ilegal de passageiros na área de sua atuação (caso concreto mencionado no primeiro capítulo deste trabalho), a busca por um representante adequado para o grupo réu é muito mais difícil, mas não impossível (a escolha não pode ser aleatória). Como diretriz, sugere-se a eleição daquele ou daqueles que, ao menos aparentemente, tenham melhores condições de formular defesas sólidas.[414]

Pois bem. Encerradas as discussões atinentes ao presente tópico, passamos a abordar as figuras do *amicus curiae* e das audiências públicas, que podem encontrar nas ações coletivas passivas espaço de atuação.

3.3.6 O reforço do *amicus curiae* e as audiências públicas

O *amicus curiae* é uma figura que ganha importância no âmbito do processo coletivo. Sua intervenção é legitimada pelo interesse social que circunda esse tipo de demanda. Conforme ensinam Eduardo Cambi e Kleber Ricardo Damasceno, "o que qualifica o interesse do amigo do tribunal são os possíveis reflexos que uma dada decisão judicial, em razão das questões discutidas, poderá gerar no grupo social, servindo como precedente a orientar o julgamento, pelo Poder Judiciário, de casos presentes e futuros".[415]

O *amicus curiae* não precisa demonstrar interesse jurídico no resultado do processo. Na opinião de Antônio do Passo Cabral, a intervenção do amigo da corte, em verdade, funda-se em um "interesse ideológico", balizado pelos ditames da colaboração e do contraditório.[416-417]

---

[414] A corroborar com tais sugestões: ARENHART, Sérgio Cruz. *A tutela coletiva de interesses individuais: para além da proteção dos interesses individuais e homogêneos*. São Paulo: Revista dos Tribunais, 2013, p. 238.

[415] CAMBI, Eduardo; DAMASCENO, Kleber Ricardo. Amicus Curiae e o processo coletivo: uma proposta democrática. *Revista de Processo*. n.º 192. Revista dos Tribunais: São Paulo, 2011, p. 28.

[416] CABRAL, Antônio do Passo. Pelas asas de Hermes: a intervenção do amicus curiae, um terceiro especial. *Revista de Processo*. n.º 117. Revista dos Tribunais: São Paulo, 2004, p. 19 e ss.

[417] Teresa Arruda Alvim Wambier e José Miguel Garcia Medina falam em "interesse institucional", nas lições desses estudiosos: "o *amicus curiae* não tem interesse jurídico no objeto do processo, nem equivalente ao da parte, nem do assistente. É jurídico, sob certo aspecto, porque tratado/admitido/disciplinado pelo direito. Mas, substancialmente, é *institucional*, na medida em que transcende e é substancialmente diferente do interesse jurídico *stricto sensu*,

3. PROPOSTAS PARA A OPERACIONALIZAÇÃO DAS AÇÕES COLETIVAS PASSIVAS...

No Brasil, sua utilização mais comum ocorre no âmbito do controle de concentrado de constitucionalidade, de acordo com o permissivo dado pelas Leis 9.868 e 9.882, de 1999, e nos Juizados Especiais Cíveis e Criminais da Justiça Federal – com base no art. 14, §7.º, da Lei 10.259/01. Similar forma de intervenção é admitida no bojo das Leis 6.385/76 e 12.529/11, as quais, respectivamente, permitem que a "Comissão de Valores Mobiliários" ("CVM") e o "Conselho Administrativo de Defesa Econômica" ("CADE") auxiliem o magistrado na resolução de questões surgidas em processos afeitos à esfera de atuação desses órgãos.[418-419]

Atendendo aos pedidos da doutrina, o novo Código de Processo Civil ampliou o âmbito de atuação do amigo da corte. De acordo com o art. 138 do NCPC, em razão da especificidade da matéria, ou da repercussão social da controvérsia, o juiz ou relator podem solicitar ou admitir a manifestação de pessoa natural ou jurídica, órgão ou entidade especializada, com representatividade adequada, no prazo de 15 dias.

Vê-se, portanto, que esse dispositivo, se adequadamente utilizado, democratiza processo. No âmbito da tutela coletiva, seja ativa ou passiva, a participação do *amicus curiae*, a depender da natureza da matéria em debate, ao auxiliar o magistrado na compreensão dos fatos discutidos, das provas produzidas e das questões técnicas controvertidas,[420] pode contribuir com o resguardo dos interesses defendidos em juízo.

---

seja de parte, seja de terceiro. O *amicus curiae*, pois, só é terceiro no sentido de *não ser parte*. Por tudo e em tudo se diferencia dos terceiros 'tradicionais'." [WAMBIER, Teresa Arruda Alvim; MEDINA, José Miguel Garcia. Amicus curiae. In: DIDIER JR., Fredie. et alii. (coords.). *O terceiro no processo civil brasileiro e assuntos correlatos: estudos em homenagem ao professor Athos Gusmão Carneiro*. São Paulo: Revista dos Tribunais, 2010, p. 494].

[418] CAMBI, Eduardo; DAMASCENO, Kleber Ricardo. Amicus Curiae e o processo coletivo: uma proposta democrática. *Revista de Processo*. n.º 192. São Paulo: Revista dos Tribunais, 2011, p. 17-19.

[419] A figura do *amicus curiae* também é admitida nos procedimentos contenciosos submetidos à jurisdição da Corte Interamericana de Direitos Humanos. Sobre o tema, ver amplamente: RAMOS, André de Carvalho. *Curso de direitos humanos*. 2.ª ed. São Paulo: Saraiva, 2015, p. 324 e ss.

[420] CAMBI, Eduardo; DAMASCENO, Kleber Ricardo. Amicus Curiae e o processo coletivo: uma proposta democrática. *Revista de Processo*. n.º 192. São Paulo: Revista dos Tribunais, 2011, p. 35.

Já as audiências públicas, após a Constituição de 1988, passaram a ser previstas em vários diplomas. Em sede constitucional, a convocação de audiências públicas é uma das atribuições das comissões do Congresso Nacional (art. 58, II, da CF).

Conforme a síntese feita por Alexandre Amaral Gravronski, essas audiências estão também previstas no Estatuto das Cidades (Lei 10.257/01), devendo ser convocadas quando da elaboração do plano diretor; na Lei 9.784/99 (disciplinadora do processo administrativo no âmbito federal), que exige a realização das audiências quando o assunto discutido no processo for de interesse geral;[421] na Lei 8.666/93 (estatuto das licitações e contratos administrativos), segundo a qual a audiência pública deve ser convocada quando o valor estimado de uma licitação, ou do conjunto de licitações simultâneas ou sucessivas, for superior a cento e cinquenta milhões de reais.[422]

Na esfera ambiental, destacam-se as Leis 9.985/00 (Lei do Sistema Nacional das Unidades de Conservação) e 10.295/01 (Política Nacional de Conservação de Uso Racional de Energia). Pela primeira, a audiência será convocada quando da identificação e delimitação da unidade de conservação a ser criada; pela segunda, antes da fixação dos indicadores de consumo de energia e de eficiência energética. Em nível infralegal e ainda sob a égide da ordem constitucional anterior, as resoluções 01/86 e 09/87 do CONAMA (Conselho Nacional do Meio Ambiente) foram pioneiras ao estabelecerem a realização de audiências públicas na elaboração de estudos de impacto ambiental. Nos termos do art. 2.º da Resolução 09/87, as audiências poderão ser convocadas pelo órgão ambiental responsável – de ofício –, pelo Ministério, por entidade civil ou por cinquenta ou mais cidadãos.

Cita-se, ademais, a possibilidade da convocação das audiências por órgãos da Defensoria Pública e do Ministério Público, em sede extraprocessual, com base nos estatutos dessas instituições.

As audiências públicas, outrossim, vêm conferido maior legitimidade democrática ao processo decisório no controle concentrado de constitucionalidade. Estão disciplinadas tanto na Lei 9.868/99 (regula a ação direta de

---

[421] GAVRONSKI, Alexandre Amaral. *Técnicas extraprocessuais de tutela coletiva: a efetividade da tutela coletiva fora do processo judicial*. São Paulo: Revista dos Tribunais, 2010, p. 318-323.

[422] GAVRONSKI, Alexandre Amaral. *Técnicas extraprocessuais de tutela coletiva: a efetividade da tutela coletiva fora do processo judicial*. São Paulo: Revista dos Tribunais, 2010, p. 318-323.

3. PROPOSTAS PARA A OPERACIONALIZAÇÃO DAS AÇÕES COLETIVAS PASSIVAS...

constitucionalidade)[423], como na Lei 9.992/99 (regula a arguição de descumprimento de preceito fundamental).[424]

No NCPC está prevista a possibilidade de convocação de audiência pública no bojo do procedimento para a formação da tese jurídica no incidente de resolução de demandas repetitivas "IRDR" (art. 983, §1.º) e também no julgamento por amostragem de recursos repetitivos (art. 1.038, II). Não há uma previsão genérica, diferente do que ocorre com o amigo da corte.

Como pontua Gravronski, as audiências públicas são atos públicos de cunho consultivo, havendo espaço para a oitiva da população interessada, sendo que, quando realizadas no curso de um processo judicial, devem ser norteadas pelos valores do devido processo legal, do contraditório e da economia processual.[425] Além do mais, por serem destinadas à concretização de valores constitucionais, sua realização independe de previsão legal, podendo ser convocadas pelo juiz ou pelos legitimados coletivos que atuam no processo.

De todo modo, esse instrumento, ainda que útil em certas situações, por si só não é capaz de sanar os prejuízos decorrentes da ausência de um representante adequado para a classe demandante ou demandada (nesse sentido, vide as críticas feitas ao regramento das audiências públicas realizadas no âmbito do incidente de resolução de demandas repetitivas do NCPC, pelo qual todos os interessados devem ser ouvidos em um interregno temporal mínimo, fato que dificulta a operacionalização do instituto e torna questionável sua utilidade).

Destarte, a economia (por conseguinte, a eficiência) é um valor a ser considerado quando da realização da audiência pública processual, sendo que eventual abertura para a oitiva de uma vasta plêiade de interessados poderá

---

[423] Art. 9.º, §1.º: "em caso de necessidade de esclarecimento de matéria ou circunstância de fato ou de notória insuficiência das informações existentes nos autos, poderá o relator requisitar informações adicionais, designar perito ou comissão de peritos para que emita parecer sobre a questão, ou fixar data para, em audiência pública, ouvir depoimentos de pessoas com experiência e autoridade na matéria."

[424] Art. 6.º, §1.º: "se entender necessário, poderá o relator ouvir as partes nos processos que ensejam arguição, requisitar informações adicionais, designar perito ou comissão de peritos para que emita parecer sobre questão, ou ainda, fixar data para declarações, em audiência pública, de pessoas com experiência e autoridade na matéria."

[425] GAVRONSKI, Alexandre Amaral. *Técnicas extraprocessuais de tutela coletiva: a efetividade da tutela coletiva fora do processo judicial*. São Paulo: Revista dos Tribunais, 2010, p. 331.

causar tumultos. Caso opte-se pela sua realização, a modulação da audiência deve ser feita considerando a proporcionalidade, de acordo com as circunstâncias do litígio sob análise – pode ser interessante a oitiva de determinado sujeito que, malgrado naquele processo não funcione como representante do grupo, ostente uma posição de protagonismo naquela coletividade.

Em sede de ação coletiva passiva, ou duplamente coletiva, a audiência pública será uma ferramenta útil, por exemplo, na representação de interesses de integrantes de categorias profissionais e econômicas que litigam no contexto de uma greve. Mas, em certos casos, pode ser mais adequado reservar tal espaço para a oitiva de profissionais externos ao litígio, que possuam grande conhecimento da matéria em debate e que possam trazer novas informações ao juiz, fazendo às vezes de amigos da corte. Em síntese, a avaliação da utilidade deste instrumento dependerá da apurada análise dos fatores em jogo.

3.4 O SANEAMENTO NA AÇÃO COLETIVA PASSIVA

Como já abordado, a adequação do representante da classe ré, bem como o da classe autora (em se tratando de ação coletiva "ativa" ou duplamente coletiva) deverá ser averiguada pelo magistrado pelo cotejo de uma série de fatores.

Em relação ao momento em que tal expediente deve ser feito[426], uma primeira sugestão é a instauração de uma espécie de "contraditório prévio", ou seja, anterior ao recebimento da petição inicial, tal como já acontece nas ações de improbidade administrativa e em alguns procedimentos de índole penal. Nesse expediente, o representante eleito para a classe ré teria a oportunidade de demonstrar ao magistrado seu interesse em atuar em nome do grupo, ou de trazer argumentos contrários à sua adequação, estes sujeitos ao crivo judicial – pois, tal como ensina a experiência norte-americana, inexiste o direito subjetivo do representante eleito de não defender o grupo no polo passivo da demanda, ademais, o vigor do suposto representante em tentar provar

---

[426] Como já dito, nas hipóteses em que se pleiteia a concessão de uma liminar, o juízo acerca da adequação do representante da classe ré, ao menos inicialmente, deverá ser realizado com base na verossimilhança.

3. PROPOSTAS PARA A OPERACIONALIZAÇÃO DAS AÇÕES COLETIVAS PASSIVAS...

sua inadequação pode ser um indicativo de que ele tem totais condições de defender o grupo em juízo.

Contudo, essa solução (contraditório prévio), ainda que funcional no processo coletivo passivo, não parece ser útil em relação ao representante da classe demandante. Ora, ainda que o processo coletivo ativo não seja o objeto central deste trabalho, o instituto da representatividade adequada, por óbvio, aplica-se a ele e, como já analisado, a melhor interpretação é aquela que rechaça a "representatividade adequada ficta". Em outras palavras, a adequação de qualquer legitimado coletivo, mesmo daqueles expressamente previstos em lei, deverá ser averiguada *in concreto* após o contraste de todos os dados que circundam a situação litigiosa.

Outra solução, aplicável a todas as espécies de processo coletivo, é o deslocamento do deslinde de tais questões para a decisão saneadora. Lembre-se que, no modelo norte-americano, o recebimento de uma demanda como coletiva é feito na fase de "certificação", que guarda algum paralelo a decisão saneadora, tal como conhecida por nós.[427-428]

Essa decisão é de grande importância na seara do processo civil, pois a ordenação adequada do processo milita em favor da celeridade e resguarda o contraditório. Conforme o art. 357 do NCPC, não sendo o caso de extinção precoce do processo sem resolução do mérito (indeferimento da inicial, perempção, desistência da ação etc.) ou com resolução de mérito (reconhecimento da prescrição ou da decadência, autocomposição, julgamento antecipado do mérito etc.), caberá ao magistrado, com a colaboração das partes, sanear e organizar o processo.[429]

Nessa oportunidade serão resolvidas questões pendentes, tais como eventuais defeitos processuais ainda existentes; serão delimitadas as questões de

---

[427] GIDI, Antonio. *A class action como instrumento de tutela coletiva dos direitos*. São Paulo: Revista dos Tribunais, 2007, p. 193.

[428] Conforme a crítica feita pela doutrina especializada: "em face dos interesses em jogo, trata-se de uma incerteza intolerável. É surpreendente, portanto, que o direito brasileiro não disponha expressamente de uma fase formal em que o juiz determine se a ação pode ou não prosseguir na forma coletiva. Pode-se equiparar a fase de certificação da ação coletiva com o 'saneamento do processo' no direito brasileiro." (GIDI, Antonio. *A class action como instrumento de tutela coletiva dos direitos*. São Paulo: Revista dos Tribunais, 2007, p. 213).

[429] DIDIER JR., Fredie. *Curso de Direito Processual Civil – introdução ao Direito Processual Civil, parte geral e processo de conhecimento*. 17.º ed. Salvador: Jus Podivm, 2015, p. 691

fato sobre as quais incidirá a atividade probatória, com a especificação dos meios de prova permitidos; será definida a distribuição do ônus da prova; serão demarcadas as questões de direito pertinentes à resolução do mérito; bem como, em sendo o caso, será agendada a audiência de instrução e julgamento.

Retornando ao tema central do presente trabalho, é plausível afirmar que temas processuais atinentes à possibilidade de coletivização de questões (seja no polo ativo ou no passivo) ou à idoneidade daqueles que se apresentaram ou foram indicados como porta-vozes dos interesses dos grupos envolvidos, deverão ser resolvidos na fase saneadora, oportunidade em que será aberto espaço para a exposição de toda sorte de argumentos.[430] Faculta-se também a manifestação – dosada – de alguns dos membros das coletividades envolvidas após a notificação da existência da demanda, com vistas ao fornecimento de outros dados ao magistrado. Destaque-se que, na seleção dos meios utilizados e na delimitação amplitude da notificação, devem ser considerados os benefícios e custos envolvidos, para que a eficiência e a economicidade propiciadas pela técnica da coletivização não sejam perdidas. Isso também justifica a limitação da intervenção individual dos interessados.

Nesse momento o magistrado, além de controlar a adequação do(s) representante(s), (i) definirá claramente o(s) grupo(s) representado(s) em juízo (cujos integrantes serão vinculados pela sentença coletiva); (ii) especificará qual ou quais questões serão resolvidas coletivamente; (iii) poderá rechaçar a utilização da via coletiva em razão da ausência de questões comuns; (iv) na busca da boa administração da demanda, poderá dividir as classes em "subclasses"; ou ainda, (v) diante da propositura de uma ação individual em que o polo passivo for ocupado por um litisconsórcio multitudinário, ao invés de dividir a demanda em outras tantas igualmente individuais, poderá promover a coletivização passiva.[431]

---

[430] Nesse sentido: ARENHART, Sérgio Cruz. *A tutela coletiva de interesses individuais: para além da proteção dos interesses individuais e homogêneos*. 2.ª ed. São Paulo: Revista dos Tribunais, 2014, p. 273.

[431] Aqui é interessante destacar novamente o "Código-modelo de Processo Coletivo para países de direito escrito", de autoria de Antonio Gidi, cujo art. 9.ª trata do saneamento da ação coletiva, *in verbis*: "encerrada a fase postulatória, e ouvidos as partes intervenientes, o juiz, em decisão fundamentada: I – decidirá se a ação tem condições de prosseguir na forma coletiva; II – demarcará o objeto do processo coletivo de forma mais abrangente possível, independentemente de provocação; III – descreverá, com a precisão possível e necessária,

3. PROPOSTAS PARA A OPERACIONALIZAÇÃO DAS AÇÕES COLETIVAS PASSIVAS...

De fato, um dos maiores problemas que permeiam as soluções processuais aqui expostas reside na preclusividade da decisão que fixa os representantes adequados e determina as questões submetidas à resolução coletiva.

A representatividade adequada, por estar relacionada à legitimidade das partes formais, pode ser rotulada como uma questão de ordem pública, cognoscível de ofício em qualquer grau de jurisdição, capaz, para alguns, de ser decidida sucessivas vezes ao logo do trâmite processual.

Ora, ainda que a preclusão consumativa para juiz possa ser aceita em nosso sistema, sua admissão ainda é objeto de resistência baseada no poder do magistrado de conhecer de ofício de várias questões. Nada obstante, a posição refratária à preclusão para o juiz pode ser criticada mediante a invocação de cânones como a boa-fé objetiva e a proteção da confiança, que rechaçam veementemente a prática de condutas contraditórias.[432]

Especialmente no processo coletivo, a ausência de preclusão em relação ao reconhecimento da legitimidade do ente exponencial pode levar a resultados catastróficos. Cita-se o caso da ação civil pública ajuizada em 1993 pela "APADECO" ("Associação Paranaense de Defesa do Consumidor") contra a União, buscando a restituição do empréstimo compulsório sobre combustíveis imposto aos contribuintes paranaenses. Houve sentença de procedência, mantida em segunda instância, sem a interposição de recursos para as Cortes Superiores.[433-434]

A União ajuizou ação rescisória, igualmente julgada improcedente, de forma unânime. Ato contínuo, foi interposto recurso extraordinário, rejeitado pelo TRF. Desta decisão manejou-se agravo para o STF, o qual teve seu seguimento negado pelo relator. Como se não bastasse, dessa decisão monocrática foi interposto agravo regimental, que, por maioria, restou provido,

---

os contornos do grupo titular da pretensão coletiva; IV – selecionará o representante mais adequado para representar os interesses do grupo em juízo." Ver também, especialmente, os seguintes dispositivos do projeto: "10.4" (divisão do grupo em subgrupos) e "10.5" (limitação do objeto do processo coletivo às questões realmente comuns).

[432] CABRAL, Antônio do Passo. *Coisa julgada e preclusões dinâmicas: entre continuidade, mudança e transição de posições processuais estáveis.* 2.ª ed. Salvador: Jus Podivm, 2014, p. 131.

[433] ATAIDE JUNIOR, Vicente. Processo civil pragmático. Curitiba, 2013, Tese (Doutorado em Direito) - Programa de Pós-Graduação em Direito, Universidade Federal do Paraná, p. 189.

[434] Ação civil pública n.º 0013933-87.1993.404.7000, ajuizada perante a 4.ª Vara Federal de Curitiba/PR.

com o reconhecimento da ilegitimidade ativa da APADECO e a consequente desconstituição do título executivo judicial.

Como destaca Vicente Ataide Junior, ainda que o direito material à restituição do empréstimo compulsório fosse pacífico na jurisprudência, uma questão processual ocasionou, após anos, a desconstituição de uma decisão que embasava milhares de execuções individuais ajuizadas pelos contribuintes[435], algo totalmente antipragmático e socialmente lesivo.

Feita essa crítica, é preciso problematizar o tema da preclusão do despacho saneador. Na época do CPC/39, predominava a teoria "preclusionista", chancelada pela Súmula n.º 424 do STF: "transita em julgado o despacho saneador de que não houve recurso, excluídas as questões deixadas, explícita ou implicitamente, para a sentença."

Contudo, com o advento do CPC/73, passou a prevalecer entendimento contrário. Afirma-se haver um "saneamento constante do processo" – ainda que o despacho saneador seja o momento mais propício para a verificação da validade formal do processo, não seria o único. Ademais, para essa corrente, os pressupostos processuais e outras questões de ordem pública, mesmo que examinados de forma expressa, poderiam ser decididos novamente, inclusive em outros graus de jurisdição e sem a provocação expressa das partes a esse respeito.[436]

Em contrapartida, há interessante posicionamento, que dialoga perfeitamente com a proposta aqui defendida, no sentido de que as questões de ordem pública em geral podem sim ser conhecidas de ofício, admitida, porém, a preclusão em relação a elas.[437]

Como acertadamente preconiza Fredie Didier Jr., "parece haver uma intenção não-relevada de permitir sempre a possibilidade do não-enfrentamento do mérito, como se isso fosse o desejável", algo que destoa por completo da previsão do art. 4.º do NCPC: "as partes têm o direito de obter em prazo razoável a solução integral do mérito, incluída a atividade satisfativa."

---

[435] ATAIDE JUNIOR, Vicente. Processo civil pragmático. Curitiba, 2013, Tese (Doutorado em Direito) - Programa de Pós-Graduação em Direito, Universidade Federal do Paraná, p. 191-192.

[436] TALAMINI, Eduardo. Saneamento do processo. *Revista de Processo*. n.º 86. São Paulo: Revista dos Tribunais, 1997, p. 86 e ss.

[437] DIDIER JR., Fredie. *Curso de Direito Processual Civil – introdução ao Direito Processual Civil, parte geral e processo de conhecimento*. 17.º ed. Salvador: Jus Podivm, 2015, p. 699

3. PROPOSTAS PARA A OPERACIONALIZAÇÃO DAS AÇÕES COLETIVAS PASSIVAS...

Ademais, o processualista citado destaca que muitos dos autores que defendem a inexistência de preclusão sobre o juízo de regularidade do processo (juízo de admissibilidade positivo) não seguem a mesma orientação quando o processo é extinto por falta de um pressuposto processual (juízo de admissibilidade negativo), pois, nesses casos, é inquestionável que a demanda somente poderá ser reproposta com a correção daquele vício, ou seja, respeita-se a preclusividade da decisão que reconheceu a nulidade. De forma inspirada, Didier afirma que "a postura revela incoerência: ou a decisão sobre a admissibilidade tem eficácia preclusiva, ou não a tem; essa eficácia não pode ser *secundum eventum litis*."[438]

Nesses termos, defendemos a existência da preclusão da decisão que reconhece a adequação do representante da classe e "molda" a demanda coletiva. Por conseguinte, surge a questão acerca da recorribilidade deste ato decisório.

O problema acentua-se quando se leva em conta que o NCPC previu taxativamente as decisões interlocutórias que podem ser alvo de recurso imediato (agravo de instrumento). Obviamente, as decisões aqui investigadas não se inserem na literalidade de nenhuma das hipóteses do art. 1.015, o que não impede a interpretação extensiva ou analógica, além disso, as disposições do Código de Processo Civil só se aplicam ao processo coletivo de forma subsidiária, naquilo que com ele não forem incompatíveis.

De fato, com o novo sistema de impugnação das decisões interlocutórias, nosso ordenamento aproxima-se do norte-americano, onde vigora a "final judgment rule", segundo a qual, via de regra, somente a decisão final do processo é passível de impugnação pela "appeal".[439] O modelo foi inserido pelo "Judiciary Act" de 1789, sendo excluído apenas em procedimentos específicos, como o falimentar.[440]

A maior eficiência e a valorização da oralidade propiciadas pela regra do "final judgment" podem ocasionar alguns problemas, razão pela qual, no caso "Cohen vs. Beneficial Industrial Loan Corporation", foi consagrado o

---

[438] DIDIER JR., Fredie. *Curso de Direito Processual Civil – introdução ao Direito Processual Civil, parte geral e processo de conhecimento*. 17.º ed. Salvador: Jus Podivm, 2015, p. 702-703;

[439] WAMBIER, Teresa Arruda Alvim. *Os agravos no CPC brasileiro*. 4.ª ed. São Paulo: Revista dos Tribunais: 2006, p. 81.

[440] FRANK, Theodore D. Requiem for the final judgment rule. *Texas Law Review*. n.º 292. Austin: University of Texas School of Law, 1966, p. 292.

entendimento que admite a "interlocutory appeal" quando presente o risco de dano irreparável.[441]

Tem-se notícia de que esse modelo também gerou entraves no sistema das "class actions". André Vasconcelos Roque, em obra de grande fôlego sobre o sistema das ações de classe norte-americanas, lembra que a possibilidade de recurso imediato das decisões de certificação, em razão da regra do "final judgment", foi, por muitos anos, um dos assuntos mais controvertidos na doutrina estadunidense. Nada obstante, o tema foi pacificado com a inserção da alínea (f) na Rule 23, admitindo a recorribilidade da decisão certificadora sem a exigência da demonstração do risco irreparável.[442]

Esse parece ser o caminho a ser seguido no Brasil, com a admissão da recorribilidade imediata da decisão saneadora no processo coletivo ativo e passivo, seja pela interpretação extensiva ou analógica das hipóteses do art. 1.015[443], seja pela admissão da incompatibilidade com o processo coletivo da regra que veda a recorribilidade imediata das decisões interlocutórias em geral, pois postergar a reapreciação de muitas das decisões tomadas neste tipo de litígio para quando da interposição do recurso de apelação pode gerar nefastas anulações de processos bem sucedidos em razão de vícios processuais, situação que ocasiona o desperdício dos escassos recursos financeiros e humanos, milita contra a segurança jurídica e malfere a proporcionalidade em sua dimensão pan-processual, o que nos leva a concluir que eventual argumento defensor da manutenção do sistema recursal do CPC/73, ao menos no âmbito tutela molecularizada de interesses, não é de todo desarrazoado.[444]

---

[441] WAMBIER, Teresa Arruda Alvim. *Os agravos no CPC brasileiro*. 4.ª ed. São Paulo: Revista dos Tribunais: 2006, p. 81.

[442] ROQUE, Andre Vasconcelos. *Class actions – ações coletivas nos Estados Unidos: o que podemos aprender com eles?* Salvador: Jus Podivm, 2013, p. 270 e ss.

[443] Pode-se usar como parâmetro os incisos VI, VII, IX, que estabelecem a possibilidade de interposição de agravo de instrumento, respectivamente, contra a decisão interlocutória que: exclui litisconsorte; rejeita o pedido de limitação do litisconsórcio ou admite/inadmite a intervenção de terceiros.

[444] Também não é possível aplicar irrestritamente as disposições do NCPC a processos que versem sobre determinados ramos do direito material dotados de grandes peculiaridades, como o Direito do Trabalho, o Direito Eleitoral ou o Direito da Infância e da Juventude.

Em síntese, diante dos maiores poderes conferidos ao juiz no processo coletivo, as normas próprias ao processo civil individual, incompatíveis com a tutela coletiva, mediante interpretação aberta e flexível, podem ser perfeitamente adaptadas, "favorecendo a criação de um sistema processual coletivo mais adequado à efetividade da tutela dos direitos de grupo".[445]

Finalmente, é possível que a inadequação do representante a classe ré seja superveniente, sendo necessária sua substituição. Por óbvio, aqui não há de se falar em preclusão. Nada obstante, como já explanado em outro momento, nesses casos deverão ser preservados os atos praticados à época em que o legitimado coletivo anterior atuava adequadamente, inclusive os decisórios, pois o vício posterior não os macula.

3.5 Os provimentos possíveis na ação coletiva passiva

3.5.1 O problema

Este tópico tem como objetivo averiguar os tipos de sentença compatíveis com a ação coletiva passiva. Na lembrança de Sérgio Cruz Arenhart, a efetivação dos provimentos judiciais é um dos temas mais complexos da atual ciência processual. Na busca pela concretização do comando jurisdicional, o processualista corriqueiramente depara-se com restrições de ordem legal, principiológica ou ideológica.[446]

Ao estudar o tema sob a ótica da tutela coletiva passiva, Ricardo de Barros Leonel, com base no direito posto, concluiu ser difícil cogitar a imposição de obrigação de pagar quantia, de fazer, não fazer ou de entregar coisa "que se destaque do plano coletivo e incida individualmente em relação aos integrantes da coletividade", ou mesmo a obtenção de declaração em

---

[445] GIDI, Antonio. *Rumo a um código de processo civil coletivo: a codificação das ações coletivas no Brasil*. Rio de Janeiro: Forense, 2008, p. 376.

[446] ARENHART, Sérgio Cruz. *A efetivação de provimentos judiciais e a participação de terceiros*. Disponível em: [https://www.academia.edu/214099/A_EFETIVA%C3%87%C3%83O_DE_PROVIMENTOS_JUDICIAIS_E_A_PARTICIPA%C3%87%C3%83O_DE_TERCEIROS]. Acesso em 10.05.2015, p. 1.

face do grupo, categoria ou classe que não possa ser rediscutida no plano individual.[447]

De fato, tal posicionamento restritivo decorre da dificuldade de se impor um provimento jurisdicional a sujeitos que não participaram individualmente do contraditório.

Há casos em que tal expediente não gera maiores perplexidades, como nas ações rescisórias de ação civil pública julgada procedente. A desconstituição da sentença de procedência proferida em ação coletiva destinada à tutela de direitos individuais e homogêneos vincula os titulares dos interesses aglutinados – o sucesso da demanda rescisória impedirá que eles ajuízem as respectivas execuções individuais.

Já em certas ações coletivas passivas nas quais se obtêm tutela executiva *lato sensu*, mesmo para aqueles que sustentam que a decisão não se torna imutável para os integrantes do grupo réu, é "possível" que não surjam grandes problemas do ponto de vista prático. É o que se verifica em ações de reintegração de posse em face de ocupações coletivas ou nos interditos proibitórios intentados contra movimentos grevistas. Como o provimento emanado é uma "tutela de prestação concreta", cuja atuação não depende da colaboração do sujeito passivo[448], a situação se resolverá no mundo dos fatos com a efetivação da medida, e, caso os afetados não busquem rediscutir a questão por meio de ações individuais, a coisa julgada passará praticamente despercebida entre eles (a solução, contudo, é insatisfatória, pois não fornece a segurança e a estabilidade necessárias).

Por outro lado, como já mencionado, via de regra, para além da imposição de provimentos a "terceiros" (partes em sentido material) que não participaram pessoalmente do processo, será necessário fechar as portas para a rediscussão da decisão na via individual, o que abrirá margem para críticas que contestam a eventual violação ao contraditório ocasionada.

A abordagem da experiência dos Estados Unidos revela interessantes situações em que indivíduos que não participaram individualmente no processo foram compelidos a cumprir ordens jurisdicionais.

---

[447] LEONEL, Ricardo de Barros. *Manual do processo coletivo*. 2.ª ed. São Paulo: Revista dos Tribunais, 2011, p. 207.

[448] Sobre as características dessa espécie de provimento, vide: ARENHART, Sérgio Cruz. *Perfis da tutela inibitória coletiva*. São Paulo: Revista dos Tribunais, 2003, p. 98-99.

3. PROPOSTAS PARA A OPERACIONALIZAÇÃO DAS AÇÕES COLETIVAS PASSIVAS...

Ao estudar o tema das "structural injunctions" ("provimentos estruturais") nos Estados Unidos, Owen Fiss menciona as "class actions" movidas no contexto das discriminações raciais ocorridas em escolas. Nos Estados Unidos, o grande marco nessa espécie de litígio é o caso "Brown v. Board of Education of Topeka". Trata-se de demanda na qual se questionou a constitucionalidade da segregação racial escolar, baseada na doutrina do "separete but equal".[449] Como corolário do "separete but equal", defendia-se que a 14.ª emenda à Constituição Norte-Americana, que garante proteção igualitária e os mesmos direitos a todos os cidadãos, não restaria desrespeitada pela existência de escolas básicas destinadas exclusivamente a crianças negras e de escolas frequentadas apenas por crianças brancas, desde que essas escolas tivessem a mesma qualidade de ensino, instalações similares, mesmas condições para o transporte dos alunos etc.

Ao decidir o assunto, a Suprema Corte reconheceu que a referida prática de segregação racial é inconstitucional. Nada obstante, tal decisão teve restrita efetividade prática. Muitos dos Estados norte-americanos, chancelados por decisões de cortes distritais, recusaram-se a acabar com a política do "separete but equal".[450] Em razão da manutenção da discriminação, a Suprema Corte novamente foi chamada a se pronunciar sobre o tema, dessa vez no caso batizado de "Brown v. Board of Eduaction of Topeka, Shawnee Country, Kansas" ("Brown II"). Em "Brown II", diante da resistência das autoridades quanto ao cumprimento da primeira decisão, a Corte Suprema viu-se forçada a adotar novas medidas, tais como a elaboração de planos em médio prazo coerentes com as realidades locais e destinados à eliminação sistemática da segregação racial. A execução desses planos foi perpassada por uma constante supervisão por parte dos juízes de primeiro grau de jurisdição, que receberam tal incumbência da Suprema Corte.[451]

Nesse sentido, Owen Fiss pontua que essa transformação dos sistemas duais de escolas em sistemas unitários de escolas (não raciais), demandou

---

[449] ARENHART, Sérgio Cruz. Decisões estruturais no Direito Processual Civil brasileiro. *Revista de Processo*. n.º 225. São Paulo: Revista dos Tribunais, 2013, p.391.

[450] HIRSH, Danielle Elyce. A defense of structural injunctive remedies in South African law. n.º 9. *Oregon Review of International Law*. v.9. Eugene: University of Oregon, 2006, p. 27-29.

[451] ARENHART, Sérgio Cruz. Decisões estruturais no Direito Processual Civil brasileiro. *Revista de Processo*. n.º 225. São Paulo: Revista dos Tribunais, 2013, p.391.

um grande esforço por parte do Poder Judiciário, mediante a implementação de medidas tais como: (i) a utilização de novos procedimentos no tocante à seleção dos alunos; (ii) a busca de novos critérios para a construção das escolas, tanto arquitetônicos quanto de localização; (iii) a substituição dos corpos de docentes; (iv) a revisão do itinerário do transporte escolar, com a criação de novas rotas e o alargamento das distâncias atingidas; (v) a realocação de recursos empregados em outras atividades, que passaram a ser destinados ao sistemas de ensino; (vi) a modificação do currículo; (vii) a revisão dos programas desportivos escolares; (viii) novos sistemas de monitoramento etc.[452]

Como se vê, a efetivação de uma ordem tal como a descrita, além de exigir ações a médio e longo prazo, reclamará a autuação de inúmeras pessoas que não participaram individualmente do processo que deu azo a tal comando, tais como todas as crianças e as respectivas famílias residentes no distrito escolar; professores e administradores; moradores e comerciantes instalados em áreas próximas às escolas; a polícia e servidores públicos do transporte escolar.[453-454]

Na síntese de Fiss, como os provimentos estruturais buscam reestruturar organizações, "they will necessarily affect people who, at the moment of the initial suit, have no relationship whatsoever to the organization but who may be brought into contact with the organization at some later day and only then be adversely affected by the decree".[455]

De fato, diuturnamente obrigações e deveres nos são impostos por decisões tomadas no seio do Poder Legislativo e do Executivo das quais não participamos "diretamente", e tal modelo político ("representativo") – para além das críticas em relação à adequação dos representantes eleitos – é, de

---

[452] FISS, Owen. *Um novo processo civil: estudos norte-americanos sobre a jurisdição, constituição e sociedade*. São Paulo: Revista dos Tribunais, 2004, p.28.

[453] FISS, Owen. The allure of individualism. *Iowa Law Review*. n.º 78. Iowa City: Iowa Law Review, 1983, p. 970.

[454] A complexidade da efetivação das ordens relatadas é, em parte, mitigada, pois a maioria dos "terceiros" atingidos estão de alguma forma ligados ao estado, havendo o dever de colaboração mútua entre os poderes constituídos. Contudo, nem sempre tal quadro se fará presente em uma ação coletiva passiva.

[455] FISS, Owen. The allure of individualism. *Iowa Law Review*. n.º 78. Iowa City: Iowa Law Review, 1983, p. 970.

3. PROPOSTAS PARA A OPERACIONALIZAÇÃO DAS AÇÕES COLETIVAS PASSIVAS...

modo geral, aceito pela sociedade como um todo, por ser o melhor entre os conhecidos.[456] Todavia, mesmo no âmbito da política existiram sistemas nos quais a participação do povo ocorria de forma direta; contudo, o passar do tempo revelou que a existência de grandes extensões territoriais, além do alto contingente de cidadãos a serem governados, aponta no sentido da maior operacionalidade do modelo representativo.[457] Tal situação, no contexto da sociedade de massas, passa a ser verificada no âmbito na justiça civil, o que indica que os estudos relativos ao tema da "participação no processo" devem ser substituídos pela problemática da "representação no processo".

Ainda em resposta às possíveis críticas relacionas à mitigação do contraditório ocasionada pela coletivização passiva, para além da aplicação do multicitado instituto da representatividade adequada, ressalta-se ser descabido falar em "direitos processuais" absolutos.[458]

A garantia ao contraditório (especialmente em sua perspectiva individualista) não é um direito absoluto, em várias circunstâncias a participação individual no processo pode se mostrar irrelevante. A garantia do contraditório, ainda que dotada de indiscutível importância, não pode ser vista de forma isolada no sistema processual, uma vez que existem outras de igual magnitude que não podem ser, *a priori*, preteridas. Ora, é lugar comum afirmar que determinada decisão, tomada e cumprida sem a participação individual do afetado, é injusta; por outro lado, tão ou mais injusta pode ser a inviabilização da adequada e efetiva tutela jurisdicional em função da postergação do cumprimento do provimento para a oitiva do interessado.[459]

---

[456] Não se desconsidera a existência de algumas formas de participação direta no processo político, como o plebiscito, o referendo e a iniciativa popular nos projetos de lei. Não obstante, essas exceções não são capazes de descaracterizar a essência do sistema.

[457] Sobre esse tema, consultar: VITALE, Denise Cristina Ramos Mendes. Representação política e participação: reflexões sobre o déficit democrático. *Revista Katálysis*. n.º 10. Florianópolis: Universidade Federal de Santa Catarina, 2007.

[458] OSNA, Gustavo. *Direitos individuais e homogêneos: pressupostos, fundamentos e aplicação no processo civil*. São Paulo: Revista dos Tribunais, 2014, p. 138.

[459] ARENHART, Sérgio Cruz. *A efetivação de provimentos judiciais e a participação de terceiros*. Disponível em: [https://www.academia.edu/214099/A_EFETIVA%C3%87%C3%83O_DE_ PROVIMENTOS_JUDICIAIS_E_A_PARTICIPA%C3%87%C3%83O_DE_TERCEIROS]. Acesso em 10.05.2015, p. 28-39.

Conforme Sério Cruz Arenhart, o ordenamento brasileiro reconhece outros interesses dignos de proteção, sendo possível o conflito entre o contraditório e outras garantias fundamentais.[460]

Vê-se que a discussão caminha para o tema do conflito de garantias fundamentais. O fenômeno da "jusfundamentalização" do direito – inclusive nas relações travadas somente entre particulares –, faz com que surjam "conflitos" cuja resolução reclama a utilização de sólida argumentação jurídica, não bastando o recurso a fórmulas vazias de exaltação da dignidade da pessoa humana.[461]

Conforme propõe a "teoria interna", os conflitos entre direitos fundamentais são apenas aparentes: se determinado direito fundamental não foi aplicado ao caso concreto, é porque nunca incidiu sobre aquele específico suporte fático. Em síntese, existem falsas colisões que são afastadas mediante a análise da natureza, da finalidade e da estrutura do direito em questão.[462]

Dentre as críticas mais incisivas direcionadas à teoria interna, destaca-se a dificuldade de o intérprete determinar racionalmente o conteúdo dos direitos levados a sua análise, estabelecendo seus limites, sem agir de forma arbitrária.[463]

Em contrapartida, desponta a "teoria externa", que, nas palavras de André Carvalho Ramos, "(...) adota a *separação entre o conteúdo do direito e limites que lhe são impostos do exterior, oriundos de outros direitos. Essa teoria visa à superação dos conflitos de direitos dividindo o processo de interpretação dos direitos humanos em colisão em dois momentos*".[464]

---

[460] ARENHART, Sérgio Cruz. *A efetivação de provimentos judiciais e a participação de terceiros.* Disponível em: [https://www.academia.edu/214099/A_EFETIVA%C3%87%C3%83O_DE_PROVIMENTOS_JUDICIAIS_E_A_PARTICIPA%C3%87%C3%83O_DE_TERCEIROS]. Acesso em 10.05.2015, p. 31.

[461] Sobre o assunto, ver: RAMOS, André de Carvalho. *Curso de direitos humanos.* 2.ª ed. São Paulo: Saraiva, 2015, p. 109.

[462] RAMOS, André de Carvalho. *Curso de direitos humanos.* 2.ª ed. São Paulo: Saraiva, 2015, p. 111.

[463] RAMOS, André de Carvalho. *Curso de direitos humanos.* 2.ª ed. São Paulo: Saraiva, 2015, p. 112-113.

[464] RAMOS, André de Carvalho. *Curso de direitos humanos.* 2.ª ed. São Paulo: Saraiva, 2015, p. 113.

3. PROPOSTAS PARA A OPERACIONALIZAÇÃO DAS AÇÕES COLETIVAS PASSIVAS...

Em apertada síntese, com base em Luís Roberto Barroso, os vários elementos em jogo são considerados na medida da respectiva importância para o deslinde do caso concreto. Na primeira etapa, cabe ao intérprete buscar no sistema as normas relevantes à resolução da questão, bem como identificar os eventuais conflitos entre elas. Na segunda etapa (decisória), as normas selecionadas e os fatos peculiares à situação conflituosa serão cotejados conjuntamente, para que sejam atribuídos pesos aos elementos em disputa, com vistas à seleção das normas incidentes naquela situação. Todo esse percurso deve ser perpassado pelos princípios da proporcionalidade e da razoabilidade.[465]

Considerando o atual vácuo legislativo existente em relação às ações coletivas passivas, bem como a existência de litígios reais cuja pacificação só é possível pelo manejo dessa solução processual, tem-se que o mecanismo hermenêutico descrito é de grande utilidade ao magistrado, que buscará moldar o procedimento adequado à situação litigiosa. Ora, especialmente sobre a possibilidade, ou não, de rediscussão na via individual dos provimentos impostos aos integrantes do grupo demandado, na ausência de disposições legais, verifica-se que não é possível responder que ela sempre, ou nunca, será possível. A lacuna há de ser preenchida pela técnica da ponderação, pautada pela proporcionalidade, que poderá apontar – após o cotejo de fatores como a qualidade da representação (ampla defesa), a eficiência e existência de questões realmente comuns – no sentido da irrestrita vinculação dos sujeitos representados à sentença proferida no processo em que houve a atuação do representante adequado (a exigência argumentativa é grande).

Essa vinculação, sob o prisma do direito posto, não é deve ser vista como algo absurdo. Lembre-se que esse expediente vem sendo admitido pelo STJ em demandas possessórias.[466] Porém, de *lege ferenda*, recomenda-se que futura alteração legislativa disciplinadora das ações coletivas passivas, uma vez aferida a idoneidade do representante dos integrantes da classe processada, preveja a formação da coisa julgada em relação a estes.

---

[465] BARROSO, Luís Roberto. *Curso de Direito Constitucional contemporâneo: os conceitos fundamentais e a construção do novo modelo.* 4.ª ed. São Paulo: Saraiva, 2014, p. 362.

[466] Entre outros precedentes, ver: STJ, 4.ª T., REsp 154.906/MG, rel. Min. Barros Monteiro, Dj. 02/08/2004; STJ, 4.ª T, REsp 326.165/RJ, rel. Min. Jorge Scartezzini, j. 09/11/2004.

Indiscutivelmente, o afastamento do processo civil do individualismo e o elogio ao coletivo propostos nos leva a dialogar com a teoria norte-americana da "classe como entidade litigante", a qual busca enxergar os membros do grupo (que litiga em juízo) como partes de um todo, o que pode contribuir com o desenvolvimento de uma construção teórica que permita a vinculação de provimentos judiciais a "terceiros". Passamos à análise dessa teoria.

3.5.2 A teoria da "classe como entidade litigante"

Conforme visto quando do estudo do direito comparado, a doutrina estadunidense das "class actions" enxerga a classe de duas maneiras. Pela primeira visão, ela seria uma "agregação de indivíduos" interessados em extrair recursos de um réu comum (esse modelo valoriza a autonomia individual), pela segunda, a classe seria uma "entidade litigante" – a análise deste último modelo é de grande utilidade para os fins do presente estudo.

Segundo Alexandra Lahav, o modelo da entidade não é um específico mecanismo de governança, mas uma reconceptualização estrutural da classe, capaz de alterar a forma que as regras processuais são aplicadas nas ações coletivas – busca-se abandonar a abordagem individualista, focando na "classe como um todo", o que traz grandes implicações na tradicional leitura do tema do "devido processo legal".[467]

Para John C. Coffee Jr., no modelo da entidade, o representante do grupo, e seu advogado, não estão adstritos às preferências individuais dos sujeitos representados em juízo, devendo direcionar suas escolhas com base no "melhor interesse da classe".[468] O exercício do "opt-out" e a notificação individual são restritos, logo, o indivíduo que integra a classe deve nela se manter, repartindo com seus pares os proveitos e prejuízos decorrentes do litígio.

Uma importante justificativa para adoção do modelo da entidade, ainda que não seja a única, reside na circunstância de que os integrantes da classe, muitas vezes, compartilham interesses que preexistem e são extrínsecos ao

---

[467] LAHAV, Alexandra. Fundamental principles for class governance. *Indiana Law Review*. vol. 37:65. Bloomington: Indiana University, 2003, p. 106-107.

[468] COFFE JR., John C. *Class Action Accountability: Reconciling Exit, Voice, and Loyalty in Representative Litigation*. Disponível em: [http://www.ibrarian.net/navon/paper/Class_Action_Accountability__Reconciling_Exit__Vo.pdf?paperid=54290]. Acesso em 17.05.2015, p. 16 e ss.

litígio, tal como ocorre com os moradores de uma vizinhança, com os membros de uma associação ou com os partidários de uma causa comum. Ou seja, a comunhão de interesses é intensa, o que justifica a condensação destes em uma "entidade litigante"[469] e reforça a ideia de unidade e a necessidade de tratamento isonômico.

Já conforme Shapiro, o modelo da entidade tem a aptidão de contribuir para a administração da justiça civil[470], pois a abertura para novas discussões na via individual corrobora com a perpetuação do quadro litigioso.

Ora, a teoria em análise não se resume a uma mera ficção jurídica, em verdade, é capaz, inclusive, de fornecer subsídios para criação de um novo conceito de parte no processo coletivo. Se o grupo ("entidade litigante temporária") que é parte do no processo teve seus interesses adequadamente defendidos, não há razões para que seus membros – partes de um todo – não se submetam ao resultado e comandos impostos na ação coletiva.[471]

Assentadas essas premissas, a seguir teceremos maiores considerações sobre as sentenças mandamentais, declaratórias e condenatórias em sede de ação coletiva passiva.

3.5.3 A sentença mandamental na ação coletiva passiva

Tal como a sentença executiva *lato sensu*, a mandamental opera no plano fático, contudo sua efetivação depende da colaboração do sujeito passivo, que deve cumprir a ordem a ele dirigida.[472]

Calha lembrar que, em sede de tutela mandamental, como forma de induzir o réu ao cumprimento da ordem, desponta a figura da multa coercitiva.

---

[469] COFFE JR., John C. *Class Action Accountability: Reconciling Exit, Voice, and Loyalty in Representative Litigation.* Disponível em: [http://www.ibrarian.net/navon/paper/Class_Action_Accountability__Reconciling_Exit__Vo.pdf?paperid=54290]. Acesso em 17.05.2015, p. 22.

[470] SHAPIRO, David L. Class actions: the class as party and client. *Notre Dame Law Review.* n.º 73. Notre Dame: University of Notre Dame, 1998, p. 933.

[471] Essa noção está de algum modo contida no "Código-modelo de Processo Coletivo para países de direito escrito", de autoria de Antonio Gidi, cujo art. 2.1. prevê o seguinte: "o grupo como um todo e seus membros são partes no processo coletivo, representados em juízo pelo legitimado coletivo."

[472] ARENHART, Sérgio Cruz. *Perfis da tutela inibitória coletiva.* São Paulo: Revista dos Tribunais, 2003, p. 98.

Sua razão de ser funda-se na possibilidade de "ameaçar" o demandado, que, por sua vez, não desejará arcar com a prestação pecuniária que lhe pode ser imposta. Nas lições de Sérgio Cruz Arenhart, "diante da opção entre cumprir a ordem judicial ou sofrer o gravame imposto com a ameaça, o 'devedor', diante da desvantagem que representa o pagamento da prestação pecuniária, voluntariamente opta pela primeira conduta (adimplemento da ordem)."[473]

Mas o tema assume novos contornos na ação coletiva passiva (na qual se busca a imposição de determinada prestação, ou abstenção, à coletividade). Quem será o destinatário da multa coercitiva?

Recorrendo novamente à via exemplificativa, vide a ação duplamente coletiva movida pelo Ministério Público Federal em face da "FEBRABAN" (objeto de menção no primeiro capítulo deste trabalho), almejando a concessão de ordem para que as instituições financeiras filiadas à associação ré, cujas agências estavam desprovidas de via de trânsito exclusiva para vigilantes e carros fortes, abstivessem-se de efetuar a atividade de transporte de valores em via pública durante o horário de atendimento.[474]

Indubitavelmente a associação demandada é a representante adequada no caso, inclusive tem previsão estatutária para defender em juízo os interesses de seus associados. Tal legitimado coletivo passivo tem condições de levar a juízo toda sorte de argumentos contrários ao pedido deduzido pelo ente ministerial. Porém, sua participação deve ficar restrita à questão comum a todos os filiados, qual seja, a necessidade ou não de que o transporte de valores seja feito em via de trânsito separada daquela utilizada pelos transeuntes. Caso a demanda seja julgada procedente e, eventualmente, seja determinada uma obrigação de fazer, com cominação de *astreintes* em caso de descumprimento, encerra-se a participação do representante adequado.

A multa coercitiva deve incidir diretamente sobre os específicos associados que descumprirem a decisão judicial após serem dela notificados. Nesse caso, as instituições associadas que ignoraram a ordem podem ser facilmente individualizadas.

---

[473] ARENHART, Sérgio Cruz. *Perfis da tutela inibitória coletiva*. São Paulo: Revista dos Tribunais, 2003, p. 352.
[474] Ação Civil Pública n.º 0011774-60.2012.4.05.8300, em trâmite na 1.ª Vara Federal de Pernambuco.

Por outro lado, há casos em que a identificação dos específicos sujeitos representados no polo passivo da demanda que desrespeitaram o comando jurisdicional não é simples. Tal situação, com frequência, poderá ocorrer em esbulhos possessórios ocasionados por ocupações coletivas, piquetes realizados em greves ou ações intentadas por torcidas organizadas.

Nessas situações, se a tutela executiva não for a primeira opção, é possível que a multa coercitiva recaia diretamente sobre o ente exponencial que atuou em juízo na condição de legitimado coletivo passivo. Isso será eficiente quando ele tiver grande ingerência sobre os sujeitos representados.

Caso interessante foi verificado na greve do transporte público, ocorrida em Curitiba, no início de 2015. Nessa oportunidade, após a declaração da abusividade do movimento paredista, o Tribunal Regional do Trabalho da 9.ª Região impôs multa tanto ao sindicato dos obreiros ("SINDIMOC"), quanto à associação representativa das empresas responsáveis pelo transporte coletivo ("SETRANSP"). Em relação ao primeiro, atestou-se o descumprimento da ordem que determinou o reestabelecimento de uma frota mínima do transporte coletivo, além de conduta processual inaceitável por parte de seus dirigentes, que deliberadamente buscaram dificultar ao máximo a respectiva intimação pelo oficial de justiça plantonista. Quanto à segunda, houve interesse em fazer uso da situação com vistas a pressionar o governo estadual para este efetuasse o repasse de verbas à entidade. Verificou-se que o "sindicato patronal" corroborou com a total paralização do transporte público ao manter fechados os portões das garagens, além do sequestro dos ônibus "madrugueiros".[475]

No último exemplo, a imposição da multa diretamente ao ente coletivo é uma técnica eficaz, pois a associação centraliza e coordena as ações de seus filiados.

3.5.4 As sentenças declaratórias proferidas em face da classe

Na clássica obra "Interessi collettivi e processo: la legittimazione ad agire", Vincenzo Vigoriti problematizou a possibilidade de uma ação ser ajuizada

---

[475] TRT 9, Seção Especializada, DCG 00020-2015-909-09-00-7, rel.ª Des.ª Thereza Cristina Gosdal, j. 13/04/2015.

PROCESSO COLETIVO PASSIVO

contra um interesse coletivo. Para o autor, essa hipótese não pode ser em absoluto descartada. Nesses termos, Vigoriti menciona uma ação declaratória proposta por determinada empresa buscando eliminar as incertezas acerca da adequação dos filtros antipoluição utilizados com o objetivo de resguardar a saúde da comunidade e dos funcionários.[476]

Sob a ótica do presente trabalho, esse tipo de situação ocorre na realidade brasileira – basta pensar na ação, "pseudo-invidiual", movida por uma empresa em face do poder público (representante dos interesses da coletividade), buscando, na via judicial, uma licença ambiental negada no âmbito administrativo.

A discussão torna-se mais interessante quando transportada para o âmbito das relações de consumo. Nesse sentido, Thiago Oliveira Tozzi cogitou a possibilidade de que certa operadora de cartões de crédito obtivesse, em uma ação coletiva passiva, a declaração da licitude de cláusulas inseridas em contrato de adesão.[477]

A proposta é polêmica.

Segundo a crítica entabulada por Antonio Gidi: (...) "não cabe ao réu antecipar-se ao grupo, para tentar obter 'a paz global' e tentar 'matar' a futura controvérsia em seu nascedouro". [478]

Gidi denomina essas ações de "ações coletivas propostas por emboscada". Por meio delas, potenciais réus em ações coletivas, vislumbrando o risco de responsabilização, anteciparíam a judicialização do litígio, manejando a ação coletiva passiva contra agrupamentos ainda não suficientemente preparados para um processo de tamanha amplitude. Em outras palavras, os defensores dessa tese partiriam de premissas equivocadas, pois compreenderiam a ação coletiva passiva como uma ação coletiva ativa "invertida".[479]

Por outro lado, abstraída a respeitável opinião mencionada, com a admissão da coisa julgada *pro et contra*, eventual ação coletiva ativa questionando

---

[476] VIGORITI, Vincenzo. *Interessi collettivi e processo: la legittimazione ad agire*. Milão: Giuffrè, 1979, p. 99-100.

[477] TOZZI, Thiago Oliveira. Ação coletiva passiva: conceito, características e classificação. *Revista de Processo*. n.º 205. São Paulo: Revista dos Tribunais, 2012, p. 273.

[478] GIDI, Antonio. *Rumo a um código de processo civil coletivo: a codificação das ações coletivas no Brasil*. Rio de Janeiro: Forense, 2008, p. 354.

[479] GIDI, Antonio. *Rumo a um código de processo civil coletivo: a codificação das ações coletivas no Brasil*. Rio de Janeiro: Forense, 2008, p. 354.

3. PROPOSTAS PARA A OPERACIONALIZAÇÃO DAS AÇÕES COLETIVAS PASSIVAS...

a licitude de uma cláusula inserida em contrato de adesão, caso julgada improcedente, teria o mesmo efeito da sentença de procedência na ação coletiva passiva pela qual almeja-se o reconhecimento da validade daquela disposição.[480]

É razoável afirmar que esse modelo é dotado de grande eficiência do ponto de vista econômico. O reconhecimento, no plano coletivo, da validade de determinada cláusula inserida em contratos padrão, sem a necessidade do ajuizamento de ações individuais por parte dos interessados, racionaliza, em muito, o trabalho do Poder Judiciário, que é poupado de julgar inúmeras demandas repetitivas fadadas ao insucesso. Outrossim, para o ajuizamento dessa ação, pode ser fixado o requisito da existência de controvérsia relevante sobre a cláusula questionada (em analogia com o que ocorre na "ação declaratória de constitucionalidade"[481]).

Ademais, levando-se em conta que na ação coletiva passiva os consumidores são defendidos por um legitimado coletivo dotado de representatividade adequada real, seus interesses estão muito melhor resguardos do que,

---

[480] Em sentido similar, aduz Gustavo Gustavo Osna: "Ao mesmo tempo em que deve assistir ao autor do litígio, sua proteção não pode ser negada ao réu, deixando-lhe desprovido de aspectos como a estabilidade e a segurança jurídica. Para demonstrar esse dado, é válido mais uma vez nos valermos da via exemplificativa, supondo a cobrança hipotética de um percentual X pela companhia telefônica Y sobre o valor de cada ligação, sob a alcunha de 'custo de operação'. Neste caso, seria possível que inúmeros dos usuários dos serviços de Y ingressassem em juízo questionando a cobrança. Contudo, suponhamos que já no primeiro litígio a sociedade empresária demonstra a legalidade da conduta e tem esta situação reconhecida judicialmente. Em um modelo ideal de 'acesso à justiça' – até mesmo pela relevância da isonomia – essa decisão deveria evitar que a companhia seguisse sujeita à apresentação de inúmeras defesas judiciais e ao controle de inúmeros processos. Sob o manto do processo civil clássico, entretanto, é sabido que isso não é o que ocorre, gerando um passivo desnecessário e injusto ao réu. (...) Aqui, onde a tradição não inibe a realidade: para que o valor da estabilidade seja salvo deve passar por releituras e adaptações (como aquela que permita a mínima pacificação ao réu potencialmente coletivo). Com um modelo adequado de aglutinação de direitos entende-se que um passo nesse sentido é dado, pois a preclusão coletiva desonera o réu da necessidade de se defender de inúmeras pretensões reconhecidamente infundadas, restituindo e viabilizando seu acesso à justiça. No caso acima, por exemplo, a técnica propiciaria que uma mesma demanda reconhecesse a legalidade da cobrança X diante de todos os usuários de Y, sujeitando-os à imutabilidade da declaração." (OSNA, Gustavo. *Direitos individuais e homogêneos: pressupostos, fundamentos e aplicação no processo civil*. São Paulo: Revista dos Tribunais, 2014, p. 112-113).

[481] Art. 14, III, da Lei 9.868/99.

por exemplo, no julgamento por amostragem de recursos repetitivos, ou no incidente de resolução de demandas repetitivas ("IRDR") do NCPC. Esses institutos estão desprovidos de meios adequados à seleção dos casos paradigmas – não há a mínima garantia de que o indivíduo que enfrenta o litigante habitual na lide piloto, na qual será fixada a tese a ser aplicada aos outros processos, possui condições de trazer argumentos adequados à defesa de seus interesses e, por conseguinte, do grupo em situação similar.

Frise-se que a improcedência de uma ação coletiva passiva declaratória nos termos propostos trará resultados catastróficos à empresa autora, cujas práticas serão reconhecidas como inválidas em relação à totalidade dos consumidores que com ela contrataram. Esse dado exclui a possibilidade de que essas ações coletivas passivas sejam manejadas de forma oportunista. Só farão uso de tal mecanismo empresas suficientemente seguras em relação às respectivas práticas, que buscam reduzir custos e combater a especulação no mercado.

Outrossim, não é de todo despropositado afirmar que o manejo de tutelas auto-satisfativas que operam exclusivamente no plano normativo é mais simples na ação coletiva passiva. Ora, uma sentença de natureza declaratória ostenta tão somente a função de certificar ou não a existência de determinada relação jurídica. Por sua vez, a sentença constitutiva apenas cria, modifica ou extingue certa relação jurídica.[482] As consequências fáticas desses provimentos são apenas secundárias, razão pela qual basta a previsão da vinculação dos integrantes da classe ao provimento, inexistindo maiores entraves.

3.5.5 A responsabilidade civil coletiva ou anônima e os dilemas advindos da sentença condenatória ao pagamento em pecúnia na ação coletiva passiva

Iniciamos esta discussão com a afirmação de que nos filiamos ao pensamento segundo o qual a tutela preventiva é imensamente superior à repressiva. Contudo, em várias situações não mais haverá espaço para a utilização das técnicas preventivas, motivo pelo qual destinamos o presente espaço à abordagem da

---

[482] ARENHART, Sérgio Cruz. *Perfis da tutela inibitória coletiva*. São Paulo: Revista dos Tribunais, 2003, p. 93.

3. PROPOSTAS PARA A OPERACIONALIZAÇÃO DAS AÇÕES COLETIVAS PASSIVAS...

tutela ressarcitória, trazendo alguns elementos próprios ao tema da responsabilidade civil.

Possivelmente Fredie Didier Jr. e Hermes Zaneti Jr. foram os primeiros autores que relacionaram o tema da responsabilidade civil coletiva, ou anônima, à problemática das ações coletivas passivas.[483]

Os processualistas citados exemplificam a tese fazendo menção à ação de reintegração de posse ajuizada, em 2008, pela "Universidade de Brasília" ("UNB") contra os estudantes que haviam ocupado o prédio da reitoria, reivindicando a renúncia do reitor.[484]

Didier Jr. e Zaneti Jr. destacam que a universidade, ao invés de demandar cada um dos alunos individualmente, "coletivizou" o conflito – o legitimado coletivo passivo eleito foi o "DCE" ("Diretório Central dos Estudantes"). Mas, no entender desses autores, "além da reintegração de posse, seria possível manejar ação de indenização pelos prejuízos eventualmente sofridos contra o grupo, acaso não fosse possível a identificação dos causadores do dano."[485]

Alvino Lima menciona que, em casos como o descrito, a solução escolhida tende a ser a da "irresponsabilidade", o que, sem sombra de dúvidas, gera grande injustiça em relação à vítima.[486] Para este civilista, a única solução viável seria a responsabilização de todos os integrantes do grupo, tal ocorre no Código Civil alemão (art. 830, §1.º, inc. 2), no japonês (art. 719) e no suíço das obrigações (art. 50). Registre-se não haver na legislação brasileira previsões expressas acerca do assunto.

Conforme aduz Claudio Meneses Pacheco, no direito chileno admite-se que a vítima mova a ação contra qualquer um dos integrantes do grupo – que poderá ajuizar uma "acción de reembolso" contra o real culpado.[487]

---

[483] DIDIER JR, Fredie; ZANETI JR, Hermes. Processo Coletivo Passivo. *Revista de Processo.* n.º 165. São Paulo: Revista dos Tribunais, 2008, p. 34.

[484] Ação n.º 2008.34.00.010500-5, 17.ª Vara Federal do Distrito Federal.

[485] DIDIER JR, Fredie; ZANETI JR, Hermes. Processo Coletivo Passivo. *Revista de Processo.* n.º 165. São Paulo: Revista dos Tribunais, 2008, p. 36.

[486] LIMA, Alvino. *A responsabilidade civil pelo fato de outrem.* 2.ª ed. Atualizado por Nelson Nery Jr. São Paulo: Revista dos Tribunais, 2000, p. 78.

[487] PACHECO, Claudio Meneses. Relatório nacional Chile. In: GRINOVER, Ada Pellegrini; WATANABE, Kazuo; MULLENIX, Linda. (coords.). *Os processos coletivos nos países de civil law e common law: uma análise de direito comparado.* 2.ª ed. São Paulo: Revista dos Tribunais, 2011, p. 181.

PROCESSO COLETIVO PASSIVO

Nesse sentido, cita-se a decisão proferida pelo Superior Tribunal de Justiça no REsp 26.975/RS.[488] No caso concreto, um individuo foi assassinado em briga de torcidas – ele foi atacado simultaneamente por uma multidão de adversários. Apenas alguns dos agressores foram identificados, e, posteriormente, absolvidos pelo Tribunal do Júri (cujos integrantes possivelmente impressionaram-se com o argumento trazido pela defesa, segundo o qual não era possível precisar se denunciados seriam os responsáveis pelas específicas lesões ensejadas do óbito da vítima). Não obstante, no âmbito civil, aqueles indivíduos foram condenados a indenizar a família do falecido. Rechaçada a tese da transposição da absolvição na esfera criminal para a cível, obtemperou-se ser incontroverso que os indivíduos acionados integravam a coletividade agressora e o fato de nem todos os componentes daquele grupo terem sido individualizados não poderia implicar na irresponsabilidade geral.[489]

Questão igualmente interessante é verificada na responsabilidade civil por danos causados por objetos lançados de edifícios. Diante da impossibilidade de identificação de onde a coisa foi lançada, o STJ já se manifestou no sentido de que a responsabilidade seria do condomínio.[490]

No tema dos danos causados por movimentos multitudinários[491], outra solução utilizada é invocação da responsabilidade subjetiva do Estado (quando

---

[488] STJ, 4.ª T, REsp 26.975/RS, rel. Min. Aldir Passarinho Júnior, j. 18/12/2001.

[489] Como se vê, o caso narrado é uma ação individual, na qual houve a formação de litisconsórcio passivo entre os agressores identificados.

[490] STJ, 4.º T, REsp 646.682/RJ, rel. Min. Bueno de Souza, j. 10/11/1998.

[491] Analisando o problema sob o prisma do Direito Penal, pontifica Cezar Roberto Bitencourt: "o fenômeno da multidão criminosa tem ocupado espaços da imprensa nos últimos tempos e tem preocupado profundamente a sociedade como um todo. Os linchamentos em praça pública, as invasões de propriedades e estádios de futebol, os saques em armazéns têm acontecido com frequência alarmante, perturbando a ordem pública. Essa forma *sui generis* de concurso de pessoas pode assumir proporções com consideravelmente graves, pela facilidade de manipulação de massas que, em momentos de grandes excitações, anulam ou reduzem consideravelmente a capacidade de orientar-se segundo padrões éticos, morais e sociais. A prática coletiva de delito, nessas circunstâncias, apesar de ocorrer em situação normalmente traumática, não afasta a existência de *vínculos psicológicos* entre os integrantes da multidão, caracterizadores do concurso de pessoas. Nos crimes praticados por *multidão delinquente* é desnecessário que se descreva minunciosamente a participação de cada um dos *intervenientes*, sob pena de inviabilizar a aplicação da lei. A maior ou menor participação de cada um será objeto da instrução criminal. Aqueles que praticarem o crime *sob a influência* da multidão em tumulto poderão ter suas penas atenuadas (art. 65, *e*, do CP). Por outro lado, terão a pena

3. PROPOSTAS PARA A OPERACIONALIZAÇÃO DAS AÇÕES COLETIVAS PASSIVAS...

ele não for a própria vítima), sob o fundamento da falha do serviço de segurança pública.[492] Todavia, ressalvadas situações extremas, corre-se o risco de que o Estado vire uma espécie de "segurador universal". Outrossim, trata-se de verdadeira imputação de responsabilidade a terceiro por fato de outrem.

Por tudo isso, percebe-se ser a condenação ao pagamento de pecúnia um tema crítico em sede de coletivização passiva, tanto é que, de modo geral, os ensaios nacionais sobre a ação coletiva passivam simplesmente ignoram assunto.

Ora, mesmo no direito norte-americano, as "defendant class actions", via de regra, são manejadas para a obtenção de um provimento com carga declaratória ou injuntiva. Em se tratando de pretensão de natureza indenizatória, dificilmente consegue-se a condenação direta dos integrantes grupo. Neste expediente, primeiramente é obtida a declaração da responsabilidade genérica da classe. Em uma segunda etapa, a ser realizada na própria demanda coletiva, ou em ações individuais, é aberta a possibilidade de oferecimento de defesas singulares pelos integrantes do grupo – momento em que a condenação poderá ocorrer no plano individual.[493]

Deste modo, por exemplo, o titular de um direito autoral pode, mediante o ajuizamento da "defendant class action" movida em desfavor de todos os mantenedores de servidores de "peer-to-peer" – que viabilizam o compartilhamento ilegal de conteúdo – obter, com eficácia em relação aos integrantes da coletividade ré, o reconhecimento da ilegalidade desses serviços e ordem para que eles sejam retirados do ar (questões comuns). Todavia, caso deseje ser indenizado pelos prejuízos sofridos, deverá individualizar a extensão dos dados causados (questões individuais).

Sobre a sentença condenatória em nosso sistema, lembre-se que, historicamente, sua função é possibilitar ao vencedor o acesso à fase de execução, mediante a declaração pelo juiz da presença dos elementos presentes na

---

agravada os que promoverem, organizarem ou liderarem a prática criminosa ou dirigirem a atividade dos demais (art. 62, I, do CP)." (BITENCOURT, Cezar Roberto. *Tratado de Direito Penal: parte geral.* 17.ª ed. São Paulo: Saraiva, 2012, p. 561-562).

[492] STERMAN, Sonia. *Responsabilidade do Estado: movimentos multitudinários, saques, depredações, fatos de guerra, revoluções, atos terroristas.* São Paulo: Revista dos Tribunais, 1992, p. 107-108.

[493] ROQUE, Andre Vasconcelos. *Class actions – ações coletivas nos Estados Unidos: o que podemos aprender com eles?* Salvador: Jus Podivm, 2013, p. 472.

norma, somada à constituição do título executivo.[494] Na ação coletiva passiva, em uma primeira abordagem, surge a necessidade de apuração individual das responsabilidades. Nessa linha, é plausível cogitar a adoção de um modelo similar (porém de forma invertida) àquele adotado pelo microssistema brasileiro de processos coletivos em relação aos direitos individuais e homogêneos – binômio condenação genérica, execuções individuais.

O autor da ação coletiva passiva obteria a "declaração genérica" da responsabilidade do grupo, devendo, em um segundo momento, tentar liquidar o prejuízo causado individualmente pelos integrantes da classe ré. Porém, tal modelo é criticado mesmo no processo coletivo ativo, por ser ineficiente, pois os benefícios gerados pela aglutinação das pretensões individuais são mitigados em razão da tutela executiva atomizada. Frise-se, todavia, que, caso tal sistemática seja adotada na ação coletiva passiva, ao menos o autor é beneficiado pela interrupção simultânea da prescrição operada em relação a todos os integrantes da classe.

Também não se descarta, em absoluto, a utilização de técnicas mais complexas como a fixação "por amostragem ou por aproximação" das responsabilidades individuais. Nesse expediente seriam delimitados os danos causados e a indenização devida por alguns membros do grupo réu, estabelecendo-se uma espécie de "paradigma" a ser aplicado aos demais, sem necessidade de novas liquidações.

Contudo, ao menos em relação aos danos causados por movimentos multitudinários, a questão pode ser resolvida com base na "teoria da causalidade comum", cujos fundamentos já foram de certa maneira mencionados.

Assim como ocorre na seara penal, na cível há espaço para aplicação das figuras do concurso de agentes ou coparticipação (quando duas ou mais pessoas concorrerem para um mesmo evento). Sérgio Cavalieri Filho, no escólio de Von Thur, identifica nesses casos a causalidade comum, pela qual cada partícipe contribui em prol do efeito comum, mesmo que não tenha realizado, pessoalmente, o específico ato que ocasionou o resultado danoso.[495]

---

[494] ARENHART, Sérgio Cruz. Sentença condenatória para quê? In: COSTA; Eduardo José da Fonseca; MOURÃO, Luiz Eduardo Ribeiro; NOGUEIRA, Pedro Henrique Pedrosa. (coords.). *Teoria quinária da ação: estudos em homenagem a Pontes de Miranda nos 30 anos do seu falecimento.* Salvador: Jus Podivum, 2010, p. 615 e ss.

[495] CAVALIERI FILHO, Sergio. *Programa de responsabilidade civil.* 11.ª ed. São Paulo: Atlas, 2014, p. 81.

3. PROPOSTAS PARA A OPERACIONALIZAÇÃO DAS AÇÕES COLETIVAS PASSIVAS...

Nessas hipóteses, todos os integrantes do grupo são considerados responsáveis pelo evento. Nas palavras de Cavalieri Filho: "o fundamento da responsabilidade total que se impõe a cada participante nasce da circunstância de que as diversas condutas, em conexão com outras, dão origem ao resultado".[496]

Há, nesses casos, solidariedade entre os integrantes do grupo, o que é plenamente justificável no contexto da sociedade de massas, onde os riscos sociais crescem exponencialmente. Não é justo deixar a vítima desprovida da respectiva indenização, por outro lado, não é razoável exigir que ela identifique os específicos causadores imediatos do evento. Em síntese, "evidenciado o vínculo comunitário entre os membros do grupo, todos os possíveis autores devem ser considerados responsáveis solidariamente, face à ofensa perpetrada à vítima por um ou mais deles".[497]

A disciplina dessa espécie de relação jurídica deve ser enxergada sob dois prismas, um "externo" e outro "interno". Pelo externo, há solidariedade entre os devedores e o respectivo credor, que pode exigir a totalidade da prestação de qualquer um deles; pelo interno, a obrigação é repartida entre os vários sujeitos que contribuíram para o fato danoso, permitindo-se àquele que pagou a totalidade da dívida o ajuizamento de ações regressivas em face dos demais coobrigados, ressarcindo-se daquilo que por eles pagou.[498]

A tese acima defendida, no que concerne à pretensão regressiva, encontra amparo legal, pois o art. 934 do Código Civil prevê o seguinte: "aquele que ressarcir o dano causado por outrem pode reaver o que houver pago daquele por quem pagou, salvo se o causador do dano for descendente seu, absoluta ou relativamente incapaz".

Em sentido similar, reza o art. 39-B do Estatuto do Torcedor: "a torcida organizada responde civilmente, de forma objetiva e solidária, pelos danos causados por qualquer dos seus associados ou membros no local do evento esportivo, em suas intermediações ou no trajeto de ida e volta para o evento." O referido diploma será novamente abordado no último capítulo desta dissertação.

---

[496] CAVALIERI FILHO, Sergio. *Programa de responsabilidade civil*. 11.ª ed. São Paulo: Atlas, 2014, p. 81.

[497] CAVALIERI FILHO, Sergio. *Programa de responsabilidade civil*. 11.ª ed. São Paulo: Atlas, 2014, p. 83.

[498] CAVALIERI FILHO, Sergio. *Programa de responsabilidade civil*. 11.ª ed. São Paulo: Atlas, 2014, p. 83.

Concluindo este tópico, verifica-se ser possível relacionar a temática da ação coletiva passiva à responsabilidade civil coletiva (causalidade comum), permitindo que os danos ocasionados à vítima, ou às vítimas, sejam em um primeiro momento ressarcidos pelos sujeitos integrantes do grupo que foram identificados, ou pelo ente exponencial que os congregue – na hipótese em que houver grande grau de vinculação e deferência entre os membros da coletividade ré e o legitimado coletivo –, facultando-se o exercício do direito de regresso. Tais consequências fazem com que o representante adequado do grupo processado seja motivado a atuar de forma ainda mais vigorosa quando da formulação da defesa, pois, em caso de derrota, o dever de indenizar possivelmente surtirá efeitos sobre ele, ao menos inicialmente.

3.6 A COMPETÊNCIA NO PROCESSO COLETIVO PASSIVO

A noção de competência é interna à jurisdição. É delimitada pela incidência de critérios positivos relacionados à divisão de trabalho, de modo a individualizar o juízo incumbido do processamento e julgamento de determinada causa.

A jurisdição é um serviço público e, como tal, deve ser exercida de forma satisfatória. Com o objetivo de aperfeiçoar a prestação jurisdicional, é realizada a divisão de trabalho e de tarefas. Essa divisão desemboca da fixação da competência dos órgãos jurisdicionais. Ora, se a jurisdição é um poder, a competência é o exercício delimitado desse poder.[499]

Em razão disso, o estudo da distribuição competência, umbilicalmente ligado à organização judiciária brasileira, assume notória relevância – será sempre o primeiro questionamento a ser feito pelos advogados, pelo juiz da causa ou mesmo pelo tribunal, quando chamado a deslindar um conflito de competência. Eventual equívoco na escolha do juízo competente pode emperrar o andamento do processo por meses, ou ainda ensejar uma ação rescisória.[500]

---

[499] MENDES, Aluisio Gonçalves de Castro. *Competência Cível da Justiça Federal*. 3.ª ed. São Paulo: Revista dos Tribunais, 2010, p. 35.

[500] MENDES, Aluisio Gonçalves de Castro. *Competência Cível da Justiça Federal*. 3.ª ed. São Paulo: Revista dos Tribunais, 2010, p. 37.

3. PROPOSTAS PARA A OPERACIONALIZAÇÃO DAS AÇÕES COLETIVAS PASSIVAS...

A regra do juiz natural estabelece que a demanda deve ser formulada perante um órgão julgador cuja competência tenha sido fixada de forma abstrata e geral, por lei prévia. O iter para a definição do juízo competente pode ser esquematizado mediante a seguinte sequência de perguntas: (i) qual é a justiça competente?; (ii) a competência pertence ao órgão superior ao à instância inferior?; (iii) qual é a comarca ou subseção judiciária competente?; (v) qual é a vara competente?; (vi) qual é o juiz competente?[501]

Nada obstante, as características próprias ao processo jurisdicional coletivo reclamam que certas regras sejam aplicadas com maior dose de flexibilidade, dado este que pode ensejar alguns problemas, mormente quando se leva em conta a indisponibilidade e a tipicidade imanentes à disciplina da competência.[502]

Quanto aos elementos considerados na delimitação do juízo competente, em sede de tutela coletiva, é preciso problematizar o terceiro deles (competência territorial). No art. 2.ª, *caput*, da LACP consta o seguinte: "as ações previstas nesta Lei serão propostas no foro do local onde ocorrer o dano, cujo juízo terá competência funcional para processar e julgar a causa."

A leitura do dispositivo transcrito levou a doutrina a entender que se trata de uma "competência territorial absoluta".[503] No estudo da questão é preciso abordar também o art. 16 daquele diploma, cuja redação originária dizia simplesmente que: "a sentença civil fará coisa julgada erga omnes, exceto se a ação for julgada improcedente por deficiência de provas, hipótese em que qualquer legitimado poderá intentar outra ação com idêntico fundamento, valendo-se de nova prova." Contudo, a criticada MP 1.1570-5/97 (convertida na Lei 9.494/97) veio a dar nova redação ao dispositivo, que passou a contar com inusitada previsão: "a sentença civil fará coisa julgada erga omnes, nos limites da competência territorial do órgão prolator, exceto se o pedido for julgado improcedente por insuficiência de provas, hipótese em que qualquer

---

[501] CINTRA, Antônio Carlos de Araújo; DINAMARCO, Cândico Rangel; GRINOVER, Ada Pellegrini. *Teoria geral do processo*. 26.ª ed. São Paulo, 2010, p. 253-254.

[502] DIDIER JR., Fredie; ZANETI JR., Hermes. Conceito de processo jurisdicional coletivo. *Revista de Processo*. n.º 229. São Paulo: Revista dos Tribunais, 2014, p. 123.

[503] DIDIER JR., Fredie; ZANETI JR., Hermes. Conceito de processo jurisdicional coletivo. *Revista de Processo*. n.º 229. São Paulo: Revista dos Tribunais, 2014, p. 124.

legitimado poderá intentar outra ação com idêntico fundamento, valendo-se de no prova."[504]

A inconstitucionalidade da nova redação do dispositivo é um dos poucos temas em que há unanimidade na doutrina que escreve sobre Processo Civil. Por um lado, não estariam presentes os requisitos constitucionais de relevância e urgência, imprescindíveis para que uma medida provisória seja validamente editada; por outro – em raciocínio mais sofisticado – afirma-se que, em sendo a ação civil pública uma garantia fundamental (art. 129, III, da CF), com base no cânone da máxima efetividade, não seriam legítimas alterações legislativas tendentes a restringir sua aplicabilidade e eficácia.[505]

Porém, malgrado a robustez da argumentação supramencionada, não foi deferida a medida liminar na ação direta de inconstitucionalidade que questionava a mudança e a ação posteriormente foi julgada prejudicada.[506]

Superada a questão da constitucionalidade, é certo que a regra em análise confunde os conceitos de "efeitos da sentença" e de "coisa julgada". Não é possível que a lei vincule e circunscreva os efeitos da sentença à área sobre a qual o órgão jurisdicional prolator da sentença detém competência, isso por razões lógicas. Como exemplifica Sérgio Cruz Arenhart, a admissão dessa limitação poderia implicar situações teratológicas, como a do divórcio decretado em juízo cuja eficácia estaria restrita à competência territorial do órgão prolator: "se um dos sujeitos divorciados saísse da comarca, voltaria a ser considerado pelo Direito como casado".[507] Estendendo o raciocínio, em uma ação civil pública em matéria ambiental movida contra um empreendimento cujos resíduos poluem um rio que banha duas comarcas, supondo que magistrado

---

[504] Para Ada Pellegrini Grinover: "as investidas do Poder Executivo – acompanhado por um Legislativo complacente ou no mínimo desatento – têm atacado a Ação Civil Pública, tentando diminuir sua eficácia por intermédio da limitação do acesso à justiça, da compreensão do momento associativo, da redução do papel do Poder Judiciário." (GRINOVER, Ada Pellegrini. A ação civil pública refém do autoritarismo. *Revista de Processo*. n.º 96. São Paulo: Revista dos Tribunais, 1999, p. 29).

[505] Nesse sentido: NASSAR, Marcos. Os efeitos da sentença coletiva e a restrição do art. 16 da Lei da ação civil pública: mudança de jurisprudência do STJ? In: VITORELLI, Edilson. (coord.). *Temas atuais do Ministério Público Federal*. 3.ª ed. Salvador: Jus Podivm, 2015, p. 782-783.

[506] STF, Pleno, ADI 1576 MC, rel. Min. Marco Aurélio, Dj. 06/06/2003.

[507] ARENHART, Sérgio Cruz. *A tutela coletiva de interesses individuais: para além da proteção dos interesses individuais e homogêneos*. São Paulo: Revista dos Tribunais, 2013, p. 243-244.

3. PROPOSTAS PARA A OPERACIONALIZAÇÃO DAS AÇÕES COLETIVAS PASSIVAS...

responsável conceda ordem determinando a cessação das atividades, seria aceitável que os rejeitos continuassem sendo despejados na outra parte do curso d'água, que espacialmente não está na área de competência do órgão que proferiu a decisão? A resposta é obviamente negativa.

Diante do problema posto, uma das soluções cogitadas foi afirmar que o art. 16 da LACP só se aplica aos interesses difusos e coletivos, pois a competência nas ações coletivas para a tutela dos direitos individuais e homogêneos é disciplinada pelo art. 93 do CDC. O problema é que essa análise setorial desconsidera a existência de um microssistema de tutela coletiva, cujos diplomas mantêm-se em constante comunicação.[508]

De fato, a própria existência do microssistema de processos coletivos indica a solução da questão: considerando a comunicabilidade entre as leis, deve-se cotejar o art. 16 da LACP com o art. 93 do CDC. Com base neste, a demanda deve ser proposta no foro do lugar onde ocorreu ou deva correr o dano (em se tratando de dano de abrangência local) ou no foro da Capital do Estado ou no Distrito Federal (em se tratando de danos de âmbito nacional ou regional). Assim sendo, o art. 16 da LACP é interpretado de modo a criar uma norma que confere aos juízes que exercem suas funções nas capitais ou no DF competência para julgar demandas de dimensão nacional.[509-510] Lembre-se que na atividade hermenêutica é perfeitamente possível a criação de uma norma mediante a combinação de dois ou mais textos.[511]

---

[508] DIDIER JR., Fredie; ZANETI JR., Hermes. Conceito de processo jurisdicional coletivo. *Revista de Processo*. n.º 229. São Paulo: Revista dos Tribunais, 2014, p. 135.

[509] ARENHART, Sérgio Cruz. *A tutela coletiva de interesses individuais: para além da proteção dos interesses individuais e homogêneos*. São Paulo: Revista dos Tribunais, 2013, p. 253.

[510] Após alguma recalcitrância, a tese ora defendida vem sendo adotada pelo Superior Tribunal de Justiça em julgados recentes, tal como no REsp 1.319.232/DF. Conforme consta do voto do ministro relator: "no caso dos autos, trata-se de ação civil pública, envolvendo direitos individuais e homogêneos, ajuizada pelo Ministério Público Federal, com assistência de entidades de classe de âmbito nacional, na Seção Judiciária do Distrito Federal, em que o órgão prolator da decisão final de procedência é o Superior Tribunal de Justiça. Com isso, deve ser reconhecida a abrangência nacional para os efeitos da coisa julgada, forte nos artigos 16 da LACP, combinado com o artigo 93, II, e 103, III, do CDC." (STJ. 3.ª T, REsp 1.319.232/DF, rel. Min. Paulo de Tarso Sanseverino, j. 04/12/2014).

[511] Sobre o assunto, ver amplamente: GUASTINI, Riccardo. *Interpretare e argomentare*. Milão: Giuffrè, 2011, p. 65-68.

Direcionando a análise para o âmbito da ação coletiva passiva e da ação duplamente coletiva, parece ser possível aplicar analogicamente a solução acima defendida. Ora, a ação coletiva passiva deverá ser ajuizada no local onde ocorreu ou deva ocorrer o dano (ainda que por outros fundamentos, essa é a solução óbvia, por exemplo, em ações de reintegração de posse intentadas em face de ocupações coletivas de terras). Contudo, em casos nos quais as lesões ou ameaças de lesões não estão centralizadas, tal como em ações ajuizadas contra classes compostas por integrantes de um cartel de dimensão regional ou nacional; de contrafatores espalhados pelo território nacional ou contra entidades associativas com atuação no âmbito regional ou nacional – com vistas à imposição de padrões de conduta ou deveres aos seus membros –, sugere-se que a ação coletiva passiva seja proposta na capital do Estado ou no Distrito Federal, para que a eficácia da decisão proferida propague-se por todo o país.

Em outra toada, em alguns casos é igualmente plausível cogitar que a demanda seja ajuizada no foro do domicílio do representante adequado da classe acionada, especialmente quando ele for um integrante dela, de modo a facilitar sua atuação na defesa dos interesses do grupo. Apesar de o processo coletivo, pelas características que lhe são peculiares, merecer redobrados cuidados, a solução apresentada guarda alguma relação com aquela estabelecida pelos arts. 46, §4.º, do NCPC e 94, §4.º, do CPC/73, pelos quais, em caso de litisconsórcio passivo em demanda fundada em direito pessoal ou direito real sobre bens móveis, a ação pode ser proposta no domicílio de qualquer um dos réus, a critério do autor – ou seja, mesmo no processo civil individual nem todos os réus têm o direito de litigar no foro de seus domicílios.

Por fim, destacamos suscintamente a questão dos dissídios coletivos. A competência material nessas ações pertence à Justiça do Trabalho, já a competência funcional é conferida aos Tribunais Regionais do Trabalho ou ao Tribunal Superior do Trabalho, de acordo com a extensão territorial do conflito.[512]

---

[512] MELO, Raimundo Simão de. *Processo coletivo do trabalho*. 3.ª ed. São Paulo, LTr, 2013, p. 87.

3.7 Conclusões parciais (3)

O amadurecimento do processo civil coletivo no Brasil deve ser perpassado, especialmente, pelo abandono da coisa julgada *secundum eventum litis* nas ações destinadas à tutela de direitos individuais e homogêneos, bem como pela concessão de maiores poderes ao magistrado, mormente em relação ao controle, *in concreto*, da representatividade adequada dos legitimados coletivos.

Entende-se que essas alterações possibilitarão que, em um próximo momento, façam-se presentes condições para a regulamentação expressa das ações coletivas passivas no Brasil. A proposta do processo coletivo passivo é "ousada", sem dúvidas, mas possui grande espaço de aplicação na realidade brasileira.

O rompimento do paradigma individualista que ainda caracteriza nossa cultura, ao menos do âmbito do Direito Processual Civil, só será concretizado em um sistema que permita a coletivização em ambos os polos da demanda, algo em total consonância com as peculiaridades da sociedade de massas, marcada pelas relações repetitivas e pelo fortalecimento de novos agrupamentos humanos.

De todo modo, é certo que os institutos jurídicos, inclusive os de natureza processual, são "artifícios" criados pelo homem para regrar suas relações com seus pares e sanar eventuais conflitos nelas surgidos. Tais artifícios, longe de serem universais ou naturais, estão inseridos em experiências jurídicas espacial e temporalmente delimitadas. Essa relatividade dos institutos jurídicos permite que eles possam passar por revisões e releituras – entre outros, hoje não é mais possível tratar da coisa julgada, da legitimidade *ad causam*, das formas de efetivação dos provimentos jurisdicionais ou do papel ocupado pelo juiz tal como há 100 anos atrás.

A mudança paradigmática proposta é norteada pela consideração de que a prestação jurisdicional é uma espécie de serviço público, que deve ser executado de forma eficiente, mesmo considerando a escassez dos recursos disponíveis. Nesse, cenário, assumem protagonismo os elementos abordados pela proporcionalidade pan-processual (aspectos legal, cultural e estrutural). Em relação à técnica da coletivização passiva, pelo prisma cultural, tem-se que, na sociedade de massas, os conflitos são coletivos e não mais subsiste o repúdio ao associativismo de outrora. Pelo aspecto estrutural, defende-se poder a coletivização (ativa e passiva) racionalizar a utilização dos recursos existentes. Já no aspecto legal, constata-se serem úteis alterações legislativas facilitadoras da aplicação do instituto em estudo.

4. Algumas Hipóteses de Aplicação

O desenvolvimento desta obra foi perpassado por constantes remissões a casos práticos, reais ou hipotéticos. Nada obstante, há certas situações que, por suas peculiaridades, merecem maior aprofundamento – isso será feito neste capítulo. Algumas das hipóteses de coletivização passiva adiante tratadas já foram brevemente mencionadas; outras serão problematizadas pela primeira vez.

4.1 Os dissídios coletivos no direito do trabalho

Não há dúvidas de que o contencioso trabalhista é um fértil e vasto laboratório para o processo coletivo.[513] No específico tema da coletivização passiva, sabe-se que o Direito do Trabalho e o Direito Processual do Trabalho, no Brasil, há muito tempo admitem que uma categoria ocupe o polo passivo de uma demanda coletiva, isso nos dissídios coletivos. Tais ações não estão inseridas no microssistema brasileiro de tutela coletiva (na perspectiva utilizada neste estudo), nada obstante, merecem ser abordadas – são verdadeiras "ações duplamente coletivas".[514]

---

[513] Nesse sentido, ver: LIUZZI, Giuseppe Trisorio. Le azione seriali nel contenzioso del lavoro. In: MENCHINI, Sergio (coord.). *Le azioni seriali*. Napoli: Edizioni Scientifiche Italiane, 2008, p. 223 e ss.

[514] Sobre a experiência da coletivização passiva no Direito Processual do Trabalho, aduz Camilo Zufelato: "por isso vai endossada a afirmação de que o dissídio coletivo pode ser considerado

PROCESSO COLETIVO PASSIVO

Como ensina Carlos Henrique Bezerra Leite, os dissídios coletivos são uma espécie de ação coletiva, cuja legitimidade é conferida a certas entidades, em especial os sindicatos, para a tutela de interesses que não são de titularidade de indivíduos específicos, mas sim de grupos ou categorias diferenciadas, profissionais ou econômicas.[515]

Os dissídios coletivos podem ter natureza "econômica" ou "jurídica". Os dissídios econômicos são ações constitutivas, que objetivam a fixação de novas condições de trabalho. Já os dissídios de natureza jurídica almejam a pacificação da interpretação de certa disposição de lei, acordo ou convenção coletiva de trabalho.[516]

Nessas lides a coisa julgada abrange indistintamente os membros das categorias envolvidas, independentemente do resultado do processo – não há espaço para a rediscussão no plano individual.[517] Nas palavras de Raimundo Simão de Melo: "as disposições estabelecidas aplicam-se a todos os integrantes das categorias econômica e profissional (empregadores e empregados), presentes e futuros, dentro dos prazos de vigência do instrumento normativo".[518] Contudo, via de regra, os dissídios coletivos não apresentam natureza condenatória, excetuados os dias de paralisação, multas, custas e outras despesas processuais.[519]

---

a primeira modalidade de ação coletiva prevista no ordenamento jurídico brasileiro. Mais do que isso, o dissídio coletivo é também uma forma de ação na qual se admite a atuação do ente coletivo em juízo como substituto processual dos interessados no polo passivo da demanda, com um provimento jurisdicional que vinculará os substituídos, tal como ocorre nas defendant class actions contemporâneas. Por tais características deve-se reconhecer os dissídios coletivos como verdadeira ação coletiva passiva brasileira, a primeira dessa natureza." (ZUFELATO, Camilo. Ação coletiva passiva no direito brasileiro: necessidade de regulamentação legal. In: GOZZOLI, Maria Clara; CIANCI, Mirna; CALMON, Petrônio; QUARTIERI, Rita (coords.). *Em defesa de um novo sistema de processos coletivos: estudos em homenagem a Ada Pellegrini Grinover*. São Paulo: Saraiva, 2010, p. 89).

[515] LEITE, Carlos Henrique Bezerra. *Curso de Direito Processual do Trabalho*. 10.ª ed. São Paulo, LTr, 2012, p. 1212.

[516] LEITE, Carlos Henrique Bezerra. *Curso de Direito Processual do Trabalho*. 10.ª ed. São Paulo, LTr, 2012, p. 1213.

[517] SANTOS, Ronaldo Lima dos. "Defendant class actions": o grupo como legitimado passivo no direito norte-americano e no Brasil. *Boletim Científico da Escola Superior do Ministério Público da União*. n.º 10. Brasília: Ministério Público da União, 2004, p. 150).

[518] MELO, Raimundo Simão de. *Processo coletivo do trabalho*. 3.ª ed. São Paulo, LTr, 2013, p. 178.

[519] MELO, Raimundo Simão de. *Processo coletivo do trabalho*. 3.ª ed. São Paulo, LTr, 2013, p. 72.

4. ALGUMAS HIPÓTESES DE APLICAÇÃO

Por exemplo, quando se tratar de dissídio coletivo suscitado no contexto de uma greve, o Tribunal resolverá acerca do atendimento das atividades essenciais, declarando, ou não, a abusividade do movimento paredista. Poderá determinar o retorno ao serviço por parte dos trabalhadores, e, se for o caso, decidirá sobre a remuneração dos dias de paralisação.[520]

Caso aquilo que for estabelecido na "sentença normativa" vier a ser descumprido, haverá espaço para o manejo da "ação de cumprimento". Ela busca garantir, *in concreto*, o que foi fixado na decisão coletiva genérica. Na ação de cumprimento pode ser obtida uma tutela mandamental (ordem para que a empresa cumpra com as determinações fixadas no dissídio coletivo) ou condenatória (indenização pelos prejuízos causados aos trabalhadores).[521]

A sistemática é interessante, pois permite que a empresa seja compelida a respeitar o resultado de uma decisão proferida em processo coletivo do qual ela não participou individualmente (foi representada pela associação da categoria econômica).

Encerrando a breve abordagem do tema, cumpre mencionar que o art. 114, §2.º, da Constituição Federal[522], com a redação conferida pela Emenda Constitucional n.º 45/2005, que estabelece a exigência de comum acordo para a instauração de dissídio coletivo de natureza econômica. Historicamente, para o ajuizamento desta modalidade de dissídio, tal como ocorre com todos os procedimentos de jurisdição contenciosa, não era necessário o consenso entre os legitimados coletivos envolvidos. Sem dúvidas, é estranho exigir da parte autora, que deseja ajuizar a ação, a concordância do adversário. Como afirma Simão de Melo: "tal não existe na prática, como se sabe, principalmente quando o dissídio coletivo for instaurado pelas categorias profissionais diante de uma recusa patronal em negociar a solução do conflito coletivo de trabalho".[523] De todo modo, aguarda-se o julgamento pelo Supremo Tribunal

---

[520] MELO, Raimundo Simão de. *Processo coletivo do trabalho*. 3.ª ed. São Paulo, LTr, 2013, p. 150.

[521] MELO, Raimundo Simão de. *Processo coletivo do trabalho*. 3.ª ed. São Paulo, LTr, 2013, p. 209 e ss.

[522] Art. 114, §2.º: "recusando-se qualquer das partes à negociação coletiva ou à arbitragem, é facultado às mesmas, de comum acordo, ajuizar dissídio coletivo de natureza econômica, podendo a Justiça do Trabalho decidir o conflito, respeitadas as disposições mínimas legais de proteção ao trabalho, bem como as convencionadas anteriormente."

[523] MELO, Raimundo Simão de. *Processo coletivo do trabalho*. 3.ª ed. São Paulo, LTr, 2013, p. 209.

Federal das ADIs n.ºs 3.392 e 3.432, nas quais é questionada a constitucionalidade da nova redação do art. 114, §2.º, por ferir o princípio da inafastabilidade do controle jurisdicional.[524]

4.2 As ações possessórias em conflitos fundiários coletivos

As demandas possessórias movidas em face de coletividades indeterminadas em conflitos fundiários possivelmente são um dos casos mais típicos de coletivização passiva. Indiscutivelmente a grande frequência dessas lides é fomentada pela intensa desigualdade fundiária que perpassou a formação do Brasil[525], sendo frequentes as ocupações coletivas de terras.

Na maioria das vezes, para o autor da ação de reintegração de posse é muito difícil, senão impossível, a identificação de todos os indivíduos que devem compor o polo passivo, já que, via de regra, o fluxo e a circulação de pessoas nessas ocupações é uma constante.[526] Nesse cenário, sustenta-se que a ação pode ser manejada em face de réus incertos, por meio de citação por edital.[527]

---

[524] LEITE, Carlos Henrique Bezerra. *Curso de Direito Processual do Trabalho.* 10.ª ed. São Paulo, LTr, p. 1224-1225.

[525] Inicialmente a ocupação das terras no território nacional ocorreu por meio das sesmarias, que objetivavam limitar a ocupação e concentrar a mão de obra. Ao longo dos séculos XVII e XVIII, as sesmarias serviram como instrumento de formação de latifúndios, o que impossibilitou o acesso à terra pela grande massa de trabalhadores – pois a estes não era dada a possibilidade de receber um título de propriedade por parte da Coroa Portuguesa. (MARÉS. Carlos Frederico. *A função social da terra.* Porto Alegre: Sérgio Fabris Editor, 2003, p. 55).

[526] Essa situação assemelha-se à *fluid class* concebida pela doutrina norte-americana. Segundo Antonio Gidi: "o grupo também pode ter uma composição fluida ou instável (*fluid class*), no sentido de que há uma alta rotatividade dos membros e novas pessoas estão constantemente sendo incluídas ou excluídas do grupo, como nas ações coletivas propostas em benefícios de prisioneiros, de estudantes, de pessoas solteiras, de pessoas internadas em hospital etc. Em tais casos, algumas pessoas podem ser membros do grupo no momento da certificação, ainda que não tenham sido no momento da propositura da ação ou já não mais o sejam no momento da prolação da sentença." (GIDI, Antonio. *A class action como instrumento de tutela coletiva dos direitos.* São Paulo: Revista dos Tribunais, 2007, p. 263).

[527] MONTENEGRO FILHO, Misael. *Ações possessórias – postulação e defesas do réu – desenvolvimento da demanda possessória.* 2.ª ed. São Paulo: Atlas, 2008, p.47.

4. ALGUMAS HIPÓTESES DE APLICAÇÃO

Todavia, a mera citação editalícia da totalidade dos potenciais réus, ainda que viabilize o processamento deste tipo de demanda, é incapaz de assegurar um contraditório minimamente razoável. Ora, a citação por edital é a modalidade de citação ficta por excelência – deve ser manejada apenas em hipóteses absolutamente excepcionais e, muitas vezes, sua utilização pode dar azo a nulidades.[528]

Em contrapartida, como já visto ao longo deste trabalho, defende-se que, em conflitos fundiários coletivos, um ou mais integrantes da coletividade ré (de preferências os líderes) funcionem no processo como representantes adequados de seus pares, expediente que viabiliza o acesso à justiça do autor e evita que essas ações tramitem de forma unilateral.

O novo Código de Processo Civil (art. 554, §1.º) prevê que, nesses casos, serão citados pessoalmente os ocupantes encontrados no local, com a citação por edital dos demais, contrabalanceada com a determinação da intimação da Defensoria Pública, caso estejam envolvidas no conflito pessoas em situação de hipossuficiência econômica.[529]

Há também a previsão da ampla divulgação da demanda e dos respectivos prazos processuais, podendo para tanto o magistrado fazer uso de anúncios em jornal ou rádios locais na região do conflito e de outros meios (art. 554, §3.º). Este dispositivo, ao buscar levar a existência da demanda ao conhecimento geral, abre espaço para a intervenção daqueles que não foram pessoalmente citados. Todavia, recomenda-se que a possibilidade de intervenção não seja ampla e irrestrita, pois isso seria capaz de inviabilizar o regular prosseguimento do feito.

Não se descuida que o estudo dessas ações reintegratórias merece maior aprofundamento, uma vez que elas são capazes de ocasionar "externalidades negativas inconstitucionais". Caso o magistrado limite-se a expedir o mandado possessório em desfavor da coletividade, possivelmente graves consequências

---

[528] Acerca da excepcionalidade da citação por edital, ver: CORREIA, André de Luizi. *A citação por edital no direito brasileiro*. São Paulo: Revista dos Tribunais, 2001, p. 142-145.

[529] Conforme o art. 554, §1.º do NCPC: "no caso de ação possessória em que figure no polo passivo grande número de pessoas, será feita a citação pessoal dos ocupantes que forem encontrados no local e a citação por edital dos demais; será ainda determinada a intimação do Ministério Público e, se envolver pessoas em situação de hipossufiência econômica, da defensoria pública."

advirão dessa decisão, mormente em razão da brutalidade que historicamente envolve o cumprimento de tais ordens, bem como o desalojamento das famílias removidas.

Nessas situações, é adequado que o juiz adote medidas acessórias, tais como a estipulação de que outros órgãos fiscalizem a execução da medida, notadamente em relação ao respeito a direitos fundamentais, bem como determine que o Poder Público promova a realocação das famílias.[530]

Tais cautelas foram adotadas em ação de reintegração de posse que tramitou na 20.ª Vara Cível de Belo Horizonte.[531] O magistrado responsável pelo caso, além de expedir a ordem de reintegração, determinou que o Poder Público concedesse assistência, transporte e abrigo às 150 famílias removidas. Além disso, restou consignado que a OAB-MG e a Cúria Metropolitana da Arquidiocese de Belo Horizonte deveriam indicar observadores para acompanhar a execução da ordem judicial.

Ainda dentro dessa discussão, cita-se também a polêmica previsão do "Programa Nacional de Direitos Humanos 2" ("PNDH 2"), segundo a qual a concessão de medida liminar de reintegração de posse deveria ser condicionada à comprovação da função social da propriedade por parte do autor, sendo obrigatória a intervenção do Ministério Público em todas as fases processuais de litígios envolvendo a posse da terra urbana e rural.[532]

É certo que o NCPC não adotou tal sugestão nos exatos termos propostos, mas, por outro lado, o novo diploma processual previu que, em ocupações consolidadas (quando o esbulho ou turbação houver ocorrido a mais de ano e dia), o magistrado, antes de apreciar o pedido liminar, designará audiência de

---

[530] Essas medidas acessórias possuem características próprias às "structural injunctions" do direito norte-americano. Para o estudo deste tema sob a perspectiva do direito brasileiro, consultar: ARENHART, Sérgio Cruz. Decisões estruturais no Direito Processual Civil brasileiro. *Revista de Processo*. n.º 225. São Paulo: Revista dos Tribunais, 2013.

[531] Autos n.º 002409545746-1, 20.ª Vara Cível de Belo Horizonte.

[532] Proposta n. 414 do programa: "Apoiar a aprovação de projeto de lei que propõe que a concessão de medida liminar de reintegração de posse seja condicionada à comprovação da função social da propriedade, tornando obrigatória a intervenção do Ministério Público em todas as fases processuais de litígios envolvendo a posse da terra urbana e rural." SECRETARIA DE ESTADO DOS DIREITOS HUMANOS, *Programa Nacional de Direitos Humanos – PNDH II*. Disponível em: [http://www.direitoshumanos.usp.br/index. php/Direitos-Humanos-no-Brasil/ii-programa-nacional-de-direitos-humanos-pndh-2002.html]. Acesso em 09.01.2015.

mediação (art. 565, *caput*), com a intimação dos representantes do Ministério Público e da Defensoria Pública (quando houver beneficiários de assistência judiciária gratuita) para que compareçam à audiência (art. 565, §2.º). Faculta-se também a intimação dos órgãos responsáveis pela política agrária e urbana da União, do Estado ou do Distrito Federal, e do Município onde se situe a área objeto do litígio, para que manifestem eventual interesse na causa e na possibilidade de solução do conflito possessório (art. 565, §4.º).

4.3 ESTATUTO DO TORCEDOR (LEI 10.671/03)

O art. 1.º da Lei 10.671/03 sintetiza a finalidade do diploma em questão, qual seja, a proteção do torcedor.[533] Por sua vez, o art. 2.º promove a equiparação do "torcedor" ao "consumidor" (definido no CDC).

O legislador agiu com o desiderato de classificar como torcedor não apenas o indivíduo que frequenta as praças esportivas,[534] pois, mediante a supracitada equiparação, abarcou inclusive os que se entretêm com tais eventos por meio de aparelhos de radiodifusão de sons e imagens, ou ainda os que de alguma forma são afetados por determinado acontecimento esportivo ("consumidor por equiparação"), como, por exemplo, os transeuntes hostilizados por torcidas organizadas nas proximidades dos estádios.

De outro giro, como acentua Gustavo Osna, o Estatuto também traz deveres àqueles a quem foi atribuído o *status* de torcedor, fator este que cria novas situações no âmbito processual.[535]

Para além de um vasto âmbito de atuação para o processo coletivo ativo, em seu art. 39-A, o Estatuto estabelece que a torcida organizada (bem como seus associados) que, em evento esportivo, promover tumulto; praticar ou incitar a violência; ou invadir local restrito aos competidores, árbitros, fiscais,

---

[533] Art.1.º: "este Estatuto estabelece normas de proteção e defesa do torcedor."

[534] CUNHA, Rogério Sanches; GOMES, Luiz Flávio; PINTO, Ronaldo Batista; OLIVEIRA; Gustavo Vieira. *Estatuto do Torcedor comentado*. São Paulo: Revista dos Tribunais, 2011, p. 17.

[535] OSNA, Gustavo. As ações coletivas e o Estatuto de Defesa do Torcedor: o Processo Civil Clássico na marca do pênalti. *Revista de Processo*. n.º 232. São Paulo: Revista dos Tribunais, 2014, p. 240.

PROCESSO COLETIVO PASSIVO

dirigentes, organizadores ou jornalistas, será impedida de comparecer a eventos esportivos pelo prazo de até 3 (três anos).

O art. 39-A claramente abre espaço para a coletivização passiva[536], pois, na medida em que seria inviável a formação de litisconsórcio passivo multitudinário, admite-se que a demanda seja direcionada contra um ente que congregue os interesses de seus membros.

Há posicionamento no sentido de que tal regra é injusta, pois puniria inclusive indivíduos pertencentes à torcida organizada que não compareceram ao estádio na data dos fatos que ocasionaram a sanção.[537] Todavia, não há de se concordar com tais críticas. A disposição em análise pode ser abordada sob a ótica da teoria norte-americana da "membership ratification", a qual, em certos casos, entende, com base na noção do "guilt by association with association", ser desnecessária individualização das condutas ilegais. Ou seja, os sujeitos, que voluntariamente aceitaram fazer parte de determinada associação, são civilmente responsáveis pelos atos praticados por tal coletividade, o que gera poderoso efeito preventivo, pois os integrantes do grupo são constantemente incentivados a monitorar a conduta de seus pares.[538]

Retomando ao Estatuto do Torcedor, para este diploma pouco importa se torcida organizada está ou não legalmente constituída.[539] Nada obstante, não se descuida que a institucionalização do grupo, e o consequente cadastro individualizado dos associados ou membros (previsto no art. 2.º-A), facilita o emprego das medidas preventivas e repressivas.

Recentemente o art. 39-A do Estatuto foi invocado no julgamento de ação civil pública motivada pelos conflitos travados pelos torcedores do Clube de Regatas Vasco da Gama e do Clube Atlético Paranaense, em partida realizada

---

[536] Nesse sentido, BORGES FORTES, Pedro Rubim. Responsabilidade das torcidas organizadas: ação coletiva passiva. *Boletim Informativo Criminal do CAOCrim, Centro de Apoio das Promotorias Criminais do Ministério Público de Minais Gerais*. n.º 1. Minais Gerais: CAOCrim, 2011, p.2.

[537] CUNHA, Rogério Sanches; GOMES, Luiz Flávio; PINTO, Ronaldo Batista; OLIVEIRA; Gustavo Vieira. *Estatuto do Torcedor comentado*. São Paulo: Revista dos Tribunais, 2011, p. 17.

[538] SHEN, Francis Xavier. The overlooked utility of the defendant class action. *Denver University Law Review*. n.º 88. Denver: Denver University, 2010, p. 85.

[539] Art. 2.º-A: "Considera-se torcida organizada, para os efeitos desta Lei, a pessoa jurídica de direito privado ou existente de fato, que se organiza para o fim de torcer e apoiar entidade de prática esportiva de qualquer natureza ou modalidade."

em Joinville na última rodada do Campeonato Brasileiro de 2013. Como abordado no início deste trabalho, o Juízo da 1.ª Vara Empresarial do Rio de Janeiro proibiu a "Força Jovem do Vasco" ("FJV") de frequentar qualquer evento esportivo. Pela decisão, com base no "Estatuto", os indiciados em função dos acontecimentos ocorridos em Santa Catarina, além dos demais integrantes da torcida, devem comparecer à delegacia mais próxima ou em outro local indicado pelo "Grupo Especial de Policiamento de Estádios" ("GEPE") em 15 min. antes do início dos jogos, e só podem se retirar após 30 min. do encerramento das partidas.[540]

Analisando o caso, é fácil perceber que nem todos os membros da torcida, afetados pelo comando sentencial, tiveram a oportunidade de participar individualmente do processo; pelo contrário, foram representados por um legitimado coletivo passivo, qual seja, a entidade associativa por eles integrada.

Por fim, cumpre ressaltar que, para além das sentenças mandamentais, o "Estatuto" permite ainda a veiculação de pretensões de natureza condenatória em face da torcida, responsabilizando-a pelos atos perpetrados por seus membros. Como prevê o art. 39-B: "a torcida organizada responde civilmente, de forma objetiva e solidária, pelos danos causados por qualquer dos seus associados ou membros no local do evento esportivo, em suas intermediações ou no trajeto de ida e volta para o evento."

A solução é interessante e relaciona-se às noções de responsabilidade civil coletiva ou anônima. Indubitavelmente, a probabilidade de localização de patrimônio idôneo ao ressarcimento dos dados será maior quando a torcida organizada acionada estiver regularmente constituída.

4.4 AÇÃO RESCISÓRIA DE AÇÃO COLETIVA ATIVA E OUTRAS AÇÕES COLETIVAS PASSIVAS DERIVADAS

Em geral, a doutrina pouco controverte acerca da existência, de *lege lata*, das ações coletivas passivas derivadas. Como exemplo, Hugo Nigro Mazzili, crítico

---

[540] Ação Civil Pública n.º 0430046-45.2013.8.19.0001, em trâmite na 1.ª Vara Empresarial da Comarca do Rio de Janeiro.

das ações coletivas passivas, admite que em algumas hipóteses os legitimados coletivos ativos inexoravelmente integração o polo passivo da demanda. Como aduz Mazzili: em (...) "uma execução de compromisso de ajustamento de conduta: se o executado apresentar embargos à execução, o exequente [ente exponencial] passará a figurar como embargado, ou seja, estará no polo passivo da ação de embargos, por meio do qual o executado quer desconstituir o título executivo."[541]

O mesmo raciocínio é aplicado na típica hipótese da ação rescisória de ação coletiva para a tutela de direitos transindividuais ou individuais em série julgada procedente.

Especificamente em relação às ações rescisórias de ações coletivas destinadas ao resguardo de direitos individuais e homogêneos, por vezes, afirma-se ser necessária a formação do litisconsórcio passivo entre todos os beneficiados pela decisão cuja desconstituição é almejada. Tal expediente é inviável na prática, motivo pelo qual, tal como ocorreu na demanda originária, os titulares dos direitos individuais de massa devem ser representados por um legitimado coletivo. Registre-se que, no âmbito do Direito do Trabalho, em se tratando de ação rescisória de demanda plúrima, na qual o sindicato atuou como substituto processual de inúmeros obreiros, a desnecessidade de formação de litisconsórcio passivo entre os interessados está, inclusive, sumulada.[542]

Outrossim, nem sempre o representante adequado da classe ré na ação rescisória será o autor da demanda originária. Por exemplo, caso o legitimado coletivo autor da ação coletiva ativa seja revel na ação coletiva passiva rescisória, ele será inadequado. Para sanar tal problema, basta lembrar que o microssistema brasileiro de tutela coletiva confere legitimidade a mais de um ente. Nesses termos, é plausível cogitar que o representante adequado da classe ré em ação rescisória de ação coletiva ajuizada por associação de classe

---

[541] MAZZIILLI, Hugo Nigro. *A defesa dos interesses difusos em juízo: meio ambiente, consumidor, patrimônio cultural, patrimônio público e outros interesses.* 24.ª ed. São Paulo: Saraiva, 2011, p. 384.

[542] Súmula n.º 406: "AÇÃO RESCISÓRIA. LITISCONSÓRCIO. NECESSÁRIO NO POLO PASSIVO E FACULTATIVO NO ATIVO. INEXISTENTE QUANTO AOS SUBSTITUÍDOS PELO SINDICATO. (...) II - O Sindicato, substituto processual e autor da reclamação trabalhista, em cujos autos fora proferida a decisão rescindenda, possui legitimidade para figurar como réu na ação rescisória, sendo descabida a exigência de citação de todos os empregados substituídos, porquanto inexistente litisconsórcio passivo necessário."

seja o Ministério Público, ou mesmo a Defensoria Pública – quando o grupo for composto, primordialmente, por indivíduos humildes. Essa proposta é adotada no PL 4484/2012 ("Nova Lei da Ação Civil Pública").[543]

4.5 O POLO PASSIVO DA AÇÃO POPULAR (LEI 4.717/65)

Recorremos aqui, novamente, às lições de Sérgio Cruz Arenhart, segundo o qual a técnica da coletivização pode ser utilizada para contornar eventuais entraves existentes quando da formação do polo passivo da ação popular.[544]

O art. 6.º da Lei 4.717/1965 prevê a integração ao polo passivo de todas as autoridades, funcionários ou administradores que, por ação ou omissão, houverem autorizado, aprovado, ratificado ou praticado o ato impugnado. Exige-se também a citação dos beneficiários diretos do ato impugnado.

O teor dessas disposições é capaz de dificultar, ou mesmo inviabilizar, a utilização desse importante instrumento de tutela de direitos. Isso quando se estiver diante de ato administrativo cuja formação tenha decorrido da manifestação de vontade de inúmeros agentes públicos (pense-se na necessária participação de todos os integrantes de um órgão de deliberações coletivas composto por um sem-número de integrantes, que ratificou uma cadeia de atos praticados por agentes de hierarquia inferior, cuja citação também é imprescindível), ou mesmo quando houver uma plêiade multitudinária de beneficiários.

Especificamente em relação aos beneficiários, há maior flexibilidade, isso em razão do art. 7.º, III, que permite a citação por edital daqueles.[545] De todo

---

[543] Art. 39: "a ação rescisória objetivando desconstituir sentença ou acórdão de ação coletiva, cujo pedido tenha sido julgado procedente, deverá ser ajuizada em face do legitimado coletivo que tenha ocupado o polo ativo originariamente, podendo os demais co-legitimados atuar como assistentes. Parágrafo único. No caso de ausência de resposta, deverá o Ministério Público e, concorrentemente, a Defensoria Pública no caso de, notoriamente, a maioria dos interessados serem hipossuficientes, ocupar o polo passivo, renovando-se-lhes o prazo para responder."

[544] ARENHART, Sérgio Cruz. *A tutela coletiva de interesses individuais: para além da proteção dos interesses individuais e homogêneos*. São Paulo: Revista dos Tribunais, 2013, p. 210-212.

[545] Por exemplo, em ação popular buscando a desconstituição de ato que redundou na contratação irregular de professores, em função do grande número de beneficiários, admitiu-se

modo, é interessante permitir a participação individual de um ou de alguns dos beneficiados pelo ato questionado, defendendo em juízo os interesses dos demais.

Maiores problemas são verificados quanto aos responsáveis pelo ato impugnado. Trata-se de litisconsórcio necessário, cuja formação, por vezes, é impossível – a anulação de ato lesivo ao patrimônio público pode ser impedida em razão da não integração à relação jurídica processual de determinado agente público absolutamente irrelevante ao deslinde da questão.[546]

Logo, como alternativa, desponta a possibilidade de que um ou alguns dos responsáveis atuem em juízo como representantes de seus pares, os quais também serão vinculados pela decisão judicial. De fato, tal técnica não pode ser aplicada quando se buscar a apuração das respectivas responsabilidades (mormente em razão das sanções previstas na lei, tais como a perda do cargo público e a suspensão dos direitos políticos); todavia, caso pretenda-se apenas a invalidação do ato questionado – o que pode ser suficiente, ao menos em um primeiro momento –, a coletivização passiva será de grande utilidade.[547]

4.6 Ações de impugnação de deliberações societárias

Para os fins desse trabalho, no escólio de Eduardo Talamini, considera-se "deliberação social" (...) "o pronunciamento que é fruto de decisão dos sócios, por meio do voto em conclave, e que constitui ato da própria sociedade."[548] Ao contrário de outros ordenamentos, o brasileiro não traz regras expressas acerca da legitimidade nessas ações.

---

a citação por edital dos docentes, ainda que os responsáveis pelo ato impugnado tenham postulado o reconhecimento da nulidade do processo em razão da ausência de citação individualizada daqueles. (TJPR, AI 914090-1, 4.ª CC, rel.ª Des.ª Astrid Maranhão de Carvalho Ruthes, j. 17/07/2012).

[546] ARENHART, Sérgio Cruz. *A tutela coletiva de interesses individuais: para além da proteção dos interesses individuais e homogêneos*. São Paulo: Revista dos Tribunais, 2013, p. 210.

[547] ARENHART, Sérgio Cruz. *A tutela coletiva de interesses individuais: para além da proteção dos interesses individuais e homogêneos*. São Paulo: Revista dos Tribunais, 2013, p. 211.

[548] TALAMINI, Eduardo. Legitimidade, interesse, possibilidade jurídica e coisa julgada nas ações de impugnação de deliberações societárias. In: YARSHELL, Flávio Luiz; PEREIRA, Guilherme Setoguti J. (coords.). *Processo societário*. São Paulo: Quartier Latin, 2012, p. 103.

4. ALGUMAS HIPÓTESES DE APLICAÇÃO

As deliberações sociais constituem relações de direito material que refletem na esfera jurídica de uma pluralidade de sujeitos – são essencialmente relações incindíveis, inadmitem soluções fragmentárias. Nada obstante, ainda sim o direito brasileiro confere legitimidade individual a cada um dos interessados (litisconsórcio facultativo unitário).[549] Situações similares serão verificadas em relação a qualquer outra deliberação colegiada, tais como as tomadas por associações sem fins lucrativos (fundações ou clubes) ou condomínios.[550]

Nesses casos, diante da desnecessidade da formação do litisconsórcio ativo, os outros legitimados, que não atuam no processo na condição de partes, sob a ótica do processo civil individual, assumem o status de terceiros.

Em função disso, surgem problemas em relação aos limites subjetivos da coisa julgada. Quais seriam as repercussões da procedência ou improcedência do pedido em relação àqueles interessados que não foram partes?[551]

Para demonstrar que se trata de um problema prático, longe de ser mera elucubração acadêmica, citamos a situação enfrentada pelo Superior Tribunal de Justiça quando da apreciação do Conflito de Competência n.º 117.987/CE[552].

A matéria de fundo debatida dizia respeito à validade da assembleia que deliberou acerca da alteração dos estatutos sociais de determinado "Instituto de Orientação a Cooperativas Habitacionais" (figuras criadas pelo Decreto 58.377/66). Primeiramente, um dos interessados ajuizou ação perante a 30.ª Vara Cível de Fortaleza, buscando a declaração da validade da assembleia, e obteve sentença de procedência. Depois, outro colegitimado ajuizou ação perante a Justiça Federal (quando houve a intervenção da Caixa Econômica Federal), pleiteando a invalidade da deliberação, tendo obtido decisão de procedência, com a invalidação da assembleia. Em um terceiro momento, outro interessado ajuizou nova ação na 30.ª Vara Cível de Fortaleza, almejando novamente a declaração da validade da assembleia, a qual, pela segunda vez,

---

[549] DINAMARCO, Cândido Rangel. *Litisconsórcio*. 8.ª ed. São Paulo: Malheiros, 2009, p. 223-224.

[550] TUCCI, José Rogério Cruz e. Impugnação judicial da deliberação de assembleia societária e projeções da coisa julgada. In: YARSHELL, Flávio Luiz; PEREIRA, Guilherme Setoguti J. (coords.). *Processo societário*. São Paulo: Quartier Latin, 2012, p. 465.

[551] Sobre o assunto: TUCCI, José Rogério Cruz e. Impugnação judicial da deliberação de assembleia societária e projeções da coisa julgada. In: YARSHELL, Flávio Luiz; PEREIRA, Guilherme Setoguti J. (coords.). *Processo societário*. São Paulo: Quartier Latin, 2012, p. 465.

[552] STJ, 2.ª S. CC 117.986/CE. rel.ª Min.ª Nancy Andrighi, j. 12/12/2012.

foi reconhecida como regular. O voto da relatora contém interessante passagem que retrata a perplexidade gerada pela questão.[553]

Pois bem.

Analisando a questão sob a ótica do direito alienígena, na lembrança de José Rogério Cruz e Tucci, após o Decreto-Legislativo n. 6, de 17 de janeiro de 2003, promulgado em cumprimento à Lei n. 366/2001, o art. 2.377 do "Code Civile" italiano foi alterado, passando a prever que a anulação da deliberação societária produz efeitos em relação a todos os sócios, além de obrigar os administradores, ressalvados os direitos adquiridos dos terceiros de boa-fé praticados com fulcro na deliberação anulada.[554] Já na lembrança de Arruda Alvim, o art. 61, 1, do Código das Sociedades Comerciais de Portugal também traz a vinculação dos sócios à coisa julgada, *in verbis*: "a sentença que declarar nula ou anular uma deliberação, é eficaz contra e a favor de todos os sócios e órgãos da sociedade, mesmo que não tenham sido parte ou não tenham intervindo na ação".[555]

Conforme já aventado nesta obra, o direito norueguês trabalha com solução parecida. Segundo o "Private Limited Companies Act" e o "Public Limited Companies Act", a decisão que anular uma deliberação societária não pode

---

[553] "Em princípio, não seria possível vislumbrar qualquer conflito na hipótese dos autos. Não há, entre os processos que deram origem a este incidente, identidade de partes que justificasse a afirmação de que dois ou mais juízes tenham se declarado competentes para a *mesma causa*. Contudo, neste processo é preciso que se atente para um detalhe fundamental: as ações têm por objeto a nulidade de uma assembleia societária, há viva discussão doutrinária acerca da *extensão subjetiva da coisa julgada* formada pela sentença. (...) Disso decorre que a polêmica é viva e suscita muitos desafios. Propor uma solução não é possível sem uma longa reflexão, de que resulte a atuação do Congresso Nacional, mediante a previsão, em lei, de regras especiais que disciplinem o tema. Enquanto tal solução não é editada, contudo, é preciso encontrar um modo de compor os conflitos que, no dia a dia, apresentam-se ao intérprete da Lei. E, tendo em vista a sensibilidade com que o tema se apresenta, a única forma de compor esses conflitos é *evitando, sempre que possível, a coexistência de sentenças contraditórias sobre um ato indivisível*. Ou seja, o Poder Judiciário, ciente da dificuldade do tema, deverá atuar para conferir segurança jurídica a todos os que, na vida ordinária, pretendam estabelecer relações jurídicas com a sociedade cuja deliberação assemblear é questionada."

[554] TUCCI, José Rogério Cruz e. Impugnação judicial da deliberação de assembleia societária e projeções da coisa julgada. In: YARSHELL, Flávio Luiz; PEREIRA, Guilherme Setoguti J. (coords.). *Processo societário*. São Paulo: Quartier Latin, 2012, p. 468.

[555] ALVIM, Arruda. A posição dos sócios e associados em relação a ações movidas contra as sociedades e associações de que façam parte. In: YARSHELL, Flávio Luiz; PEREIRA, Guilherme Setoguti J. (coords.). *Processo societário*. São Paulo: Quartier Latin, 2012, p. 70.

4. ALGUMAS HIPÓTESES DE APLICAÇÃO

ser rediscutida pelos acionistas, administradores, empregados e sindicatos interessados. [556]

Contudo, no direito brasileiro, como não há disposições específicas sobre o assunto, em regra, a coisa julgada está limitada às partes (arts. 506 do NCPC e 472 do CPC/73). Logo, é possível que sócios não integrantes da lide originária ajuízem novas ações debatendo as mesmas questões.

Problematizando a questão, questiona Sérgio Cruz Arenhart: "o que deve acontecer com o resultado da primeira demanda, caso no segundo feito seja reconhecida solução diversa daquela (*v.g.*, se o magistrado agora entende por válida a deliberação antes anulada ou vice-versa)?" Dando continuidade ao raciocínio, aduz Arenhart: "podem variar os efeitos entre os sujeitos – de modo que, para o primeiro autor, a deliberação está anulada, enquanto para os demais não – ou devem todos sujeitar-se aos mesmos efeitos (anulação ou declaração de validade?)". Outrossim, considerando como correta a última solução, surge o conflito de coisas julgadas – deverá prevalecer a primeira ou a última?[557]

Ora, a constante rediscussão de deliberações societárias por significativos lapsos temporais pode, inclusive, prejudicar sobremaneira a atividade empresarial.[558] Afirma-se também serem os prazos decadenciais trazidos na legislação brasileira para a formulação de demandas anulatórias excessivamente longos quando contrastados com outros ordenamentos, que os fixam em poucos meses. Como se não bastasse, o rol de legitimados ativos nas demandas de invalidação de deliberações assembleares é amplíssimo, o número de ações ou quotas detidas pelo sócio que postula em juízo não é um dado a ser considerado.[559] Em síntese, todos esses elementos fomentam a insegurança jurídica.

---

[556] SCHEI, Tore. Norwegian national report. In: GRINOVER, Ada Pellegrini; WATANABE, Kazuo; MULLENIX, Linda. (coords.). *Os processos coletivos nos países de civil law e common law: uma análise de direito comparado*. 2.ª ed. São Paulo: Revista dos Tribunais, 2011, p. 67.

[557] ARENHART, Sérgio Cruz. *A tutela coletiva de interesses individuais: para além da proteção dos interesses individuais e homogêneos*. São Paulo: Revista dos Tribunais, 2013, p.204-205.

[558] TUCCI, José Rogério Cruz e. Impugnação judicial da deliberação de assembleia societária e projeções da coisa julgada. In: YARSHELL, Flávio Luiz; PEREIRA, Guilherme Setoguti J. (coords.). *Processo societário*. São Paulo: Quartier Latin, 2012, p. 471.

[559] Sobre essa problemática, ver amplamente: FRANÇA, Erasmo Valladão Azevedo e Novaes; ADAMEK, Marcelo Viera Von. Algumas notas sobre o exercício abusivo da ação de invalidação de deliberação assemblear. In: YARSHELL, Flávio Luiz; PEREIRA, Guilherme Setoguti J. (coords.). *Processo societário*. São Paulo: Quartier Latin, 2012, p. 159 e ss.

Destarte, Talamini lembra que parte da doutrina defende que nas ações de impugnação de deliberações societárias a coisa julgada forma-se entre todos os interessados, independentemente do resultado do processo – todavia, esse processualista afirma que tal proposta, de *lege lata*, não encontra guarida legal, mormente por não existir disposição que confira ao sócio demandante a condição de substituto processual dos demais (já sob a ótica deste trabalho, essa solução é criticável por não trabalhar com a noção de representatividade adequada). Outra proposta aventada é a extensão *ultra partes* da coisa julgada *secundum eventum litis*, ou seja, ela só se estenderia aos outros sócios em caso de procedência. Na hipótese da improcedência, estaria limitada ao sócio demandante. Contudo, essa teoria desconsidera a possibilidade de que um ou alguns sócios desejem a declaração da validade da deliberação tomada em assembleia.[560]

De *lege ferenda*, Talamini defende o estabelecimento de regra expressa que permita a citação de todos os colegitimados, para, caso assim desejem, ingressem em um dos polos da ação, ficando assim submetidos à coisa julgada formada neste processo, mesmo que tenham optado por permanecer inertes.[561]

Já Cruz e Tucci propõe a adoção de mecanismos de "notificação rápidos e não dispendiosos" (no entendimento do autor) tais como aqueles próprios às "class actions" e ao art. 94 do CDC. Deste modo, todos os colegitimados seriam cientificados para assumir algum dos polos da relação jurídica processual.[562]

Porém, essas soluções ainda são legatárias do dogma da participação individual no processo e podem redundar na formação de litisconsórcios multitudinários, capazes de inviabilizar o andamento processual.

Na perspectiva deste estudo, a solução ideal é a utilização na técnica da coletivização. Essas lides poderiam ser resolvidas por ações duplamente

---

[560] TALAMINI, Eduardo. Legitimidade, interesse, possibilidade jurídica e coisa julgada nas ações de impugnação de deliberações societárias. In: YARSHELL, Flávio Luiz; PEREIRA, Guilherme Setoguti J. (coords.). *Processo societário*. São Paulo: Quartier Latin, 2012, p. 145-146.

[561] TALAMINI, Eduardo. Legitimidade, interesse, possibilidade jurídica e coisa julgada nas ações de impugnação de deliberações societárias. In: YARSHELL, Flávio Luiz; PEREIRA, Guilherme Setoguti J. (coords.). *Processo societário*. São Paulo: Quartier Latin, 2012, p. 149.

[562] TUCCI, José Rogério Cruz e. Impugnação judicial da deliberação de assembleia societária e projeções da coisa julgada. In: YARSHELL, Flávio Luiz; PEREIRA, Guilherme Setoguti J. (coords.). *Processo societário*. São Paulo: Quartier Latin, 2012, p. 471.

coletivas. Assegurada a representatividade adequada, no polo ativo um ou alguns sócios defenderiam em juízo os interesses daqueles que querem ver a deliberação anulada; no passivo, um ou alguns dos colegitimados atuariam na defesa daqueles que desejam a manutenção do que foi decidido em assembleia.

Tal solução encontra guarida na perspectiva do direito norte-americano, pois, como estudado, o risco de decisões conflitantes é um dos permissivos para as ações coletivas. Essa técnica revela-se proporcional e eficiente. A corroborar com esse posicionamento, afirma Arenhart: "a técnica coletiva, nesses casos, é a única que tem condições de dar solução racional a conflitos como esses, em que a eficácia constitutiva da decisão pode afetar diversas pessoas a um só tempo, sem que se tenha de oferecer a cada uma delas o direito de manifestar-se pessoalmente sobre a razão ou não dessa intervenção judicial".[563]

4.7 Ação de dissolução parcial de sociedade

Topologicamente, antes do advento do NCPC, a ação de dissolução parcial de sociedade ainda estava prevista no CPC/39. O novo diploma processual, ao disciplinar a referida ação, trata, em verdade, de dois procedimentos distintos: a ação para dissolução parcial da sociedade e a ação para apuração de haveres.[564]

A dissolução parcial da sociedade pode ocorrer em três casos: (i) quando o sócio exerce o direito de "retirada", afastando-se voluntariamente do quadro societário; (ii) quando é buscada a "exclusão" do sócio, em função de conduta grave ou incapacidade superveniente; (iii) por morte do sócio.[565]

---

[563] ARENHART, Sérgio Cruz. *A tutela coletiva de interesses individuais: para além da proteção dos interesses individuais e homogêneos*. São Paulo: Revista dos Tribunais, 2013, p. 207.

[564] MARINONI, Luiz Guilherme; ARENHART, Sérgio Cruz; MITIDIERO, Daniel. *Novo curso de processo civil. v.3: tutela dos direitos mediante procedimentos diferenciados*. São Paulo: Revista dos Tribunais, 2015, p. 179.

[565] MARINONI, Luiz Guilherme; ARENHART, Sérgio Cruz; MITIDIERO, Daniel. *Novo curso de processo civil. v.3: tutela dos direitos mediante procedimentos diferenciados*. São Paulo: Revista dos Tribunais, 2015, p. 180-181.

Os legitimados ativos para este procedimento estão previstos no art. 600 do novo Código.[566] Acerca da composição do polo passivo nesta ação, antes do NCPC havia três posicionamentos: (i) somente os sócios devem integrar o polo passivo; (ii) todos os sócios devem ser citados em litisconsórcio necessário com a sociedade; (iii) somente a sociedade deve estar no polo passivo.[567]

Ao disciplinar o tema, o novo Código trouxe a seguinte regra: "os sócios e a sociedade serão citados para, no prazo de 15 (quinze) dias, concordar com o pedido ou apresentar contestação" (art. 601). Já o art. 601, p.u., diz o seguinte: "a sociedade não será citada se todos os seus sócios o forem, mas ficará sujeita aos efeitos da decisão e à coisa julgada". Como se vê, a segunda corrente foi adotada como regra e a primeira como exceção.

Para os fins do presente trabalho, é preciso chamar atenção para os possíveis problemas advindos da necessária citação de todos os sócios. Inelutavelmente, a não realização de tal expediente implicará nulidade do processo (nos termos do art. 115 do NCPC).

Segundo as lições de Luiz Guilherme Marinoni, Sérgio Cruz Arenhart e Daniel Mitidiero, a citação de todos os sócios, conforme o tamanho da pessoa jurídica, poderá implicar na formação de litisconsórcios passivos multitudinários, com sérios prejuízos à marcha procedimental, em razão do excesso de citações e peças trazidas aos autos.[568] Certamente, a utilização da técnica

---

[566] Art. 600: "a ação pode ser proposta: I – pelo espólio do sócio falecido, quando a totalidade dos sucessores não ingressar na sociedade; II – pelos sucessores, após concluída a partilha do sócio falecido; III – pela sociedade, se os sócios sobreviventes não admitem o ingresso do espólio ou dos sucessores do falecido na sociedade, quando esse direito decorrer do contrato social; IV – pelo sócio que exerceu o direito de retirada ou recesso, se não tiver sido providenciada, pelos demais sócios, a alteração contratual consensual formalizando o desligamento, depois de transcorridos 10 (dez) dias do exercício do direito; V – pela sociedade, nos casos em que a lei não autoriza a exclusão extrajudicial; ou VI – pelo sócio excluído. Parágrafo único – O cônjuge ou companheiro do sócio cujo casamento, união estável ou convivência terminou poderá requerer a apuração de seus haveres na sociedade, que serão pagos à conta da cota social titulada por este sócio."

[567] ROSSONI, Igor Bimkowski. O procedimento de dissolução parcial de sociedade no PL 166/2010 (Novo Código de Processo Civil). In: YARSHELL, Flávio Luiz; PEREIRA, Guilherme Setoguti J. (coords.). *Processo societário*. São Paulo: Quartier Latin, 2012, p. 344.

[568] MARINONI, Luiz Guilherme; ARENHART, Sérgio Cruz; MITIDIERO, Daniel. *Novo curso de processo civil. v.3: tutela dos direitos mediante procedimentos diferenciados*. São Paulo: Revista dos Tribunais, 2015, p. 184.

4. ALGUMAS HIPÓTESES DE APLICAÇÃO

da coletivização passiva, sob o manto da representatividade adequada, tal como defendido no tópico anterior, seria uma solução muito mais funcional.

4.8 Execução da convenção coletiva de consumo

Ao buscar fundamentos para a admissão, de *lege lata*, das ações coletivas passivas no ordenamento nacional, Ada Pellegrini Grinover recorre à figura da "convenção coletiva de consumo", regrada pelo art. 107 do CDC, cujo descumprimento, no entender da autora, daria ensejo a uma ação duplamente coletiva, cujas partes formais seriam os representantes das categorias envolvidas no pacto.[569]

Sobre o instrumento em questão, ele é uma forma de autorregulação das relações de consumo, assumindo, simultaneamente, natureza contratual e normativa.[570] Logo, as partes podem pactuar acordos relativos ao preço, à qualidade, à garantia e características de produtos ou serviços, bem como à reclamação e composição do conflito de consumo, conquanto não sejam desrespeitadas as normas de ordem pública do próprio CDC (a liberdade de composição não é ampla).

Os pressupostos da convenção coletiva de consumo são os seguintes: (i) de um lado, a existência de entidades civis que representem os interesses dos consumidores, e, de outro, de entes representativos dos fornecedores; (ii) "a eliminação da concorrência interna entre os membros das entidades

---

[569] Nos dizeres de Grinover: "o art. 107 do Código de Defesa do Consumidor contempla a chamada 'convenção coletiva de consumo', permitindo às entidades civis de consumidores e às associações de fornecedores, ou sindicatos de categorias econômicas, regular, por convenção escrita, relações de consumo que tenham por objeto estabelecer condições relativas ao preço, à qualidade, à quantidade, à garantia e características de produtos e serviços, bem como à reclamação e composição do conflito de consumo. Ora, se a convenção coletiva (como ato bilateral que atribui direitos e obrigações) firmada entre a classe de consumidores e a de fornecedores não for observada, de seu descumprimento se originará uma lide coletiva que só poderá ser solucionada em juízo pela colocação dos representantes das categorias face a face, no polo ativo e no polo passivo da demanda respectivamente." (GRINOVER, Ada Pellegrini. *O processo: estudos e pareceres*. 2.ª ed. São Paulo: DPJ, 2009, p. 272-273).

[570] MACIEL JÚNIOR, Vicente de Paula. *Convenção coletiva de consumo: interesses difusos, coletivos e casos práticos*. Belo Horizonte: Del Rey, 1996, p. 93-95.

associativas"; (iii) a reprodução em um documento escrito do acordo de vontades firmado entre os entes exponenciais; (iv) o caráter obrigatório de tal documento após seu registro no cartório de títulos e documentos, vinculante para os filiados das entidades signatárias – art. 107, §2.º do CDC.[571]

Como pondera Vicente de Paula Maciel Júnior, ainda que a lei diga que o conteúdo das convenções coletivas de consumo vincula somente os associados das entidades signatárias, ele, inexoravelmente, afetará os interesses de indivíduos não associados, especialmente os consumidores dos produtos postos em circulação no mercado.[572]

Do ponto de vista processual, seu descumprimento pode dar ensejo à propositura de ações coletivas ativas tradicionais ou de ações duplamente coletivas. A primeira hipótese ocorrerá quando a convenção for desrespeitada por um específico fornecedor filiado à associação da categoria econômica signatária do pacto – neste caso, a associação dos consumidores, ou mesmo o Ministério Público ou a Defensoria Pública (quando os interessados forem pessoas carentes) ajuizará ação coletiva diretamente contra a empresa recalcitrante.

Por outro lado, haverá uma ação coletiva passiva quando o descumprimento da convenção de consumo ocorrer no plano coletivo. Diante do desrespeito geral daquilo que foi pactuado, a ação duplamente coletiva será direcionada ao ente representativo dos fornecedores, almejando compeli-los ao respeito das cláusulas acordadas. No caso, inexistirão maiores problemas no tocante à imposição do comando jurisdicional àqueles que foram representados em juízo no polo passivo da ação, pois os termos do acordo que integra a causa da pedir da demanda os vincula.

---

[571] MACIEL JÚNIOR, Vicente de Paula. *Convenção coletiva de consumo: interesses difusos, coletivos e casos práticos*. Belo Horizonte: Del Dey, 1996, p. 129-130.
[572] MACIEL JÚNIOR, Vicente de Paula. *Convenção coletiva de consumo: interesses difusos, coletivos e casos práticos*. Belo Horizonte: Del Dey, 1996, p. 131.

CONCLUSÕES FINAIS

Neste momento, cumpre refazer o percurso traçado ao longo deste trabalho, destacando as principais conclusões obtidas.

1. Na sociedade contemporânea o fluxo de informações é constante, além da reiteração de padrões generalizados (no âmbito do consumo, da política, da cultura etc.). Dentro desse quadro, a litigância de grande escala cresce de forma exponencial, o que inviabiliza a tutela de direitos mediante o emprego do instrumental próprio ao processo civil individual – fator este que reclama o trabalho incessante dos doutrinadores e operadores do direito na busca de novas soluções.

2. Críticas acerca da eficiência do Poder Judiciário brasileiro são corriqueiras. A garantia da inafastabilidade do controle jurisdicional faz com que o Judiciário seja um bem comum, passível de ser sobreutilizado.

3. Observa-se que a mera alteração de leis processuais não é capaz, por si só, de reverter esse quadro crítico. Em oposição a essa visão restrita, desponta a ideia de proporcionalidade pan-processual, a qual, essencialmente, busca abordar a temática da eficiência do Poder Judiciário considerando a totalidade dos processos em curso. Hodiernamente a jurisdição deixou de ser enxergada como mera função estatal vocacionada à aplicação do direito ao caso concreto, transformando-se em um verdadeiro serviço público destinado à resolução de controvérsias. Ainda conforme a noção de proporcionalidade pan-processual,

PROCESSO COLETIVO PASSIVO

a eficiência do serviço público jurisdicional depende da conjugação de três fatores: legislativo, estrutural e cultural.

4. Neste estudo não foi realizada uma análise aprofundada do amplo rol de fatores que dialogam com o tema da proporcionalidade pan-processual – ainda que alguns deles tenham sido tratados de forma secundária. Em verdade, partimos da premissa segundo a qual a projeção macroscópica da proporcionalidade fundamenta a supremacia da tutela coletiva sobre a individual. Dentro dessa perspectiva, focamos no ainda pouco estudado tema das ações coletivas passivas e das ações duplamente coletivas.

5. O processo civil nos ordenamentos de matriz romano-germânica foi cunhado com vistas à exclusiva tutela de direitos individuais subjetivos. Não se presta ao resguardo de interesses supraindividuais ou individuais em série. Essa característica relaciona-se ao próprio direito material, que, na Modernidade, foi pautado por intenso individualismo. Contudo, o repúdio ao coletivo não é um valor que sempre se fez presente. Por exemplo, no Medievo havia a preponderância do coletivo sobre o individual, nesse cenário, além dos feudos, assumem posição de protagonismo as corporações religiosas e profissionais, cada uma delas com estatutos próprios e autonomia em relação ao poder estatal.

6. No plano processual, o estudo de Stephan C. Yeazell demonstra que na Inglaterra medieval era admitido o ajuizamento de demandas em face de grupos. De fato, não é metodologicamente adequado fundamentar o cabimento das ações coletivas passivas na atualidade com base na experiência inglesa de outrora, são contextos absolutamente diversos. Todavia, o estudo dos litigiosos medievais serve, ao menos, para problematizar o direito vigente, demonstrando que as instituições com as quais estamos acostumados a trabalhar, longe de serem naturais ou imutáveis, pertencem a um contexto espacial e temporalmente delimitado, logo, são passíveis de alteração.

7. Ao voltarmos nossos olhos ao processo coletivo brasileiro da atualidade, observamos que, em uma primeira aborgadem, ele busca tutelar direitos metaindividuais e individuais e homogêneos lesionados ou ameaçados de lesão

CONCLUSÕES FINAIS

por um sujeito passivo individual. Ponderou-se que, na definição conceitual de processo jurisdicional coletivo, fatores como a existência de um legitimado extraordinário ou de um regime especial de coisa julgada não devem ser levados em conta.

8. No Brasil, o processo coletivo foi desde o início elaborado com base na premissa de que a coletividade, grupo ou classe devem sempre ocupar o polo ativo da demanda. Destarte, em nosso país vigora um verdadeiro microssistema de processos coletivos, composto, entre outros, pela Lei 4.717/65 ("Lei da Ação Popular"); Lei 7.347/85 ("Lei da Ação Civil Pública"); Lei 8.078/90 ("Código de Defesa do Consumidor"); Lei 7.853/89 (trata da tutela das pessoas portadoras de deficiência); Lei 7.913/89 (disciplina os investidores do mercado de valores mobiliários); Lei 8.069/90 ("Estatuto da Criança e do Adolescente"); Lei 8.429/92 ("Lei da Improbidade Administrativa"); Lei 10.257/01 ("Estatuto da Cidade"); Lei 10.741/03 ("Estatuto do Idoso"); Lei 10.671/03 ("Estatuto do Torcedor"). A promulgação constante de diplomas legislativos com disposições acerca da tutela coletiva fez com que o ordenamento brasileiro se tornasse modelo no assunto.

9. Nosso sistema conhece ainda outras formas de tutela de interesses de massa, tais como o julgamento liminar de improcedência e o julgamento por amostragem de recursos repetitivos. Ademais, o NCPC traz uma nova figura, o incidente de resolução de demandas repetitivas ("IRDR"). Alguns chegaram a afirmar que tal instituto surge com o escopo de tomar o lugar ocupado pelas ações coletivas destinadas à tutela dos direitos individuais e homogêneos. Mas não há de se concordar com tais afirmações. A figura trazida pelo NCPC poderá, no máximo, ajudar a desafogar as instâncias superiores do Poder Judiciário, porém, não obstará a constante propositura de novas ações individuais, pelo contrário, irá incentivá-las. Como se não bastasse, inexistem critérios idôneos à seleção do caso paradigma, o que pode trazer problemas acerca da representatividade adequada.

10. Ainda que o sistema brasileiro tenha sido pensado para o grupo ocupe o polo ativo da demanda coletiva, em vários casos, sob a ótica da proporcionalidade pan-processual, admitir que a coletividade ocupe o polo passivo

PROCESSO COLETIVO PASSIVO

pode ser útil ou até mesmo necessário. Hodiernamente não mais subsiste o repúdio ao associativismo de outrora e o poderio dos agrupamentos humanos cresceu significativamente, sendo plausível falar em um quadro de intensa conflituosidade coletiva.

11. A ação coletiva passiva serve à tutela tanto direitos individuais, coletivos, difusos ou individuais e homogêneos. Da natureza dos interesses que litigam em juízo, decorre a diferenciação entre "ação coletiva passiva" e "ação duplamente coletiva". Na primeira, há um interesse individual (ou mais de um, em litisconsórcio) no polo ativo e um direito transindividual ou individual de massa no passivo. Na segunda, existem interesses metaindividuais ou individuais em série de ambos os lados.

12. Mesmo diante da inexistência de disposições expressas sobre o assunto, em algumas circunstâncias é plausível afirmar que as ações movidas em face da classe, grupo ou categoria são uma realidade no Brasil.

13. As ações coletivas passivas existentes na prática nem sempre são reguladas pelas normas pertencentes ao microssistema brasileiro de tutela coletiva. Por exemplo, na ação possessória movida em face de uma ocupação coletiva, o procedimento é regrado pelo CPC. Em casos como esse, em função da inviabilidade da formação do litisconsórcio passivo (e da homogeneidade das lesões), a coletivização desponta como mecanismo adequado.

14. Já em alguns processos "pseudo-individuais", pelos quais é buscada pretensão de natureza declaratória ou constitutiva, ainda que isso não fique claro em uma primeira abordagem, certamente há interesses de natureza transindividual no polo passivo (tal como na ação em que se busca em juízo uma licença ambiental negada na via administrativa).

15. Como na sociedade contemporânea o associativismo voltou a ter um papel de destaque, é razoável cogitar que, em alguns casos, associações funcionem como legitimados coletivos passivos em demandas duplamente coletivas nas quais se busca a imposição de padrões de conduta aos seus filiados.

CONCLUSÕES FINAIS

16. No tema do presente trabalho, o estudo do direito comparado é de grande relevância. Nesse contexto, o maior desenvolvimento do processo coletivo na "common law", especialmente nos Estados Unidos, faz com que tais ordenamentos sejam a primeira fonte de pesquisa.

17. Nos Estados Unidos, para que sejam admitidas, as ações coletivas devem, primeiramente, atender a quatro requisitos: "numerosity"; "commonality", "typicality" e "adequacy of representation". Este último é o mais importante, pois, ao garantir um contraditório adequado sem a participação individual de todos os membros da classe, fundamenta a extensão da coisa julgada aos membros ausentes, independentemente do resultado do processo.

18. Além de preencher os requisitos anteriormente mencionados, as "class actions" devem se enquadrar em alguma das hipóteses de cabimento estabelecidas na Rule 23" (b), as quais podem ser assim sintetizadas: (i) possibilidade de decisões conflitantes em face de membros do mesmo grupo; (ii) negativa da parte em agir de forma uniforme em relação aos membros da classe; (iii) existência questões comuns superiores às individuais.

19. Para além das ações em nome da classe, o sistema norte-americano admite as ações contra a classe ("defendant class actions"). Todavia, não há disposições específicas sobre elas, logo, as regras sobre as "class actions" tradicionais devem ser adaptadas.

20. Quando cabíveis, as "defendant class actions" são capazes de promover a economia de recursos judiciais, de evitar a prolação de decisões conflitantes e de dissuadir os integrantes da classe ré da prática de novas irregularidades. Entre outros benefícios, evitam a repetição da fase investigatória de provas, muito cara naquele país, e promovem a interrupção simultânea da prescrição em relação a todos os integrantes do grupo acionado.

21. As "defendant class actions" são passíveis de certificação em várias ocasiões, tais como quando os integrantes da coletividade ré praticaram condutas idênticas ou similares ou quando eles integram uma entidade associativa. Casos típicos de coletivização passiva nos Estados Unidos são verificados em

PROCESSO COLETIVO PASSIVO

ações relativas a seguros, violações de patentes ou contra agentes públicos para a interpretação de certa lei ou ato normativo. Via de regra, as "defendant class actions" são manejadas com vistas à obtenção de um provimento declaratório ou injuntivo.

22. Em termos de economia de escala, as ações coletivas passivas podem ser úteis mesmo do ponto de vista dos integrantes da classe ré (quando as pretensões tenham pequena expressão econômica). Caso litigassem de forma individual, eles possivelmente fariam um acordo ou deixariam de contestar. Outrossim, diante da coletivização, é mais fácil encontrar um advogado interessado em defender os interesses da classe ré, em função dos altos valores em disputa.

23. Há notícia da admissão das ações coletivas passivas no Canadá (onde vigora o sistema do "opt out", ou seja, o direito de auto-exclusão dos membros da classe acionada é irrestrito), na Noruega (a regra é o "opt in", os integrantes da classe ré devem concordar em se defender pela via coletiva) e em Israel (utilizadas em face de entidades desprovidas de personalidade jurídica).

24. O principal ensinamento que os ordenamentos estrangeiros estudados podem passar ao Brasil corresponde à preocupação com a representatividade adequada real. Também é interessante destacar a flexibilidade pela qual esses sistemas admitem a coletivização de pretensões ou defesas. São usados critérios como: (i) "existência de questões comuns"; (ii) "superioridade da via coletiva sob o prisma da eficiência" e (iii) "inviabilidade da formação do litisconsórcio". Essas balizas podem ser empregadas no Brasil, ampliando os casos em que a coletivização é permitida.

25. Sobre o instituto do litisconsórcio, ele não é capaz de lidar com as situações nas quais todos os sujeitos envolvidos não podem ser desde logo identificados, ou mesmo quando eles alteram-se constantemente. Além do mais, o direito brasileiro não opera de forma adequada com litisconsórcios demasiadamente alargados.

26. Nesses termos, entende-se que, quando a formação do litisconsórcio passivo necessário for inviável (obstando o acesso à justiça por parte do autor)

ou quando o litisconsórcio passivo facultativo não for uma alternativa operacional, haverá espaço para o emprego da técnica da coletivização.

27. Acerca das propostas atinentes ao regime da coisa julgada no processo coletivo passivo, inicialmente defendeu-se a transposição invertida do regime previsto no art. 103 do CDC. Todavia, trata-se solução legatária do dogma da ampla proteção conferida pelo legislador brasileiro aos integrantes da classe. Em verdade, a única solução adequada é a imposição da coisa julgada àqueles que foram representados em juízo, independentemente do resultado do processo. Logo, para evitar que tal expediente malfira direitos fundamentais, é imprescindível o emprego do instituto da representatividade adequada.

28. No processo coletivo passivo, o legitimado coletivo que defenderá em juízo os interesses dos integrantes da coletividade acionada variará de acordo com as circunstâncias do caso concreto. Se não for possível encontrar um representante adequado para a classe, o emprego da técnica da coletivização restará inviabilizado. A busca do representante será mais simples ou complexa em função das características da situação litigiosa – não existirão grandes obstáculos quando os membros da classe demandada estiverem vinculados a uma liderança identificável, ou a um ente exponencial.

29. Dentre os possíveis legitimados coletivos passivos, citam-se: (i) os sindicatos; (ii) as associações regularmente constituídas; (iii) as associações de fato; (iv) o Ministério Público – em ações coletivas passivas derivadas; (v) o poder público; (vi) um ou alguns indivíduos integrantes do grupo.

30. Em se tratando de ação coletiva passiva ou ação duplamente coletiva, as figuras do *amicus curiae* (enaltecida no NCPC) e das audiências públicas, caso adequadamente utilizadas, podem democratizar o processo, contribuindo com o resguardo dos interesses defendidos em juízo.

31. A fase saneadora é de fundamental importância na coletivização passiva. Neste momento será averiguada a adequação do representante da classe demandada; concluir-se-á pela superioridade ou não da via coletiva; serão delimitadas as questões submetidas à solução coletiva, entre outros expedientes

PROCESSO COLETIVO PASSIVO

possíveis. Essa decisão deverá estar sujeita à recorribilidade imediata, com a consequente preclusão, pois, do contrário, a técnica processual defendida estará fadada ao insucesso.

32. Como regra geral, a ação coletiva passiva deverá ser ajuizada no foro do local do dano. Caso o evento tenha abrangência regional ou nacional, a ação poderá ser ajuizada na capital do Estado ou do Distrito Federal. Não se descarta, outrossim, a possibilidade de a ação ser intentada no foro do domicílio do representante adequado do grupo, o que pode facilitar o exercício do direito de defesa.

33. Questão tormentosa é verificada em relação aos provimentos compatíveis com a ação coletiva passiva. A efetivação das decisões judiciais é um dos temas mais instigantes da atual ciência processual, permeado por limitações de ordem legal, principiológica e ideológica.

34. Em se tratando de ação coletiva passiva, ou duplamente coletiva, via de regra será preciso impor provimentos a sujeitos que não participaram diretamente do contraditório, fechando-se as portas para a rediscussão na via individual.

35. Não existem direitos processuais absolutos e a garantia do contraditório (especialmente em sua projeção individualista) deve ser contrastada com outras tantas existentes. Na averiguação da possibilidade de vinculação de uma decisão a indivíduos que não participaram diretamente do processo em que ela foi tomada, assume posição de destaque a técnica da ponderação. Invoca-se também a teoria norte-americana da "classe como entidade litigante", pela qual os sujeitos representados em uma "class action" são vistos como partes de um todo, o que reduz o espaço ocupado pela autonomia individual. Além disso, muitas vezes as relações mantidas pelos integrantes da categoria são anteriores à existência do próprio processo, em reforço à ideia de unidade e à necessidade de tratamento isonômico.

36. No cumprimento de decisões mandamentais a utilização da multa coercitiva é de grande valia. Em sede de coletivização passiva, a multa

CONCLUSÕES FINAIS

coercitiva, via de regra, deve incidir diretamente sobre os específicos sujeitos que descumprirem a decisão judicial após serem dela notificados. Quando a identificação daqueles que não respeitaram a ordem for difícil, é possível que a multa coercitiva recaia diretamente sobre o ente exponencial que atuou em juízo na condição de legitimado coletivo passivo. Isso será eficiente quando ele tiver grande ingerência sobre os sujeitos representados.

37. A utilização de tutelas auto-satisfativas que operam exclusivamente no plano normativo (declaratória e constitutiva) é mais simples em sede de coletivização passiva. Basta a vinculação dos integrantes da classe ré ao provimento, não havendo maiores obstáculos.

38. Sobre a sentença condenatória na ação coletiva passiva, uma primeira alternativa seria a adoção de um regime similar (porém invertido) àquele empregado nas ações coletivas ativas para a tutela de direitos individuais e homogêneos. O autor da ação coletiva obteria a declaração genérica da responsabilidade dos integrantes do grupo demandado, e, posteriormente, buscaria liquidar os prejuízos individualmente causados.

39. Por outro lado, afirma-se ser possível relacionar a temática da ação coletiva passiva à responsabilidade civil coletiva (causalidade comum), permitindo que os danos ocasionados à vítima, ou às vítimas, sejam em um primeiro momento ressarcidos pelos sujeitos integrantes do grupo que foram identificados, ou pelo ente exponencial que os congregue – na hipótese em que houver grande grau de surbordianação entre os membros da coletividade ré e o legitimado coletivo –, facultando-se o exercício do direito de regresso. Isso fará com que o representante adequado do grupo processado seja motivado a atuar de forma ainda mais vigorosa quando da formulação da defesa, pois, em caso de derrota, o dever de indenizar possivelmente surtirá efeitos sobre ele, ao menos inicialmente.

40. Em síntese, a coletivização passiva, desde que assegurada a representatividade adequada dos interesses em jogo, de acordo com a proporcionalidade pan-processual, é um instrumental capaz de dar maior efetividade à prestação jurisdicional, mediante a consolidação de defesas relativas a questões de fato ou de direito comuns.

41. De acordo com o fator estrutural, os escassos recursos financeiros e humanos colocados à disposição do Poder Judiciário são poupados ao se evitar a repetição de inúmeras demandas idênticas ou similares; pelo fator cultural, há na sociedade contemporânea grande espaço para a coletivização, pois os agrupamentos humanos encontram-se fortalecidos e há intensa repetição dos padrões de consumo e de comportamento. Já em relação ao fator legislativo, a correta operacionalização, e mesmo ampliação, da figura das ações coletivas passivas poderá ser impulsionada por futuras alterações legais que regulem seus aspectos centrais, tais como as hipóteses de cabimento, a coisa julgada e a legitimidade.

REFERÊNCIAS

ALMEIDA, Gregório Assagra de. *Direito Processual Coletivo Brasileiro – um novo ramo do Direito Processual.* São Paulo: Saraiva, 2003.

ALVIM, Arruda. A posição dos sócios e associados em relação a ações movidas contra as sociedades e associações de que façam parte. In: YARSHELL, Flávio Luiz; PEREIRA, Guilherme Setoguti J. (coords.). *Processo societário.* São Paulo: Quartier Latin, 2012.

AMARAL, Guilherme Rizzo. Efetividade, segurança, massificação e a proposta de um "incidente de resolução de demandas repetitivas". *Revista de Processo.* n.º 196. São Paulo: Revista dos Tribunais, 2011.

ANCHETA, Angelo N. Defendant class actions and federal civil rights litigation. *UCLA Law Review.* n.º 33. Los Angeles: University of California, 1985.

ANDRADE, Manuel A. Domingues de. *Teoria geral da relação jurídica. v.1.: sujeitos e objecto.* Coimbra: Almedina, 1997.

ARENHART, Sérgio Cruz. *A efetivação de provimentos judiciais e a participação de terceiros.* Disponível em: [https://www.academia.edu/214099/A_EFETIVA%C3%87%C3%83O_DE_ PROVIMENTOS_JUDICIAIS_E_A_ PARTICIPA%C3%87%C3%83O_DE_ TERCEIROS]. Acesso em 10.05.2015.

ARENHART, Sérgio Cruz. *A tutela coletiva de interesses individuais: para além da proteção dos interesses individuais e homogêneos.* São Paulo: Revista dos Tribunais, 2013.

ARENHART, Sérgio Cruz. *A tutela coletiva de interesses individuais: para além da proteção dos interesses individuais e homogêneos.* 2.ª ed. São Paulo: Revista dos Tribunais, 2014.

ARENHART, Sérgio Cruz; MENDES, Aluísio Gonçalves de Castro; OSNA, Gustavo. Cumprimento de sentenças coletivas: da pulverização à molecularização. *Revista de Processo.* n.º 222. São Paulo: Revista dos Tribunais, 2013.

ARENHART, Sérgio Cruz. Decisões estruturais no Direito Processual Civil brasileiro. *Revista de Processo.* n.º 225. São Paulo: Revista dos Tribunais, 2013.

ARENHART. Sérgio Cruz. *Perfis da tutela inibitória coletiva.* São Paulo: Revista dos Tribunais, 2003.

ARENHART, Sérgio Cruz. Sentença condenatória para quê? In: COSTA; Eduardo José da Fonseca; MOURÃO, Luiz Eduardo Ribeiro; NOGUEIRA, Pedro

Henrique Pedrosa. (coords.). *Teoria quinária da ação: estudos em homenagem a Pontes de Miranda nos 30 anos do seu falecimento*. Salvador: Jus Podivum, 2010.

ATAIDE JUNIOR, Vicente. Processo civil pragmático. Curitiba, 2013, Tese (Doutorado em Direito) – Programa de Pós-Graduação em Direito, Universidade Federal do Paraná.

BANDEIRA DE MELLO, Celso Antônio. *Curso de Direito Administrativo*. 29.ª ed. São Paulo: Malheiros, 2012.

BARBI, Celso Agrícola. *Comentários ao Código de Processo Civil. v.1: artigos 1.º a 153*. 10.ª ed. Rio de Janeiro: Forense, 1998.

BARROSO, Luís Roberto. *Curso de Direito Constitucional contemporâneo: os conceitos fundamentais e a construção do novo modelo*. 4.ª ed. São Paulo: Saraiva, 2014.

BECKER, Howard S. *Segredos e truques da pesquisa*. Rio de Janeiro: Zahar, 2007.

BERNARDES DE MELLO, Marcos. *Teoria do fato jurídico: plano da eficácia*. 3.ª ed. São Paulo: Saraiva, 2007.

BERNT-HAMRE, Camilla. *Class actions, group litigation & other forms of collective litigation in the Norwegian courts*. Disponível em: [www.globalclassactions.stanford.edu/default/files/documents/Norway_National_Report.pdf]. Acesso em 04.02.2015.

BITENCOURT, Cezar Roberto. *Tratado de Direito Penal: parte geral*. 17.ª ed. São Paulo: Saraiva, 2012.

BOBBIO, Norberto; MATTEUCCI, Nicola; PASQUINO, Gianfranco. *Dicionário de política*. Trad. Carmen C. Varriale, Gaetano Lo Mônaco, João Ferreira, Luís Guerreiro Pinto Cacais e Renzo Dini. 11.ª ed. Brasília: Editora UNB, 1998.

BOGART, W.A.; KALAJDIZ, Jaminka; MATTHEWS, Ian. *Class actions in Canada: a national procedure in a multi-jurisdictional society? – a report prepared for the Globalization of Class action conference*. Disponível em: [globalclassactions.stanford.edu/sites/default/files/documents/Canada_National_Report.pdf]. Acesso em 07.02.2015.

BORGES FORTES, Pedro Rubim. Responsabilidade das torcidas organizadas: ação coletiva passiva. *Boletim Informativo Criminal do CAOCrim, Centro de Apoio das Promotorias Criminais do Ministério Público de Minais Gerais*. n.º 1. Minais Gerais: CAOCrim, 2011.

BRANCO, Paulo Gustavo Gonet; MENDES, Gilmar Ferreira. *Curso de Direito Constitucional*. 6.ª ed. São Paulo: Saraiva, 2011.

BRANDT, Elizabeth Barker. Fairness to the absent members of a defendant class: a proposed revision of rule 23. *BYU L. Review*. Provo: Brigham Young University, 1990.

BRONSTEEN, John; FISS, Owen. The class action rule. *Notre Dame Law Review*. n.º 78, Notre Dame: University of Notre Dame, 2002.

CABRAL, Antonio do Passo. A escolha da causa-piloto nos incidentes de resolução de processos repetitivos. *Revista de Processo*. n.º 231. São Paulo: Revista dos Tribunais, 2014.

CABRAL, Antônio do Passo. *Coisa julgada e preclusões dinâmicas: entre continuidade, mudança e transição de posições processuais estáveis*. 2.ª ed. Salvador: Jus podivm, 2014.

CABRAL, Antonio do Passo. O novo Procedimento-Modelo (Musterverfahren) alemão: uma alternativa às ações coletivas. *Revista de Processo*, n.º 147. São Paulo: Revista dos Tribunais, 2007.

CABRAL, Antônio do Passo. Pelas asas de Hermes: a intervenção do amicus curiae, um terceiro especial. *Revista de Processo*.

REFERÊNCIAS

n.º 117. Revista dos Tribunais: São Paulo, 2004.

CAMBI, Eduardo; DAMASCENO, Kleber Ricardo. Amicus Curiae e o processo coletivo: uma proposta democrática. *Revista de Processo*. n.º 192. São Paulo: Revista dos Tribunais, 2011.

CAPONI, Remo. Modelli europei di tutela collettiva nel processo civile: esperienze tedesca e italiana a confronto. In: MENCHINI, Sergio (coord.). *Le azioni seriali*. Napoli: Edizioni Scientifiche Italiane, 2008.

CAPONI, Remo. O princípio da proporcionalidade na justiça civil. *Revista de Processo*. n.º 192. Trad. Sérgio Cruz Arenhart. São Paulo: Revista dos Tribunais, 2011.

CARVALHO FILHO, José dos Santos. *Manual de Direito Administrativo*. 27.ª ed. São Paulo: Atlas, 2014.

CAVALIERI FILHO, Sergio. *Programa de responsabilidade civil*. 11.ª ed. São Paulo: Atlas, 2014.

CHASE, Oscar G. *Direito, cultura e ritual: sistemas de resolução de conflitos no contexto da cultura comparada*. Trad. Gustavo Osna e Sérgio Cruz Arenhart. São Paulo: Marcial Pons, 2014.

CINTRA, Antônio Carlos de Araújo; DINAMARCO, Cândico Rangel; GRINOVER, Ada Pellegrini. *Teoria geral do processo*. 26.ª ed. São Paulo, 2010.

COFFE JR., John C. *Class Action Accountability: Reconciling Exit, Voice, and Loyalty in Representative Litigation*. Disponível em: [http://www.ibrarian.net/navon/paper/Class_Action_Accountability__Reconciling_Exit__Vo.pdf?paperid=54290]. Acesso em 17.05.2015.

COTTREAU, Steven T. O. The due process right to opt out of class actions. *New York University Law Review*. n.º 73. New York City: New York University, 1998.

COUTURE, Eduardo J. *Fundamentos del derecho procesal civil*. 3.ª ed. Depalma: Buenos Aires, 1993.

COMISSÃO DE JURISTAS "NOVO CPC". *Carta ao Presidente do Senado Federal*. Disponível em: [www.oab.org.br/pdf/CartilhalaFase.pdf]. Acesso 24.12.2014.

CONSELHO NACIONAL DE JUSTIÇA. *Relatório Justiça em Números* 2014. Disponível em: [ftp://ftp.cnj.jus.br/Justica_em_Numeros/relatorio_jn2014.pdf]. Acesso em 24.12.2014.

CORREIA, André de Luizi. *A citação por edital no direito brasileiro*. São Paulo: Revista dos Tribunais, 2001,

CORTIANO JÚNIOR, Eroulths. *O discurso jurídico da propriedade e suas rupturas: uma análise do ensino do direito de propriedade*. Rio de Janeiro: Renovar, 2002.

COSTA, Pietro. Passado: dilemas e instrumentos da historiografia. *Revista da Faculdade de Direito da UFPR*. n.º 47. Curitiba: Universidade Federal do Paraná, 2008.

COSTANTINO, Giorgio. *Contributo allo studio del litisconsorzio necessario*. Napoli: Jovene, 1979.

CUNHA, Alcides Alberto Munhoz. Evolução das ações coletivas no Brasil. *Revista de Processo*. n.º 77. São Paulo: Revista dos Tribunais, 1995.

CUNHA, Leonardo Carneiro da. *A fazenda pública em juízo*. 12.ª ed. São Paulo: Dialética, 2014.

CUNHA, Leonardo Carneiro da. Anotações sobre o incidente de resolução de demandas repetitivas no projeto do novo código de processo civil. *Revista de Processo*. n.º 193. São Paulo: Revista dos Tribunais, 2011.

CUNHA, Rogério Sanches; GOMES, Luiz Flávio; PINTO, Ronaldo Batista; OLIVEIRA; Gustavo Vieira. *Estatuto do Tor-*

cedor comentado. São Paulo: Revista dos Tribunais, 2011.

DAMAŠKA, Mirjan R. *The faces of justice and state authority: a comparative approach to the legal process.* New Haven: Yale University Press, 1986.

DIAS, Ronaldo Brêtas C. A desnecessidade de novos códigos processuais na necessária reestruturação da justiça brasileira. *Revista Brasileira de Direito Processual Civil.* n.º 55. Rio de Janeiro: Forense, 1987.

DIDIER JR., Fredie; ZANETI JR., Hermes. Conceito de processo jurisdicional coletivo. *Revista de Processo.* n.º 229. São Paulo: Revista dos Tribunais, 2014.

DIDIER JR., Fredie. *Curso de Direito Processual Civil – introdução ao Direito Processual Civil, parte geral e processo de conhecimento.* 17.º ed. Salvador: Jus Podivm, 2015.

DIDIER JR., Fredie; ZANETI JR., Hermes. *Curso de Direito Processual Civil – processo coletivo.* 4.ª ed. Salvador: Jus Podivm, 2009.

DIDIER JR., Fredie; ZANETI JR., Hermes. *Curso de Direito Processual Civil – processo coletivo.* 9.ª ed. Salvador: Jus Podivm, 2014.

DIDIER JR., Fredie. Fonte normativa da legitimação extraordinária no novo Código de Processo Civil: a legitimação extraordinária de origem negocial. *Revista de Processo.* n.º 232. São Paulo: Revista dos Tribunais, 2014.

DIDIER JR., Fredie. Litisconsórcio unitário e litisconsórcio necessário. *Revista de Processo.* n.º 208. São Paulo: Revista dos Tribunais, 2012.

DIDIER JR, Fredie; ZANETI JR, Hermes. Processo Coletivo Passivo. *Revista de Processo.* n.º 165. São Paulo: Revista dos Tribunais, 2008.

DIDIER JR., Fredie. Situações jurídicas coletivas passivas: o objeto das ações coletivas passivas. *Revista Eletrônica de Direito do Estado (REDE).* n.º 26. Salvador: Instituto Brasileiro de Direito Público, 2011. Disponível em [www.direitodoestado. com/revista/REDE-26-ABRIL-2011- -FREDIE-DIDIER.pdf.]. Acesso em 9.5.2013.

DINAMARCO, Cândido Rangel. *Litisconsórcio.* 8.ª ed. São Paulo: Malheiros, 2009.

DINAMARCO, Cândido Rangel. *Vocabulário do Processo Civil.* São Paulo: Malheiros, 2009.

DINAMARCO, Pedro da Silva. *Ação civil pública.* São Paulo: Saraiva, 2001.

DUPRAT, Deborah. O estado pluriétnico. Disponível em: [http://6ccr.pgr.mpf. mp.br/documentos-e-publicacoes/artigos/docs_artigos/estado_plurietnico. pdf]. Acesso em 10.07.2015.

ESTELLITA, Guilherme. *Do litisconsórcio no direito brasileiro.* Rio de Janeiro: Oficina Gráfica da Universidade do Brasil, 1955.

FISS, Owen. The allure of individualism. *Iowa Law Review.* n.º 78. Iowa City: Iowa Law Review, 1983.

FISS, Owen. *Um novo processo civil: estudos norte-americanos sobre jurisdição, constituição e sociedade.* São Paulo: Revista dos Tribunais, 2004.

FORGIONI, Paula A. *Os fundamentos do antitruste.* 7.ª ed. São Paulo: Revista dos Tribunais, 2014.

FORMACIARI, Flávia Hellmeister Clito. A representatividade adequada nos processos coletivos. São Paulo, 2009, Tese (Doutorado em Direito) – Programa de Pós-Graduação em Direito, Universidade de São Paulo.

FRANÇA, Erasmo Valladão Azevedo e Novaes; ADAMEK, Marcelo Viera Von. Algumas notas sobre o exercício abusivo da ação de invalidação de deliberação assemblear. In: YARSHELL, Flávio Luiz; PEREIRA, Guilherme Setoguti J.

REFERÊNCIAS

(coords.). *Processo societário*. São Paulo: Quartier Latin, 2012.

FRANK, Theodore D. Requiem for the final judgment rule. *Texas Law Review*. n.º 292. Austin: University of Texas School of Law, 1966, p. 292.

GAVRONSKI, Alexandre Amaral. *Técnicas extraprocessuais de tutela coletiva: a efetividade da tutela coletiva fora do processo judicial*. São Paulo: Revista dos Tribunais, 2010.

GAZZI, Mara Sílvia. Os limites subjetivos da coisa julgada. *Revista de Processo*. n.º 36. São Paulo: Revista dos Tribunais, 1984.

GENTILI, Aurelio. Contradittorio e giusta decisione nel processo civile. *Rivista Trimestrale di Diritto e Procedura Civile*. n.º 2. Milão: Giufrrè, 2009.

GICO JUNIOR, Ivo Teixeira. A tragédia do Judiciário: subinvestimento em capital jurídico e sobreutilização do Judiciário. Brasília, 2012, Tese (Doutorado em Economia) – Programa de Pós-Graduação em Economia, Universidade de Brasília.

GIDI, Antonio. *A class action como instrumento de tutela coletiva dos direitos*. São Paulo: Revista dos Tribunais, 2007.

GIDI, Antonio. Class actions in Brazil: a model for civil law countries. *The America Journal of Comparative Law*. n.º 51. Michigan: University of Michigan, 2003.

GIDI, Antonio. *Rumo a um código de processo civil coletivo: a codificação das ações coletivas no Brasil*. Rio de Janeiro: Forense, 2008.

GIORGETTI, Alessandro; VALLEFUOCO, Valerio. *Il contenzioso di massa in Italia, in Europa e nel mondo*. Milano: Giuffrè, 2008.

GIUSSANI, Andrea. Situazioni soggettive superindividuali, azioni collettive e class action: contributo alla teoria generale. *Revista de Processo*. n.º 174. São Paulo: Revista dos Tribunais, 2009.

GOLDSTEIN, Stephan. Israel national report. In: GRINOVER, Ada Pellegrini; WATANABE, Kazuo; MULLENIX, Linda. (coords.). *Os processos coletivos nos países de civil law e common law: uma análise de direito comparado*. 2.ª ed. São Paulo: Revista dos Tribunais, 2011.

GRINOVER, Ada Pellegrini. A ação civil pública refém do autoritarismo. *Revista de Processo*. n.º 96. São Paulo: Revista dos Tribunais, 1999.

GRINOVER, Ada Pellegrini. A tutela jurisdicional dos interesses difusos. *Revista de Processo*. n.ºs 14 e 15. São Paulo: Revista dos Tribunais, 1979.

GRINOVER, Ada Pellegrini; NERY JÚNIOR, Nelson; WATANABE, Kazuo. *Código de Defesa do Consumidor – comentado pelos autores do anteprojeto*. 4.ª ed. Rio de Janeiro: Forense Universitária, 1995.

GRINOVER, Ada Pellegrini; NERY JÚNIOR, Nelson; WATANABE, Kazuo. *Código de Defesa do Consumidor – comentado pelos autores do anteprojeto*. v.2. 10.ª ed. Rio de Janeiro: Forense, 2011.

GRINOVER, Ada Pellegrini. Novas tendências em matéria de legitimação e coisa julgada nas ações coletivas. In: GRINOVER, Ada Pellegrini; WATANABE, Kazuo; MULLENIX, Linda. (coords.). *Os processos coletivos nos países de civil law e common law: uma análise de direito comparado*. 2.ª ed. São Paulo: Revista dos Tribunais, 2011.

GRINOVER, Ada Pellegrini. *O processo: estudos e pareceres*. 2.ª ed. São Paulo: DPJ, 2009.

GROSSI, Paolo. L'Europa del diritto. 6.ª ed. Roma-Bari: Laterza, 2010.

GROSSI, Paolo. *Le situazioni reali nell'esperienza giuridica medievale*. Padova: Cedam, 1968.

GROSSI, Paolo. *O direito entre poder e ordenamento*. Belo Horizonte: Del Rey, 2010.

GUASTINI, Riccardo. *Interpretare e argomentare*. Milão: Giuffrè, 2011.

GUZMÁN, Ramiro Bejaro. Relatório Nacional: Colômbia. In: GRINOVER, Ada Pellegrini; WATANABE, Kazuo; MULLENIX, Linda. (coords.) *Os processos coletivos nos países de civil law e common law: uma análise de direito comparado*. 2.ª ed. São Paulo: Revista dos Tribunais, 2011.

HAMDANI, Assaf; KLEMENT, Alon. The class defense. *California Law Review*. n.º 93. Ockland: University of California, 2005.

HAZZARD JR, Geoffrey; TARUFFO, Michele. *American civil procedure: an introduction*. New Haven: Yale University Press, 1995.

HENSLER, Deborah. Revisiting the monster: new myths and realities of class action and other large scale litigation. *Duke Journal of Comparative and International Law*. vol.º 11. n.º 2. Durham: Duke University, 2001.

HIRSH, Danielle Elyce. A defense of structural injunctive remedies in South African law. n.º 9. *Oregon Review of International Law*. v.9. Eugene: University of Oregon, 2006.

LAHAV, Alexandra. Fundamental principles for class governance. *Indiana Law Review*. vol. 37:65. Bloomington: Indiana University, 2003.

LAHAV, Alexandra. Two views of the class action. *Fordham Law Review*. vol. 79. New York: Fordham University, 2011.

LEACH, Ian F. *Canada: defendant class proceedings – the class action joshua tree*. Disponível em: [www.mondaq.com/Canada/x/160212/Class+Actions/Defendant+Class+Proceedings+The+Class+Action_Joshua+Tree]. Acesso em 08.02.2015.

LEITE, Carlos Henrique Bezerra. *Curso de Direito Processual do Trabalho*. 10.ª ed. São Paulo, LTr, 2012.

LENZA, Pedro. *Teoria geral da ação civil pública*. 2.ª ed. São Paulo: Revista dos Tribunais, 2005.

LEONARDO, Rodrigo Xavier. *Associações sem fins econômicos*. São Paulo: Revista dos Tribunais, 2014.

LEONEL, Ricardo de Barros. *Manual do processo coletivo*. 2.ª ed. São Paulo: Revista dos Tribunais, 2011.

LEVY, Daniel de Andrade. O incidente de resolução de demandas repetitivas no Anteprojeto do Novo Código de Processo Civil: exame à luz da Group Litigation Order britânica. *Revista de Processo*. n.º 196. São Paulo: Revista dos Tribunais, 2011.

LIEBMAN, Enrico Tullio. *A eficácia e autoridade da sentença e outros escritos sobre a coisa julgada*. 5.ª ed. Rio de Janeiro: Forense, 2006.

LIMA, Alvino. *A responsabilidade civil pelo fato de outrem*. 2.ª ed. Atualizada por Nelson Nery Jr. São Paulo: Revista dos Tribunais, 2000.

LORENZETTI, Ricardo Luis. *Justicia colectiva*. Santa-fé: Rubinzal-Culzoni, 2010.

LIUZZI, Giuseppe Trisorio. Le azione seriali nel contenzioso del lavoro. In: MENCHINI, Sergio (coord.). *Le azioni seriali*. Napoli: Edizioni Scientifiche Italiane, 2008.

MACIEL JÚNIOR, Vicente de Paula. *Convenção coletiva de consumo: interesses difusos, coletivos e casos práticos*. Belo Horizonte: Del Dey, 1996.

MAIA, Digo Campos Medina. *Ação coletiva passiva*. Rio de Janeiro: Lumen Juris, 2009.

MANCUSO, Rodolfo de Camargo. *Ação civil pública*. 12.ª ed. São Paulo: Revista dos Tribunais, 2011.

MANCUSO, Rodolfo de Camargo. *Interesses difusos: conceito e legitimação para agir*. 6.ª ed. São Paulo: Revista dos Tribunais, 2004.

REFERÊNCIAS

MARANHÃO, Clayton. Sentença. In. CUNHA, José Sebastião Fagundes; BOCHENEK, Antonio César; CAMBI, Eduardo. (coords.). *Código de Processo Civil comentado*. São Paulo: Revista dos Tribunais, 2015,

MARÉS. Carlos Frederico. *A função social da terra*. Porto Alegre: Sérgio Fabris Editor, 2003.

MARINONI, Luiz Guilherme; ARENHART, Sérgio Cruz. *Curso de Processo Civil. v.2: processo de conhecimento*. 9.ª ed. São Paulo: Revista dos Tribunais, 2011.

MARINONI, Luiz Guilherme; ARENHART, Sérgio Cruz. *Curso de Processo Civil. v.5: procedimentos especiais*. 3.ª ed. São Paulo: Revista dos Tribunais, 2012.

MARINONI, Luiz Guilherme; ARENHART, Sérgio Cruz; MITIDIERO, Daniel. *Novo curso de processo civil. v.2: tutela dos direitos mediante procedimento comum*. São Paulo: Revista dos Tribunais, 2015.

MARINONI, Luiz Guilherme; ARENHART, Sérgio Cruz; MITIDIERO, Daniel. *Novo curso de processo civil. v.3: tutela dos direitos mediante procedimentos diferenciados*. São Paulo: Revista dos Tribunais, 2015.

MARINONI, Luiz Guilherme. *O STJ enquanto corte de precedentes*. 2.ª ed. São Paulo: Revista dos Tribunais, 2014.

MARINONI, Luiz Guilherme. *Técnica processual e tutela dos direitos*. 2.ª ed. São Paulo: Revista dos Tribunais, 2008.

MARINONI, Luiz Guilherme. *Teoria geral do processo*. 5.ª ed. São Paulo: Revista dos Tribunais, 2011.

MAZZIILLI, Hugo Nigro. *A defesa dos interesses difusos em juízo: meio ambiente, consumidor, patrimônio cultural, patrimônio público e outros interesses*. 24.ª ed. São Paulo: Saraiva, 2011.

MEDINA, José Miguel Garcia. *Código de Processo Civil comentado: com remissões* *e notas comparativas ao projeto do novo CPC*. 2.ª ed. São Paulo: Revista dos Tribunais, 2012.

MELO, Raimundo Simão de. *Processo coletivo do trabalho*. 3.ª ed. São Paulo, LTr, 2013.

MENCHINI, Sergio. La tutela giurisdizionali dei diritti individuali omogeni: aspetti critici e prospettive ricostruttive. In: MENCHINI, Sergio (coord.). *Le azioni seriali*. Napoli: Edizioni Scientifiche Italiane, 2008.

MENDES, Aluisio Gonçalves de Castro. *Competência Cível da Justiça Federal*. 3.ª ed. São Paulo: Revista dos Tribunais, 2010.

MENDES, Aluisio Gonçalves de Castro; OSNA, Gustavo. A lei das ações de classe em Israel. *Revista de Processo*. n.º 214. São Paulo: Revista dos Tribunais, 2012.

MENDES, Aluisio Gonçalves de Castro. *Ações coletivas e meios de resolução coletiva de conflitos no direito comparado e nacional*. 4.ª ed. São Paulo: Revista dos Tribunais, 2014.

MENDES, Aluisio Gonçalves de Castro. *Ações coletivas no direito comparado e nacional*. São Paulo: Revista dos Tribunais, 2002.

MENDES, Aluisio Gonçalves de Castro. A legitimação, a representatividade adequada e a certificação nos processos coletivos e as ações coletivas passivas. *Revista de Processo*. n.º 209. São Paulo: Revista dos Tribunais, 2012.

MENDES, Aluisio Gonçalves de Castro; RODRIGUES, Roberto de Aragão Ribeiro. Reflexões sobre o incidente de resolução de demandas repetitivas no projeto do novo código de processo civil. *Revista de Processo*. n.º 211. São Paulo: Revista os Tribunais, 2012.

MILLER, Arthur R. *An overview of federal class actions: past, present and future*. Washington: Federal Judicial Center, 1977.

MINISTÉRIO PÚBLICO DE MINAS GE-RAIS. *Justiça acata ações coletivas passivas para impedir degradação do patrimônio histórico de Diamantina*. Disponível em: [www.mp.mg.gov.br/portal/public/noticia/índex/id/32631]. Acesso em 21.05.2012.

MONIZ DE ARAGÃO, Egas Dirceu. Estatística judiciária. *Revista de Processo*. n.º 110. São Paulo: Revista dos Tribunais, 2003.

MONTENEGRO FILHO, Misael. *Ações possessórias – postulação e defesas do réu – desenvolvimento da demanda possessória*. 2.ª ed. São Paulo: Atlas, 2008.

MORABITO, Vince. Defendant class actions and the right to opt out: lessons for Canada from the United States. *Duke Journal of Comparative and International Law*. n.º 14:2. Durham: Duke University, 2004.

MULLENIX, Linda. Complex litigation: defendant classes. *The National Law Journal*. n.º 22. Washington: The Nacional Law Journal, 2000.

MULLENIX, Linda. General report – common law. In: GRINOVER, Ada Pellegrini; WATANABE, Kazuo; MULLENIX, Linda. (coords.) *Os processos coletivos nos países de civil law e common law: uma análise de direito comparado*. 2.ª ed. São Paulo: Revista dos Tribunais, 2011.

NASSAR, Marcos. Os efeitos da sentença coletiva e a restrição do art. 16 da Lei da ação civil pública: mudança de jurisprudência do STJ? In: VITORELLI, Edilson. (coord.). *Temas atuais do Ministério Público Federal*. 3.ª ed. Salvador: Jus Podivm, 2015.

NORTH, Douglas C. *Institutions, institutional change and economic performance*. Cambridge: Cambridge University Press, 1990.

ORESTANO, Andrea. Interessi seriali, difussi e collettivi: profili civilistici di tu-tela. In: MENCHINI, Sergio (coord.). *Le azioni seriali*. Napoli: Edizioni Scientifiche Italiane, 2008.

ORLANDI, Eni Puccineli. *Análise de discurso: princípios e procedimentos*. Campinas: Pontes, 2000.

OSNA, Gustavo. *Direitos individuais e homogêneos: pressupostos, fundamentos e aplicação no processo civil*. São Paulo: Revista dos Tribunais, 2014.

OSNA, Gustavo. As ações coletivas e o Estatuto de Defesa do Torcedor: o Processo Civil Clássico na marca do pênalti. *Revista de Processo*. n.º 232. São Paulo: Revista dos Tribunais, 2014.

PACHECO, Claudio Meneses. Notas sobre la "representatividad adecuada" en los procesos colectivos. *Revista de Processo*. n.º 175. São Paulo: Revista dos Tribunais, 2009.

PACHECO, Claudio Meneses. Relatório nacional Chile. In: GRINOVER, Ada Pellegrini; WATANABE, Kazuo; MULLENIX, Linda. (coords.). *Os processos coletivos nos países de civil law e common law: uma análise de direito comparado*. 2.ª ed. São Paulo: Revista dos Tribunais, 2011.

PENTEADO, Luciano de Camargo. *Direito das Coisas*. 2.ª ed. São Paulo: Revista dos Tribunais, 2012.

PINHEIRO FILHO, Francisco Renato Codevila. Teoria da agência (problema agente-principal). In: RIBEIRO, Marcia Carla; KLEIN, Vinícius (coords.). *O que é análise econômica do direito: uma introdução*. Belo Horizonte: Forum, 2011.

PROTO PISANI, Andrea. *Lezioni di diritto processuale civile*. 6.ª ed. Napoli: Jovene, 2014.

RAGONE. Alvaro J. D. Pérez. Necesitamos los procesos colectivos? En torno a la justificación y legitimidad jurídica de la tutela de intereses multisujetivos.

REFERÊNCIAS

Revista Genesis de Direito Processual Civil. Curitiba: Genesis. n.º 38, 1998.

RAMOS, André de Carvalho. *Curso de direitos humanos.* 2.ª ed. São Paulo: Saraiva, 2015.

RODRIGUES NETTO, Nelson. The use of defendant class action to protect rights in the internet. *Panóptica.* n.º 1. Vitória: Panóptica, 2007.

RODRIGUES NETTO, Nelson. Subsídios para a ação coletiva passiva brasileira. *Revista de Processo.* n.º 149. São Paulo: Revista dos Tribunais, 2007.

ROPPO, Enzo. *O contrato.* Coimbra: Edições Almedina, 2009.

ROQUE, Andre Vasconcelos. *Class actions – ações coletivas nos Estados Unidos: o que podemos aprender com eles?* Salvador: Jus Podivm, 2013.

ROSSONI, Igor Bimkowski. O procedimento de dissolução parcial de sociedade no PL 166/2010 (Novo Código de Processo Civil). In: YARSHELL, Flávio Luiz; PEREIRA, Guilherme Setoguti J. (coords.). *Processo societário.* São Paulo: Quartier Latin, 2012.

ROSSI, Julio César. Ação coletiva passiva. *Revista de Processo.* n.º 198. São Paulo: Revista dos Tribunais, 2011.

SACCO, Rodolfo. *Introdução ao Direito Comparado.* São Paulo: Revista dos Tribunais, 2001.

SANTOS, Moacyr Amaral. *Comentários ao Código de Processo Civil. v.4: artigos 332 a 475.* 6.ª ed. Rio de Janeiro: Forense, 1994.

SANTOS, Ronaldo Lima dos. "Defendant class actions": o grupo como legitimado passivo no direito norte-americano e no Brasil. *Boletim Científico da Escola Superior do Ministério Público da União.* n.º 10. Brasília: Ministério Público da União, 2004.

SARLET, Ingo Wolfgang; MARINONI, Luiz Guilherme; MITIDIERO, Daniel. *Curso de Direito Constitucional.* São Paulo: Revista dos Tribunais, 2012.

SARMENTO, Daniel; SOUZA NETO, Cláudio Pereira de. *Direito Constitucional: teoria, história e métodos de trabalho.* 2.ª ed. Belo Horizonte: Fórum: 2014.

SCARPINELLA BUENO, Cássio. As class actions norte-americanas e as ações coletivas brasileiras: pontos para uma reflexão conjunta. *Revista de Processo.* n.º 82. São Paulo: Revista dos Tribunais, 1996.

SCHEI, Tore. Norwegian national report. In: GRINOVER, Ada Pellegrini; WATANABE, Kazuo; MULLENIX, Linda. (coords.) *Os processos coletivos nos países de civil law e common law: uma análise de direito comparado.* 2.ª ed. São Paulo: Revista dos Tribunais, 2011.

SECRETARIA DE ESTADO DOS DIREITOS HUMANOS, *Programa Nacional de Direitos Humanos – PNDH II.* Disponível em: [http://www.direitoshumanos.usp.br/index. php/Direitos-Humanos-no--Brasil/ii-programa-nacional-de-direitos-humanos-pndh-2002.html]. Acesso em 09.01.2015.

SHAPIRO, David L. Class actions: the class as party and client. *Notre Dame Law Review.* n.º 73. Notre Dame: University of Notre Dame, 1998.

SHEN, Francis Xavier. The overlooked utility of the defendant class action. *Denver University Law Review.* n.º 88. Denver: Denver University, 2010.

SILVA, Ovídio Araújo Baptista da. *Processo e ideologia. Revista de Processo.* n.º 110. São Paulo: Revista dos Tribunais, 2003.

SILVER, E. Courtney. Procedural hassles in multidistrict litigation: a call for reform of 28 U.S.C. §147 and the Lexecon result. *Ohio State Law Journal.* n.º 70. Columbus: Ohio State University, 2009.

STERMAN, Sonia. *Responsabilidade do Estado: movimentos multitudinários, saques, depredações, fatos de guerra, revoluções, atos terroristas.* São Paulo: Revista dos Tribunais, 1992.

SUMIDA, Matthew K. K. Defendant class actions and patent infringement litigation. *UCLA Law Review.* n.º 844. Los Angeles: University of California, 2011.

STF, Pleno, ADI 1576 MC, rel. Min. Marco Aurélio, Dj. 06/06/2003.

STF, Pleno, RE 193.503-1/SP, rel. p/o acórdão Min. Joaquim Barbosa, j. 12/06/2006.

STF, Pleno, RE 573.232/SC, rel. p/o acórdão Min. Marco Aurélio, Dje. 19/09/2014.

STF, Pleno, RE 586.224/SP, rel. Min. Luiz Fux, j. 05/03/2015.

STJ, 1.ª T, AgRg no REsp 901.936/RJ, rel. Min. Luiz Fux, Dje. 16/03/2009..

STJ, 2.ª T, REsp 1.372.593/SP, rel. Min. Humberto Martins, Dje. 18/09/2009.

STJ, 2.ª T, REsp 1.429.322/AL, rel. Min. Mauro Campell Marques, Dje. 28/02/2014.

STJ, 2.ª S. CC 117.986/CE. rel.ª Min.ª Nancy Andrighi, j. 12/12/2012.

STJ, 3.ª T, REsp 1.319.232/DF, rel. Min. Paulo de Tarso Sanseverino, j. 04/12/2014

STJ, 4.ª T., REsp 154.906/MG, rel. Min. Barros Monteiro, Dj. 02/08/2004.

STJ, 4.ª T, REsp 326.165/RJ, rel. Min. Jorge Scartezzini, j. 09/11/2004.

STJ, 4.º T, REsp 646.682/RJ, rel. Min. Bueno de Souza, j. 10/11/1998.

STJ, 4.ª T, REsp 26.975/RS, rel. Min. Aldir Passarinho Júnior, j. 18/12/2001.

TAKAHASI, Tadao (org.). *Sociedade da Informação no Brasil: Livro Verde.* Brasília. Ministério da Ciência e Tecnologia, 2000.

TALAMINI, Eduardo. Legitimidade, interesse, possibilidade jurídica e coisa julgada nas ações de impugnação de deliberações societárias. In: YARSHELL, Flávio Luiz; PEREIRA, Guilherme Setoguti J. (coords.). *Processo societário.* São Paulo: Quartier Latin, 2012.

TALAMINI, Eduardo. Saneamento do processo. *Revista de Processo.* n.º 86. São Paulo: Revista dos Tribunais, 1997.

TEIXEIRA DE SOUSA, Miguel. *A legitimidade popular na tutela dos interesses difusos.* Lisboa: Lex, 2003.

TJDF, 5.ª Turma Cível, AC 20100110522393APC, Rel. Des. Angelo Passareli, Dj. 13/04/2012.

TJMG, 12.º CC, AC 1.03010.01.00388-2/01, Rel. Des. Domingos Coelho, Dj. 16/02/2009.

TJPR, AI 914090-1, 4.ª CC, rel.ª Des.ª Astrid Maranhão de Carvalho Ruthes, j. 17/07/2012.

TJSE, 1.ª CC, AI 2009207830 SE, rel.ª Des.ª Clara Leite de Rezende, j. 22/03/2010.

TJSP, 14.ª Câmara de Direito Público, AC 9144938-57.2008.26.0000, Rel. Des. Geraldo Xavier, j. 08/11/2012.

TOZZI, Thiago Oliveira. Ação coletiva passiva: conceito, características e classificação. *Revista de Processo.* n.º 205. São Paulo: Revista dos Tribunais, 2012.

TRF 4, 2.ª Seção, EI em AR n.º 95.04.33984-0, Rel. Des. Federal Amaury Chaves de Athayde, j. 10/06/2012.

TRF 5, 3.ª T, AC 554476/CF, Rel. Des. Federal Raimundo Alves de Campos Jr., j. 16/01/2014.

TRT 9, Seção Especializada, DCG 00020-2015-909-09-00-7, rel.ª Des.ª Thereza Cristina Gosdal, j. 13/04/2015.

TUCCI, José Rogério Cruz e. Impugnação judicial da deliberação de assembleia societária e projeções da coisa julgada. In: YARSHELL, Flávio Luiz; PEREIRA, Guilherme Setoguti J. (coords.). *Processo societário.* São Paulo: Quartier Latin, 2012.

VENTURI, Elton. *Processo Civil Coletivo – a tutela jurisdicional dos direitos difusos, cole-*

REFERÊNCIAS

tivos e individuais e homogêneos no Brasil. Perspectivas de um Código Brasileiro de Processos Coletivos. São Paulo: Malheiros, 2007.

VERBIC, Francisco. ¿Por qué es necesario regular los procesos colectivos? Propuesta de justificación de la tutela procesal diferenciada: alejarse de las "esencias" y acercarse a los conflictos. *Revista de Processo.* n.º 182. São Paulo: Revista dos Tribunais, 2010.

VIANA, Flávia Batista. Os fundamentos da ação coletiva passiva no ordenamento jurídico brasileiro. São Paulo, 2009, Dissertação (Mestrado em Direito) – Programa de Pós-Graduação da Pontifícia Universidade Católica de São Paulo.

VIGORITI, Vincenzo. *Interessi collettivi e processo: la legittimazione ad agire.* Milão: Giuffrè, 1979.

VILLEY, Michel. *A formação do pensamento jurídico moderno.* São Paulo: Martins Fontes, 2005.

VIOLIN, Jordão. *Ação coletiva passiva: fundamentos e perfis.* Salvador: Jus Podivm, 2008.

VITALE, Denise Cristina Ramos Mendes. Representação política e participação: reflexões sobre o déficit democrático. *Revista Katálysis.* n.º 10. Florianópolis: Universidade Federal de Santa Catarina, 2007.

WAMBIER, Teresa Arruda Alvim. *Os agravos no CPC brasileiro.* 4.ª ed. São Paulo: Revista dos Tribunais: 2006.

WAMBIER, Teresa Arruda Alvim; MEDINA, José Miguel Garcia. Amicus curiae. In: DIDIER JR., Fredie. et alii. (coords.). *O terceiro no processo civil brasileiro e assuntos correlatos: estudos em homenagem ao professor Athos Gusmão Carneiro.* São Paulo: Revista dos Tribunais, 2010.

YEAZELL, Stephen C. *From medieval group litigation to the modern class action.* New Heaven: Yale University Press, 1987.

ZAVASCKI, Teori Albino. Defesa de direitos coletivos e defesa coletiva de direitos. *Revista de Processo.* n.º 78. São Paulo: Revista dos Tribunais, 1995.

ZAVASCKI, Teori Albino. *Processo Coletivo: tutela de direitos coletivos e tutela de coletiva de direitos.* 6.ª ed. São Paulo: Revista dos Tribunais, 2014.

ZUCKERMAN, Adrian. The challenge of civil justice reform: effective court management of litigation. *City University of Hong Kong Law Review.* Kowlon: CityU, 2009.

ZUFELATO, Camilo. Ação coletiva passiva no direito brasileiro: necessidade de regulamentação legal. In: GOZZOLI, Maria Clara; CIANCI, Mirna; CALMON, Petrônio; QUARTIERI, Rita (coords.). *Em defesa de um novo sistema de processos coletivos: estudos em homenagem a Ada Pellegrini Grinover.* São Paulo: Saraiva, 2010.